章太炎国学讲演录

章太炎 讲演

诸祖耿　王謇　王乘六 等记录

中华书局

图书在版编目(CIP)数据

章太炎国学讲演录/章太炎讲演；诸祖耿等记录. —北京：中华书局,2020.9
ISBN 978-7-101-14682-0

Ⅰ.章…　Ⅱ.①章…②诸…　Ⅲ.国学-文集　Ⅳ.Z126.27-53

中国版本图书馆 CIP 数据核字(2020)第 137780 号

书　　名	章太炎国学讲演录
讲 演 者	章太炎
记 录 者	诸祖耿　王　謇　王乘六等
责任编辑	俞国林　朱兆虎
出版发行	中华书局
	(北京市丰台区太平桥西里 38 号　100073)
	http://www.zhbc.com.cn
	E-mail:zhbc@zhbc.com.cn
印　　刷	北京瑞古冠中印刷厂
版　　次	2020 年 9 月北京第 1 版
	2020 年 9 月北京第 1 次印刷
规　　格	开本/920×1250 毫米　1/32
	印张 11¾　插页 4　字数 260 千字
印　　数	1-5000 册
国际书号	ISBN 978-7-101-14682-0
定　　价	30.00 元

章太炎先生

苏州锦帆路五十号太炎先生住宅

（原载《制言》半月刊第二十五期，一九三六）

太炎先生书室

章氏国学讲习会讲堂

（原载《制言》半月刊第二十五期，一九三六）

论以后国学进步：
一、经学以明条例求进步；
二、史学以知比类求进步；
三、哲学以直观自得求进步；
四、文学以发情止义求进步。

太炎先生遗札
（原载《制言》月刊第四十八期，一九三九）

出版说明

一九三二年夏，六十五岁的章太炎先生从北平南返上海；秋，受张一麐、李根源、金天翮等邀请，赴苏州讲学。一九三三年从上海移居苏州，四月，受唐文治之邀到无锡讲学。一九三五年在苏州锦帆路五十号设星期讲演会，每星期日上午作专题讲演。后创设"章氏国学讲习会"，于九月十六日正式开讲国学，直至逝世。前后四年，是太炎先生历次集中的学术讲演中，较为系统全面的一次。讲学的宗旨、始末，可参所撰《国学会宣言》和《讲学大旨与〈孝经〉要义》《章氏国学讲习会简章》，以及诸祖耿先生的回忆文章《关于"章氏国学讲习会"、"制言半月刊"、"太炎文学院"及其它》等。

每次讲演，弟子诸祖耿、王謇、王乘六等从旁绎记，汇集成章，缮写后呈太炎先生审阅修改。讲演录胜义纷披，通透通俗，代表了太炎先生晚年的学术思想精粹，是太炎先生著述的重要组成部分。诸祖耿先生在上世纪八十年代便整理了《章太炎国学讲演录》，但书稿遗失，后经南京师范大学文学院等多方努力，重新编集，终于二〇一三年在我局出版。

此次出版，我们又增补了六篇讲录，并依据诸祖耿先生的回忆，编排上大致分为苏州前期讲学、无锡讲学、苏州星期讲演会，及章氏国学讲习会四个部分，整齐条贯地呈现了太炎先生四年间的讲演。另外增加附录《国学会宣言》和《章氏国学讲习会简章》两篇文献。整理时均说明所据,除对个别文字显误者加以订正外,一遵原笔,至于太炎先生因历史原因而存在的认识上的局限,也予以保留。

而据《制言》半月刊第二十五期潘承弼、沈延国、朱学浩、徐复整理的《太炎先生著述目录初稿》,尚多未刊的讲稿,今已不知所在,当日清言高论,弗能复闻其全,不觉掩卷怅然。

中华书局编辑部

二〇二〇年八月

太炎先生国学讲演录序*

　　章太炎先生国学讲演，早有吴承仕之记录，载于《章氏丛书》。中有曹聚仁之记录，别本单行。晚年，先生寓居吴中，购买侍其巷住宅，后又定居锦帆路，建筑讲堂，一意讲学。东及扶桑，南暨越裳，华夏群贤毕至，锦帆路上，车马云屯。先生向在日本东京，有国学讲习会之组织，周树人、作人兄弟，黄侃、钱夏、朱希祖、许寿裳诸君，实始从学。晚岁来吴，吴中旧有国学会，先生冠以章氏之号而别之，名曰"章氏国学讲习会"，一时章氏国学讲习会之名大著。先生分门讲演，每日过午开始，往往延及申酉。一茶一烟，端坐讲坛，清言娓娓，听者忘倦，历二三小时不辍。每次讲演，余必与王謇、王乘六诸子从旁绎记，汇集成章，然后由余缮定呈阅。凡经学、史学、诸子、小学，旁及诗文杂艺，悉有论述，刊布同仁。此册所刊，未越当时之旧也。先生尝言："中年学生，基础已定，成就可待；晚岁小生，来日方长，不可不力加诱掖。"以故于年轻学生，更为重视，奖导特过恒常。易簀前夕，讲演未停。师母汤夫人言："君体不舒，午餐未进，讲程暂缓可也。"先生毅然答曰："吾饭可以不吃，吾学不可不讲！"卒依计划进行，一无异于平时。向患鼻痛，吐音重浊，此次忽现清亮，众皆为之察也。孰

---

* 二十世纪八十年代，江苏古籍出版社(今凤凰出版社)拟出版章太炎先生《国学讲演录》，特请诸祖耿先生撰写此"序言"。后该书未能出版。今将诸先生"序言"迻录于此，以作纪念，亦以见当日章氏国学讲习会讲习情形。

意鼻菌入腹,毒发成灾,卒以翌晨八时弃世,时一九三六年六月十四日也。先哲云徂,痛何可言。然循循善诱,启发后生,精神奕奕,当与日月齐光,历久而弥彰也。江苏古籍出版社印行先生《国学讲演录》,以余亲历其事,嘱为序言,略述梗概,冠于卷首。凡我后生,敢不勉旃!是为序。

一九八六年一月二十七日

弟子诸祖耿撰于金陵,时年八十有八

目　录

讲学大旨与《孝经》要义

章太炎先生讲恉

弟子金震草录

余往昔在北京、日本等处，亦曾讲学，所讲与今日学校中讲授者无殊，但较为精细而已。今昔时代不同，今日之讲学，不如往昔矣。第一只须教人不将旧道德尽废，若欲学者冥心独往，过求高深，则尚非其时，故余今日之讲学，与往昔稍异其趣。惟讲学贵有宗旨，教人不将旧道德尽废者，亦即教人"如何为人"之宗旨而已。为人之道亦多矣，如宋儒教人如何静坐、如何精修之语甚夥，余虽不反对，却不愿如此说，因高谈性命，似觉宽泛，概说做人，亦无着落。今日听讲者，多为苏州人，故余即于近处取譬，姑举苏州已往二位人物，作为听讲者之模范。一、范文正，二、顾亭林。此二人者，求之今日，真如凤毛麟角，余亦因之不能不一讲二公之道德学问事业，俾学者共勉焉。

范文正——文正平生，无致力于理学之名，惟彼提倡理学，不遗馀力，当时一辈理学师儒，颇多受渠汲引者。盖五代宋初之际，风俗败坏，人格堕落，文正蹙然忧之，力倡气节，缘文正于军事政治等为全才，而志行抱负亦独高也。自来讲求气节之士，往往不易与人和合，空山寂寞，孤行独往，不为世合，而又不苟合于世，比比皆然。惟文正则不然，温温自处，休休有容，人既不见嫉，世亦不为怪，性格豪迈，绰有才调，此儒者而具豪杰之风者也。儒而豪侠，固无妨于儒。当宋之时，范文正与司马温公先后齐名，司马公之学问，固精博矣，惟不无摘节太甚之处。时有人因欲纳妾，乞借钱五百千于司马，既不借贷，又以洋洋千馀言之长函覆之，自述清贫，使人难受，此事正司马公所独短。若文正则渊渊之度，汪汪之量，所谓"先天下之忧而忧，后天下之乐而乐"，与司马公之建独乐园，专以自娱者，志趣甚异。惟宋儒讲理学，得司马公之风者独多，得范文正公之风者绝少，故宋儒做事，恒做不开。吾人追慕宋贤，如以范文正公一派为模范，则庶几有益于世道矣。

顾亭林——亭林先生学问博大，儒而兼侠，一切均务平实，做事亦颇举得起，即垦荒事业，彼亦能为。考其行事，与宋之迂儒不同，即与范文正亦非全同，学者试一比较，即可知我说之不谬也。当清之时，学者都贱视六朝人，亭林独不谓然，而推崇六朝人之崇尚礼法，其见识之远大可见矣。今日举世毁法灭礼，而苏州士人尚能保存礼教，此风得之于亭林先生之遗教者独厚，惟苏州今日尚无亭林其人。即以中国之大，亦迄无亭林者挺生于世，此所以中国之祸乱，日甚一日而不已也。顾氏精警博大之著作，有《日知录》《天下郡国利病书》等。但我人今日尚谈不到精研学术，只能将顾氏"博学以文，行己有耻"二语提出，其第二语，勉力躬行，正今日做人之要旨也。

做人根本，究竟何在？研究做人之根本书，又有何种？其实不外《论语》一部。《论语》之外，当为《孝经》，馀则《礼记》中《大学》篇、《儒行》篇与《仪礼》中之《丧服》篇尚已。《论语》为做人之根本书籍，不读《论语》，真如终身长夜。《孝经》为经中之纲领，在昔学人，最重视之，今则为一辈讲新道德者与提倡家庭革命者所反对。惟《孝经》所说之语，句句系自天性中来，非空泛者可比，故反对者无论如何激烈，余可断其毫无效用。《大学》一篇，与《中庸》不同，《大学》即太学之谓，所载语平实切身，为脚踏实地之言，与《中庸》牵及天道者有异。我人论学，贵有实际，若纯效宋儒，则恐易流入虚泛。且一言及天，便易流入宗教。基督教处处言天，以"天"之一名辞，压倒一切人事，此余辈所不欲言者。《大学》修齐治平之道，有程序，有办法，可为包括修己、治人二大事之书。《儒行》篇在今日尤为重要，儒者，柔也，此种倾向，自来深入人心。因数千年来，儒者专尚谦恭和平，做事处处让步，以退为是，其弊至于奄奄一息，毫无生气，此儒者之大病也。惟《儒行》篇所云，大都慷慨任侠，与庸谨之儒大异。昔宋太宗当新进士及第进谒时，赐以《儒行》一篇。至高宗时仍拟依太宗旧法行之，而拟加赐《中庸》一篇，卒为秘书省正字高闶驳回，以为《儒行》所说，近于七国纵横之言。此言足以代表两宋诸儒意见，盖儒风日趋于懦矣。今观东汉重视《儒行》，类多奇节伟行之士，学风振起，人心刚果。至宋则不然，虽有理学诸师，绝少气魄宏伟之士，不过称为善士而已，等而下之，则不免于乡愿矣。《丧服》一篇，今之学者不注意已久，余必欲提出此篇者，盖"礼教"二字，为今之时流所不言，然《仪礼》十七篇中，多诸侯大夫之礼，本与今日我国之政治制度无干。其纯为士人者，冠礼亦久无人用；昏礼亦仅存六礼名目；乡饮酒礼，前明一代，尚有行之者，清则尚存乡饮大宾之虚号，而未尝行其礼；士丧礼虽偶有行之者，然亦不尽依古礼；惟丧服则历代改易者甚少。民国以来，交通繁盛之区，染濡欧风，丧服渐废，居丧者仅悬墨纱于臂袖间，以为了事,然此亦仅少数通商口岸之现象耳。以全国论,则内地各处,丧服制度,依然存在。且彼等濡染欧风者,讣告上尚赫然书斩衰、齐衰、大功、小功、缌麻之文,是实替而名犹在也,惟此一事,今尚葆存,然亦几为新学者反对。故余于《丧服》,不得不略事讲述,以告诸学者。

此次余来苏讲学,仅二十日,二十日内,无论如何讲学,亦难讲尽。故以上余所提出之五种书籍,除《论语》因人人必须诵读,暂不讲解外,馀四种书,即《孝经》《大学》《儒行》《丧服》,亦仅讲大意而已。学者于听讲之馀,苟有疑难,尽可至余寓所质问。

《孝经》——我国素以《孝经》为修身讲学之根本,教育根源,亦依于此,汉人且以《孝经》为六经之总汇。此书共计一千九百字,字句易读,文理易解,学者大都读过,无烦余之详述。按本经云:"夫孝,德之本也,教之所由生也。"中国教育之所以不带宗教意味者,实赖此言。盖《孝经》专言人事,与天道无涉,故我国之教育,完全为"人事教育"、"实事教育"。试书其义,盖父子系于天性,生来便是如此。古代教育之术,所谓"谨庠序之教,申之以孝弟之义",宗旨已尽于此,绝不如宗教家之专言"天命"、"上帝",科学家之专研"物理"、"化学"也。然汉人极重孝道,最讲《孝经》。而汉人说经,亦有喜言"天"者,如"天人相与之际"等语。"天"与"人"究有何关系?荀子《天论》篇言之独详,直将"天"之一字,排斥净尽。扬雄云:"通天地人谓之儒,通天地而不通于人谓之技。"其言虽正,尚不免拖泥带水。今观《孝经》"教之所由生"一语,正是专讲人事,何尝论及天地?其云"孝者,天之经也,地之义也,民之行也",此乃以人之德行,支配天经地义。换言之,即人之德行,实为天经地义是也。然谓《孝经》为六经之总汇者,究于何处见之? 按本经云"先王有至德要道",先王为谁,郑康成以为"禹",三王之最先者。其意盖谓自"禹"以后,政治上之元首,为世袭制,故天子之孝,由此而起。是说也,余不甚谓然。试读《尚书·尧典》与《孝经》首章比较,便不难喻晓矣。《孝经》云:"先王有至德要道,以顺天下,民用和睦,上下无怨。"《尧典》云:"克明俊德,以亲九族;九族既睦,平章百姓;百姓昭明,协和万邦,黎民於变时雍。""克明俊德"之"俊"字,太史公《五帝本纪》作"驯"字,"驯"与"顺"同。"黎民於变时雍"之"变"字,一作"蕃",见汉成帝诏书,一作"弁",见《孔宙碑》。按《诗》"弁彼鸒斯",毛《传》:"弁,乐也。"《说文》:"昪,喜乐貌。""於弁"者,"於乐"也,是解较"於蕃"、"於变"为妥。盖上言"协和",而下言"蕃",或言"变",上下不相应,惟言"乐"则相应。此一节,《尧典》与《孝经》对照,恰相吻合。《孝经》为六经大总汇,由此可见。今日世风丕变,岂特共产党非孝,一辈新进青年,亦往往非孝。岂知孝者人之天性,天性如此,即尽力压制,亦不能使其灭绝。惟彼辈所恃理由,辄藉口于反对封建,由反对封建而反对宗法,由反对宗法而反对家庭,由反对家庭,遂致反对孝行。不知家庭先于宗法,非先有宗法而后有家庭。盖有男女而后有夫妇,有夫妇而后有家庭,一夫一妇,即为一家庭,斯时未有宗法也,且无所谓宗法也。一夫一妇一子或多子者,如父尚在,亦仍为一家庭,无所谓宗法也。父死之后,兄弟数人,然后有宗法可言。是故家庭者,不产生于宗法,而宗法者,实为家庭之产物,此不可以不明辨者。今人侈言社会国家,耻言家庭,因之言反对"孝"。然《孝经》包含之义甚广,所谓"战陈无勇非孝也",明明直斥一辈见敌不抵抗不为国家效命之徒为不孝。孝之一字,所言至广，岂于社会国家有碍？且家庭如能打破，人类亲亲之义，相敬相爱之道，泯灭无遗，则社会中之一切组织，势必停顿。社会何在，国家何在，亦不问而可知已。我国儒者之教，一在顺人情，一在有真凭实据。"孝"为人类天性，行之最易，孩提之童，无不知爱其亲，极有证据。明罗近溪尝云"良知为孟子所明言"，"孩提之童，无不知爱其亲也，及其长也，无不知敬其兄也"二语，即是良知，此言最为精警透辟。又云："孔孟也是说得无可奈何，只能以孝弟二字为教学之本。"所谓无可奈何者，即谓人所易行、人所共见之事，除孝弟以外，并无他事可以代替耳。

原载《国学论衡》，一九三三年（《国学商兑》自第二期起改名《国学论衡》）

记太炎先生讲《大学》大义

诸祖耿

《学记》《大学》，均《礼记》之一篇。今舍《学记》而讲《大学》者，《大学》条理清楚，且语语平实，足为今日对症之药也。大学义为太学，与后之国子监相等。太学科目，今不得知。即《大学》一篇，出谁氏手笔，亦无从考求，归之曾参，未见其然。中间偶引曾子之语，此所谓曾子，未必即系曾参。孔门弟子，惟曾参称"子"，盖当时通行之称谓如是，《庄子》《吕氏春秋》，均可作证。不但曾参称"曾子"，曾申亦称"曾子"。《檀弓》"穆公问于曾子"，《史记》"吴起受学于曾子"，均系曾申，非曾参也。然则，《大学》所称"曾子"，其为参乎申乎，未可知也。

宋儒表彰《大学》，而杨慈湖非之。《大学》重"正心诚意"，慈湖据《孟子》"必有事焉而勿正心"一语驳之，以为心乌可正？实则《孟子》"正心"之言，意别有指，慈湖据之以驳，意亦非是。汪容甫亦反对《大学》，谓非孔子之道。容甫凡宋儒所言，均力辟之，恐此亦因倡导之力出于宋儒，故反对之耳，于《大学》本身无伤也。

《大学》之旨，不善领会，则弊窦丛生。"致知格物"，七十二家之注，聚讼纷纷，朱晦庵"穷知事物之理"，与正心诚意何涉？无怪王阳明以"洪水猛兽"诋之矣。近人谓"道德由于科学"，与晦庵穷知事物之理而后能正心诚意者何异？必谓致知格物，然后方可诚意正心，则势必反诸禽兽而后已。何者？如云人与兽均为哺乳动物，依此而为穷知事物之理然后正心诚意，则人之行当反于兽之行，非驱圆颅方趾之类，入于猱猱狂狂乎？阳明诋晦庵为洪水猛兽，实则晦庵但知力学服官，并未真实用功于穷知事物之理。所谓穷知事物之理者，仅仅托之空言。今则不然，科学之影响，使人类道德沦亡，不仅托之空言，抑且见之实行，则所谓"洪水猛兽"者，不在晦庵，在今日谈科学而不得其道者也。

"格物"之解释，郑康成与王阳明均未全当。郑注："所知于善深，则来善物；所知于恶深，则来恶物。"解"格"为"来"，解"物"为"事"，义与"我欲仁，斯仁至矣"相同。阳明"致良知"，"格"字作"正"字解，谓"致良知以正事"。诚若康成、阳明之解，则原文当作"致知而后物格"，其为颠倒文义甚明。司马君实谓"何物来即以何物打扫出去"，将"格物"之"格"，解作"格杀勿论"之"格"，与佛家为近，亦非修齐治平之道。是以郑、朱、马、王，义均未谛。惟阳明弟子泰州王艮心斋，以为"格物"即"物有本末"，"致知"即"知所先后"，乃与"诚意正心"相合。窃意"格物致知"之解，当以此为准也。

《大学》三纲，曰"明明德"，"亲民"，"止至善"。太学所教，目的在此。与《尚书》《孟子》之言吻合。《尚书》云："百姓不亲，五品不逊，女作司徒，敬敷五教。"《孟子》谓："三代之学，皆以明人伦；人伦明于上，小民亲于下。"百姓不亲，故教化以亲之；人伦不明，故教化以明之。可知《大学》"亲民"之说，殊合古义。朱晦庵强以"新民"改之，谓与下文《康诰》"作新民"之文合。殊不知《康诰》为殷、周革命之书，其意欲使殷之旧民，作周之顺民。《大学》之意，岂强迫他国之民，作己国之民哉？如云以自己之旧民，作现在之新民，则弃旧道德而倡新道德，真"洪水猛兽"矣！

《大学》原无弊病，宋儒颠倒章节，自陷迷阵，解来解去，义即难通。医书中之《伤寒论》，明人亦易其章句，致文义鳌輵。今日本医家，独能知其真相。《大学》晦塞已久，惟阳明为能知其谬妄而遵用古本。实则《大学》文义本明，不必宋人之多事也。

"致知格物"，本为提纲之论，不必过事深求，儒者之道，除修己治人，别无他法。"正心诚意修身"，修己之道也；"齐家治国平天下"，治人之道也。修己治人，包含许多道理，《大学》据之，以分清步骤，岂有高深玄妙之言？所谓"诚意"，不过比之于"如好好色，如恶恶臭"；所谓"正心"，不过谓为"心不在焉，视而不见，听而不闻，食而不知其味"，何高深玄妙之有？宋儒于"明明德"即有"虚灵不昧"等语，语涉神秘，殊非本旨。实则所谓"明明德"者，不过"为人君，止于仁；为人臣，止于敬；为人子，止于孝；为人父，止于慈；与国人交，止于信"而已。所谓"亲民"，即此是也。由今观之，语语平实，何奥妙神秘之有哉？王艮解"止于至善"，谓即明哲保身。按之《大学》全文，殊为乖舛。古来龙逢、比干，何尝如此？此王艮之妄，不可信者！

《大学》所言治国平天下，均为亲民之道。所谓"上老老而民兴孝，上长长而民兴弟，上恤孤而民不悖"者，何一非亲民之道乎？惜乎现代施政，均与相反。秦始皇之凶暴，不致"好恶拂人之性"，其为"好人之所恶，恶人之所好"者，只有现代之政治耳！要之，《大学》论治平之要，不外三端，一即好恶与人同；二为不忌贤才；三为不专务财用。自昔帝皇柄政，忌才者有之，今日虽无帝皇，而忌才之甚，过于往昔。梁元帝、唐德宗、明世宗、明怀宗，可谓忌才矣！然梁元帝遭杀身之祸，将领如王僧辨等，并不忌之。唐德宗初颇忌刻，失败后一革前非，于陆宣公甚见亲信。明世宗晚年仍用徐阶，知其尚能觉悟。明怀宗既殒其身，又亡其国，毕竟尚能任用史可法。宰相忌才，前有李林甫，后有王安石。林甫之于贤才，决不使荷重任；已在位者，务必排挤使去；然并未斥去年幼之李泌。将领后如郭子仪，前如王忠嗣，亦能与以优容。安石与林甫相类，柄政之后，亦不能容朝廷正士，然如司马光、范纯仁等，未见排斥净尽。古来君相忌才者，只此数人，而事实如此。今则并此而无之矣！今日军政首领，于才之高于己者，必挤去以为快；即下位之有才者，亦不能使之安于其位。《大学》之语虽平常，而今人不能及如此！他如"长国家而务财用者，必自小人矣"，《大学》所言，犹是为国家务财用，非藉此敛财自肥者可比。王安石之流，犹不出此！而今之人，假国家之名，行贪婪之实，又出《大学》所讥下矣！以故，"好人之所恶，恶人之所好"；"人之有技媢嫉以恶之"；"长国家而务财用"，只今日之政治有之，自古未之有也！

　　孙中山氏亦推重《大学》，谓"外人做不出来"，彼之推重，吾不知其故。不知彼所谓好，好在何处。戴传贤亦称说《大学》，而行谊乃与相反。《大学》之言甚平正，绝无高深玄妙之谈，顾于现代政治，句句如对症之药，以此知《大学》一书，诚哉其不可及也！

　　大约古人论道经邦，不喜为高深玄妙非常可怪之论，务求平实易行，颠扑不破。宋儒表彰《大学》，用意良是，惜其时时涉及虚无飘渺，与《中庸》相类。《中庸》好言天道，以"赞天地之化育"为政治道德之极致，只可谓为中国之宗教。所不同于耶稣者，讲论天道之后，犹知人事之重要耳。《墨子·天志》言天而不离政治，亦为政教合一之书。持此以较《大学》，《大学》意义平实，只言教、学二项，不及高深玄妙。其所谓教，当然非宗教之教；其所谓学，即修己治人之学也。

世之文化，先于中国者，有南方之印度，后于中国者，有西方之希腊。进路不同，方向亦异。中国学问，无不以人事为根本。希腊、印度，均以"地"、"水"、"火"、"风"为万物之原素，首即偏重物质，由此演进，为论理学、哲学、科学；为伦理学、政治学。中国开物成务诸圣哲，伏犧、神农，畜牧耕种，事事皆有，然均以人事为根本，不遑精研微末。人事以修己治人为要，故"大学"之教，重是二项。

《大学》之外，又有所谓小学。小学为礼、乐、射、御、书、数，六艺之教，以实用为依归。书、数二项，为童子初学始基。识字布算，固初学之要也。射、御犹今之掷枪、打靶、御马、驾车。礼即礼节之娴习，乐即歌舞之陶冶。二者偏于实习方面，皆以锻炼体格、涵养性情为宗旨。经礼三百，曲礼三千，如何学得完全；乐谱工尺，亦安能肄习空文，以是知二者所教，决非如后人意料中之遍读礼经、乐书也。小学所教，书、数、射、御而外，注重礼、乐之实践，均与修身有关如此！至其为学之步骤何如，学后之目的何在，则于《大学》明之。此《大学》之义也。

原载《苏中校刊》第六十八期（一九三二）

《儒行》大意

章太炎先生演惼

诸佐耕笔述

"儒"之一字,古人解作"柔"字。草昧之初,残杀以为常。教化渐兴,暴戾之气亦渐祛。所谓"柔"者,驯扰之意也。然周初"儒"字,未必与此同义。《周礼》:"师以贤得民。""儒以道得民。"贤者道德之谓,道者学问之谓,已非"柔"字之意矣。司马相如《大人赋》序云:"列仙之儒",列仙而可称为"儒",可见"儒"为有道术者之通称。以此可知九流中"儒家者流"之儒,即《周礼》"儒以道得民"之儒。

春秋时"儒"之一字,不甚见于称谓,只《论语》有"女为君子儒,毋为小人儒"二语。当时九流未兴,本不必特别表明。降及七国,九流朋兴,孟子首蒙儒者之名。《庄子·说剑》,赵太子请庄周论剑,谓"先生必儒服而见王,事必大逆"。庄周非儒,赵太子称之曰"儒"。盖古之九流,学术有别,衣服无异。《儒行》孔子见哀公,哀公问:"夫子之服,其儒服与?"孔子对:"丘不知儒服。"以衣裳为分别学问之标准,无味极矣!此殆孔子不愿承认儒服之故乎?

《儒行》所说十五儒,大氐坚苦卓绝、奋厉慷慨之士,与"儒柔"之训正反。"儒专守柔",即生许多弊病。西汉时张禹、孔光,阉然媚世，均由此故。然此非孔子意也。奇节伟行之提倡，《儒行》一篇，触处皆是。是则有学问而无志节者，亦未得袭取"儒"名也。

人性本刚，一经教化，便尔驯扰。宗教之作用，即在驯扰人心，以故宗教无不柔者。沙门势利，是佛教之柔；天主、基督教徒，亦带势利，是天主、耶稣之柔。其后之趣于柔固非，其前之主于柔则是。试观南洋婆罗洲人，向无教化，以杀人为当然，男女结婚，聘以人头。人类本性刚暴如此，则不能相养以生，势不得不以教化柔之。然太柔而失其天性，则将并其生存之力而亦失之。以故，国家形成，不得不留些刚气，以相撑拄。近人病儒者之柔，欲以墨子之道矫之。孙仲容先生首撰《墨子间诂》以为倡，初意欲施之于用，养成风气，补救萎靡。不意后人专注力于《经》上下、《经说》上下论理学上之研究，致孙氏辈一番救世之心，淹没不彰。然使墨子之说果行，弊亦不少，尊天明鬼，使人迷信，充其极，造成宗教上之强国，一如摩哈默德之于天方，则宗教之争，势难避免。欧洲十字军之战祸，行且见之东方。且近人智过于昔，天志压人，未必乐从。以故孙氏救世苦心，固可敬佩，而揭橥号召，亦未尽善也。窃以为与其提倡墨子，不如提倡《儒行》。《儒行》讲解明白，养成惯习，六国任侠之风，两汉高尚之操，不难见之于今。转弱为强，可以立致。即有流弊，亦不过造成几个为害不甚重大之暴人，较之宗教战争，相去固不可以道里计也。

宋人多反对《儒行》，前所云高闶，其代表也。宋人柔退，与《儒行》本非同道。至于近人，以文字上之关系，斥《儒行》为伪，谓非孔子之言。其理由：谓鲁昭公讳"宋"，凡"宋"皆代以"商"，《儒行》孔子对哀公："丘少居鲁，长居宋。"孔子不应在哀公前称

"宋"。殊不知《儒行》一篇，非孔子自著，由于弟子笔录。当时孔子言"宋"言"商"，无蓄音机留以为证，笔记之人，容有出入，安可据以为非？常人读《论语》子路初见孔子，孔子有"君子有勇无义为乱，小人有勇无义为盗"一语，以为孔子不尚武力，以此致疑《儒行》"鸷虫攫搏不程勇者，引重鼎不程其力"二语。又不知卞庄子刺虎，孔子亦称其勇；而弟子中有澹台灭明者，曾有斩蛟之举。不过孔子不为而已。《儒行》中复有"其过失可微辨而不可面数也"一语，与"子路，人告之以有过，则喜"意相反，亦为读者所疑。殊不知在古人中此等行为，屡有记载。淳于髡讥孟子"夫子在三卿之中，名实未加于上下"，又云"是故无贤者也，有则髡必识之"。而孟子则对以"贤者之所为，众人固不识也"一语，以"众人"二字，反唇相讥。可见孟子确系"过失可微辨而不可面数"者。宋世理学诸公，朱晦庵主张无极而太极，陆象山反之。二人因起争论，彼此信札，有面红耳赤、声色俱厉之概。二人学问之根本，本不在此，为一二枝叶问题，双方即妄加意气，各不相下，更甚于《儒行》之"可微辨而不可面数"矣。降至清代，毛西河、李天生讨论音韵，西河厉声对天生，天生拔刀向之。二人意气，岂非更甚于晦翁、象山乎？盖儒者本有此一类人，孔子并未加以轻视。十五儒中，有其一种，即可尊贵，非谓十五儒个个须与孔子相类也。如此，吾人之疑可解，而但举"宋"字一端，固不足推倒《儒行》矣。

《儒行》十五儒中，亦有以和平为尚者，然不若坚苦卓绝、奋厉慷慨者之多。有一派表面似有可疑，如云"毁方而瓦合"。紬绎其意，几与明哲保身，混世和光相同。然太史公传季布、栾布，二人性质相近，行义亦同，栾布拼命干去，季布卖身为奴。太史公称季布"摧刚为柔"。"摧刚为柔",即"毁方瓦合"之意。试观张禹、孔光,终身绝无刚果之事,至于季布一流,则前后皆不屈不挠,不过暂为权宜,作谦柔之表示耳。而谓"毁方瓦合"者,谓此也。

细读《儒行》一篇,坚苦慷慨之行,不外高隐、任侠二种。"上不臣天子,下不臣诸侯",当孔子时,即有子臧、季札一流人物。及汉,更有严子陵、梁伯鸾等。汉人多让爵,此高隐一流也。至于任侠,在昔与儒似不相容,太史公《游侠列传》有"儒墨皆排摈不载"之语。然《周礼》六行"孝友睦婣任恤","任"即任侠之任。可知任侠本不为儒家所非。太史公传信陵、孟尝,颇有微词;于朱家、郭解,即极口称道。良以凭借势位,易于为力;民间仗义,难于通行,为可宝贵耳。《儒行》"合志同方,营道同术,久不相见,闻流言不信",此即任侠之本。近世毁誉无常,一入政界,更为混淆。报纸所载,类皆不根之谈,于此轻加信从,小则朋友破裂,大则团体分散。人人敦任侠之行,庶朋友团体,均可保全。此今日之要务也。又有要者,《儒行》所谓"谗谄之民,有比党而危之者,身可危也,而志不可夺也"。又谓"劫之以众,临之以兵,见死不更其守"。此种守道不阿,强毅不屈之精神,今日急须提倡。诸君试思,当今之世,情况何似? 何者为"谗谄之民"? 何方欲"比党危之"? 吾人鉴于今日情况,更觉《儒行》之言为有味矣!

十五儒中,类别綦多,以上所举,不过最切要于今日者。高隐一层,非所宜于今日;任侠一层,与民族存亡,非常相关。虽小团体,非此亦不能存在,不可不三致意也!

试取《论语》与《儒行》相较,《论语》载"子路问成人。子曰:若臧武仲之知,公绰之不欲,卞庄子之勇,冉求之艺,文之以礼乐，亦可以为成人矣"。继而曰："今之成人者何必然？见利思义，见危授命，久要不忘平生之言，亦可以为成人矣。"以今日通行之语言之，所谓"成人"，即人格完善之意。所谓"儒"者，亦即人格完善之谓。"闻流言不信"，非即"久要不忘平生之言"乎？"见死不更其守"，"身可危也而志不可夺也"，非即"见危授命"乎？《论语》、《儒行》，本相符合，惟《论语》简约，《儒行》铺张，文字上稍有异趣，乌可以文害辞，谓为伪造？吾诚不知宋人何以排斥之也？

东汉人之行为，与《儒行》甚近，宋人去之便远。《后汉书·党锢传》中人物，微嫌标榜太过，不能使吾人俯首；至《独行传》中人，则逊乎远矣！如田子春之居乡，整饬一方，俨然有今日乡团之风。曹操征乌桓，迷不得路，赖子春指导，得获大胜。操欲以关内侯爵之，子春坚辞不受。此与严子陵不同科，虽不受爵，依然干事，宋人乌能及此！周濂溪、程明道开宋朝一代学风，然《儒林》、《道学》二传中，匙有奇节伟行之士，一遇危难，亦不能尽力抵抗，较之东汉，相去甚远。大概《儒行》一篇，无高深玄妙之语，其精华汉人均能做到，于今亦非提倡不可也。

前日讲《孝经》，昨日讲《大学》，诸君均已听过。鄙意若缺少刚气，即《孝经》、《大学》所说，全然做到，犹不足以自立。诸君于此诸书，皆曾读过，窃愿作一深长之思也。

原载《国学商兑》一九三三年第一卷第一期

《丧服》概论

章太炎先生演恉

潘景郑笔述

国家昏乱，礼教几于坠地，然一二新学小生之言，固未能尽变民俗，如丧服一事，自礼俗以至今兹，二三千年，未有能废者也。今虽衰麻室庐之制，不能一一如古，大体犹颇有存者。以民国未定丧服，民间讣告，则改"遵制成服"曰"遵礼"，问以依据何礼，即人人不能自言。盖景附清礼而已。而《清律》所列服图，与《清通礼》又相舛驳，常人多见《清律》，少见《清通礼》，丧服率依律行之，亦未得云清礼也。自达者观之，累代所定服制，格以《礼经》之法度，往往有轶出者。今朝市已迁，无所独遵清礼，且缪于《礼经》者，亦独清礼为甚，则由累代删改，积渐以至是也。定丧服者凡四家，一曰《礼经》；二曰《唐开元礼》；三曰明《孝慈录》；四曰《清通礼》。唐、明之间，宋世尚略有更定，合之前四，共为五家。夫《礼经》制服，比例精严，其原则散见子夏传中，盖如刑律之有名例。服制虽无妨损益，要以不违原则、不误比例为正，犹刑律有可损益者，而要不得违其名例也。今之不能尽复《礼经》者，以尊降、厌降诸条，独可施于封建世卿之时，非秦、汉以下而宜守，其累代循行者，皆尊降、厌降以外之事，谛审而不可革者也。而《开元礼》又颇有剟定，后之议者，多訾当时君相，作聪明而变旧章,然校诸宋、明、清三家,尚颇严谨有法。所以然者,六代礼书,讫唐世犹在,廷臣又多习礼家条例,故枉戾之言不能出诸其口,非如后代三家,不以其事付白徒鄙儒,即付之刀笔吏也。清礼既不可遵行,而轻议礼者又多破碎,择善从之,宜取其稍完美者,莫尚于《开元礼》矣。今先举三家之失,以明《开元礼》之是,条例如左。

宋世所失者一事

《礼经》:"妇为舅姑齐衰期。"《传》曰:"何以期也? 从服也。"自唐贞元时,礼法渐坏,妇为舅姑,有从其夫服三年者,此乃民俗之讹,于国制无与。后唐比而从之,宋初魏仁浦等遂依以定礼。夫女子子适人者,为其父母且降为齐衰期。《传》曰:"何以期也? 妇人不贰斩也。"盖为夫斩衰,则其他更不得与之同服。今为舅斩衰三年,违于不贰斩之原则矣。若以夫在练服,妇已被服绮纨,饮酒作乐为疑,不悟处有丧者之侧,未有可以服鲜华恣娱者。邻人有丧,舂犹不相,况妇之于夫欤? 处父、祖之丧者,子则斩衰三年,孙则齐衰期,何不曰其子在练服,其孙可被服绮纨饮酒作乐耶? 此可推例以解其惑者也。唐李涪称妇为舅姑除服后,门庭尚素服青缣衣,以俟夫之终丧,盖自古相承如此。缣即今纺绸,乃缦缯无文者,与绮之有文者异。仁浦起刀笔吏,遂有夫居苦块妇被绮纨之难,且其时夫已小祥,舍于外寝矣,安得尚寝苦枕块耶? 亦由刀笔吏不知丧服有变除也。

明《孝慈录》所失者三事

为父斩衰三年,为母齐衰三年,此丧纪之正而服术之至文也。《生民》之说，系于父不系于母，故服制亦殊。虽然，齐衰正服五升，义服六升，而为母服则四升，其夫斩衰三升，相校而成，于至亲之恩，非不笃也。（继母、慈母服皆如母，而于服术，谓之加服衰裳五升，明恩不如母。）明制为母服亦斩衰，于是齐衰三年之服遂绝，此为不知服术者。

《礼经》载三殇之服，条目至详，至明而殇服尽废。是于幼稚为无恩，且为成人服大功小功皆有受，而为殇服则无受。《传》曰："丧成人者其文缛，丧未成人者其文不缛。"夫文之不缛者，由其哀之未杀，昔人于男女未冠笄者，隐之如此，今一旦尽芟薙之，斯亦不仁甚矣，且无殇不得为完服也。

齐衰杖期之服，十五月始除，视不杖期者为淹久。《礼经》所著，独父在为母，出妻之子为母，父卒继母嫁从为之服，及为妻四事。母妻皆至亲，继母不与因母同亲，而得与为比者，以从嫁则抚育不衰故。《传》所谓"贵终也"，然且为之报服，视之若此其重也。非此四者，虽至尊如祖父母，同气如昆弟，只齐衰不杖期耳。为庶母服，礼不过缌。明祖以昵孙贵妃，故增庶母服至齐衰杖期，乃令庶母之尊亲，过于祖父母，斯于比例大缪者也。且为庶母已为齐衰杖期，为庶母慈己者将何以加异服乎？不得已乃通谓之慈母。此又乱其名实者也。

《清通礼》所失者一事

《礼经》："为人后者为其父母齐衰不杖期。"《传》曰："何以期也？不贰斩也。"至为祖父母以上，《礼经》与累代之礼皆无文，盖如其本服尔。例以女子子为祖父母，不论在室适人，皆齐衰期。《传》曰："何以期也？不敢降其祖也。"此制乃历代所不异者。盖斩不可贰,而齐衰期非不可贰。女子子适人者为其祖父母然,则为人后者为其祖父母亦然,且为其父母降服者,齐衰四升,为其祖父母不降者,依正服齐衰五升。虽同为齐衰期,其麻固已异矣。《清通礼》:"为人后者为祖父母大功,为曾祖父母小功,为高祖父母缌。"不悟《丧服传》云:"小功者,兄弟之服,不敢以兄弟之服服至尊。"今虽出为人后,其于本生祖父母以上,犹至尊也。(出为人后,有在五世以外者,如视本生为旁尊,即应无服,今既不以远近为异,则视为至尊甚明。)为祖父母大功,则不得不为曾祖父母小功,乃以兄弟之服服至尊矣。此甚违于《丧服》之原则者也。

如上五缪,三家所有,而《开元礼》所无,故《开元礼》虽未能事事精整,犹可依以施行。乃如"父在为母齐衰三年,为曾祖齐衰五月",前者未必,亦不厌于人情,后者又非在绝不可增之例。为舅小功,违于外亲皆缌之义,然《礼经》为从母已至小功,以此推例可也。嫂叔有服,虽违古制,准以同爨为缌之例,推而行之亦可也。惟舅之妻不得称母,而玄宗手敕为舅母缌麻,此《开元礼》撰定在前,故未审改,然《通典》所载《开元礼》无此条。国官为国君斩衰,既葬除之,此为今世所无,乃当从事实而删者。自此以外,悉依《开元礼》为定。上视《礼经》,诚犹瑾瑜之匿微瑕,下视三家,可谓玉之章章,胜于珉之雕雕者远矣。

《孝经》《大学》《儒行》《丧服》馀论

太炎先生讲

潘承弼记

前讲《孝经》《大学》《儒行》《丧服》诸书,尚有不尽之意,今申言之。凡读《孝经》,须参考《大戴礼·王言篇》,盖二书并是孔子对曾子之言。《孝经》言修身,不及政治;《王言篇》专言政治,其云七教可以守国,三至可以征伐,皆是为政之道。《孝经》千九百字,《王言篇》千三百字。《王言》为《大戴礼》之一篇,《孝经》列学官,别为一经,故单行耳。吾谓《孝经》一书,虽不言政治,而其精微处,亦归及政治。《大学》"上老老"一章,其旨在能守国。《王言篇》云,闻三至用贤才而后可以征伐。今无《王言》一篇,无以羽翼《孝经》矣。今人言"有体有用",古人言"内圣外王"。《孝经》《王言》二书,可以尽斯旨矣。前讲为人之道,故专论《孝经》,今讲应世之道,故并及之。

读《大学》不过得其纲领而已。《学记》所言何以为学,何以为教,言之甚详。宋儒重《大学》,不重《学记》,意谓《学记》一书无深奥之义,不过是教人之道。我谓不读《学记》,无以为教,抑无以为学也。

宋儒以《儒行》言刚勇,多夸大之语,如鸷虫攫搏,卞庄子之勇也,孔子亦采之,意谓此篇非孔子所作。不知《大学》亦以知、仁、勇三者并言之。

前讲《丧服》，可据《仪礼·丧服》篇及《开元礼》二书为定例。杜佑《通典》载《开元礼》颇备，又溯唐以前之沿革亦详。吾谓学有根柢者，于《通典》一书，不可不读。清曾国藩推重马端临《文献通考》，实则《通考》远不逮《通典》。《通考》偏于治人，《通典》则长于修己。《通典》论礼居多，盖修己治人兼备矣。

南北朝之世，五胡十六国，纷争扰攘，论政治，上不逮汉，下不如唐，然六朝官吏绝少称臣异族者，不似两宋以还，不难北面而事外夷也。

六朝人重礼教与孝行。《南史》所称孝行，多至毁瘠，其于《丧服》不敢妄议，稍犯清议，终身不能入仕版。宋儒言理学者甚多，而有孝行者，反不若六朝之众，其于《丧服》，亦勉强从事，又不如六朝之谨严，盖学问根柢，远逊六朝人之渊博耳。

今不为腐儒之论，能修己则事尽善矣。所谓修己者，非但一人之修己而已，为政者能人人修己，国斯治矣。《大学》言修齐治平，不言权术，历代史册所载政治，亦不言权术。吾谓古儒者未尝无权术，但不外见耳。太史公以伊尹、太公、管仲之流，归诸道家，道家非不用权术，但不用诈术。《大学》言诚意，似不为权谋，而结尾有云："此为国，不以利为利，以义为利也。"为利非权术乎？但所言利，为国不为己，此本末一贯而义法不同。宋儒言尧、舜、禹、汤不用术，而后王用术，此真腐儒之论，我未敢信。

孟子轻管仲，而于管仲之权术，未尝不重之，但不明言耳。孟子对齐宣王"好色"、"好货"之问，即袭取《管子》之言。又其对梁惠王问"何以利吾国"，似不言利，不为权术，而末云："未有仁而遗其亲者也，未有义而后其君者也。"非权术乎？谓孟子而无术，吾亦不信。

董仲舒云："正其谊不谋其利，明其道不计其功。"宋儒服膺此二语，不知董生此言，对江都王而发，董生本意，非必如此。

孟子言伯夷、太公为二老，天下之子归其父焉，萧何言养贤致民，以图天下，二语正相似。以孟子言观之，文王之心，与萧何一也。为国谋政，以一国为己任，焉能不谋利计功？若偏于一端，则如宋儒之学，施于政事，便少成功。此正孟子所谓"徒善不足以为政"也。

《儒行》言人事，《大学》言修齐治平之道，具在篇中，吾故表而出之。

《儒行》一篇，多言气节之士，有勇者居多。今人或言专尚气节，亦不足以为国。此言似是而实非。一国中但有一二人尚气节，于政治何裨乎？

东汉时重《儒行》，故尚气节，东汉内政不修，而外侮不至，一西羌为患，卒为汉灭。曹、刘、孙三国分立，亦无外患，三国人亦多尚气节故也。晋尚清谈，不尚气节，而五胡乱华矣。南宋时，如胡铨辈高唱主战，然一二人何裨于治，或乃讥为虚骄之气。故谋立国者，务尚气节，非但一人有气节，须人人有气节。范文正有气节有计谋之人，国不重用，何也？尚气节之风不能普遍故也。如清梁鼎芬之流，藉高言以沽名钓誉，欺人适以自欺耳。

宋时有气节者，非特范文正一人而已。文正有气节，有计谋，欧阳修有气节而无计谋，韩琦气节不如文正，且无计谋。故韩、范同征西夏，范胜而韩败，盖韩不如范矣。文正部属有尹洙者，亦有气节有计谋之人，以官卑不获重用。文正有才具而无辅佐，其不能成大功宜也。今我国人数四万万，假令有气节者得百之一,亦足以御外侮矣。

古人尚气节,吾观《儒行篇》,不独尚气节,亦尚勇力。古用刀矛,非勇力不能胜。今用枪炮,不须有大勇力,然不耐劳苦,枪炮虽精,亦复何用?东三省之兵械,全国之精锐也,一旦寇至而三省瓦解,此非明证欤?

古人于《儒行》,虽尚勇力,必为辞以遏之,惧其滋暴乱也。孔子答子路:"仁者必有勇,勇者不必有仁。"吾谓后世未必然。项王为人,暴戾恣睢,力能扛鼎,然见兵士疾病,则涕泣不食,非勇而有仁乎?汉代游侠之流,亦皆暴戾恣睢。太史公序《游侠传》云:"缓急人之所时有也。"今有人绝无勇气,见人患难疾苦,如未之见,惟恐不利于我。此孔、孟所以痛恨乡愿,谓其"居之似忠信,行之似廉洁",不仁不勇,乡愿近之。

古人尚勇,以知、仁、勇三字并言。孔子非不勇也,《春秋》《淮南子》俱云,孔子力能招(训翘)国门之关,而不以力闻。孔子之勇,盖不形诸外貌耳。孟子言孟施舍、北宫黝之勇以及于己,孟子亦非不勇也。孔子曰:"君子有勇而无义为乱,小人有勇而无义为盗。"此一时之言,非定论也。子路好勇,孔子嘉之,故《论语·先进篇》以政事之才,归诸子路。

孟子言孟献子有友五人。《国语》孟献子有壮士五人,《春秋传》鲁从晋伐偪阳,狄虒弥、秦堇父、邹人纥三人,皆有勇之士。《传》言"孟氏之臣秦堇父",则秦为孟氏五友之一矣。《传》言献子称狄虒弥"有力如虎",疑狄亦孟氏之臣。惟邹人纥不可知。古时尚勇,亦可概见。吾疑"仁者不必勇"一语,当是宋儒妄谈,未可依据。今试举二人为例。《晋书》有戴渊、周处二传,戴渊一盗耳,陆机适楚,渊劫之,机说渊折节读书;周处斩蛟刺虎,后亦改行从善。勇者岂无仁乎？明末言理学，专拾宋儒牙慧，不能救国。清颜习斋出，不为谈天说性之妄言。清初有气节者，颜氏一人而已。厥后颜氏一派，推为学宗，惜仅及北方一隅，宗者绝少，为可憾耳。

今言理学各派：清以前分程、朱、陆、王四宗；清以颜（习斋）、李（刚主）为一派，彭（尺木）、罗（台山）为一派，皆与程、朱、陆、王不同。彭、罗所言，间有可取，无裨大用。颜、李则与《儒行》相类，可以东汉儒人喻之。《周礼》言六德、六行、六艺，六艺有射、御，即尚气节与勇力也，惟颜氏能之。今言《儒行》，取法乎上，颜、李可无述矣。

今讲《丧服》，非为空谈，须求实行。苏州礼教风俗，尚未大坏。我观镇江、浙省一带，父母丧而子婚者，虽世家亦有之。自汉至宋，三年之丧无娶妻者。明宪、武二宗即位未及一年，即行大婚，上行下效，自所不免。吾恐不能三年之丧，当自明始。今法虽无明文，然居丧娶妻，习非成是。愿苏士大夫，倡导政革，小民自化矣。

原载《制言》月刊第六十一期（一九四〇）

述今古文之源流及其异同

章太炎先生讲

弟子潘承弼笔记

《汉书·艺文志》载今古文源流甚详。《易》为卜筮之书,秦所不燔,汉兴藏诸内府,为中古文,自商瞿以至田何,传者不绝。宣、元之间,传《易》者有施雠、孟喜、梁丘贺氏,由是有施、孟、梁丘之学焉。于时民间别有费直、高相二家之说。及刘向以中古文《易经》校施、孟、梁丘经,或脱去"无咎"、"悔亡",惟费氏经与古文同。

《尚书》最残缺,百篇自秦燔之后,伏生所传,仅得二十九篇,以传张生、欧阳生二家。张生授夏侯都尉,都尉传族子始昌。昭、宣之间,欧阳、大小夏侯氏立于学官,是为今文《尚书》。迨孔安国得壁中《尚书》,以考二十九篇,得多十六篇,是为古文《尚书》。东汉杜林传古文《尚书》,贾逵为训,马融作传,郑玄注解,由是古文《尚书》遂显于世。

《诗》不应有今古之分,盖三百篇遭秦而全,以其里巷讽诵,不独在竹帛故也。所谓今文者,即鲁、齐、韩三家。鲁申公为训故,齐辕固、燕韩婴皆为之传,《韩诗》最后出,三家皆列于学官。同时毛公为河间献王博士,自谓得子夏所传,其序与《左传》《周礼》相应,故称古文。

《周礼》皆古文。汉景帝时，河间献王好古，得《古礼》献之。

《仪礼》篇目多少不可知。汉兴有鲁高堂生传《士礼》十七篇，谓之今文。其鲁淹中所出五十六篇，谓之古文。

《礼记》本亦古文。《汉书·艺文志》有《礼》百三十一篇，注七十子后学者所记也。戴德删古礼为八十五篇，谓之《大戴礼》；戴胜复删《大戴礼》为四十九篇，是谓《小戴礼》。《小戴礼》颇杂古今文，《大戴礼》与古为近。

《春秋》，《左氏》古文，《公》《榖》今文。《左氏》分每公为一卷，凡十二卷，《公》《榖》以闵附庄，为十一卷。王充《论衡》云：《春秋经》得于孔壁，汉张苍传《左氏》学，《公》《榖》皆口传，汉胡毋生始传《公羊》，《榖梁》何时出不可知。《汉书·儒林传》云："瑕丘江公受《榖梁春秋》及《诗》于鲁申公。"知申公亦治《榖梁》。

王充《论衡》引《论语》有数十百篇，今存二十一篇，亦孔壁所出，谓之古文。汉有《鲁论》《齐论》，谓之今文。古文有两《子张篇》，其篇次不与《齐》、《鲁论》同。东汉马融传古文，郑玄以古文校《鲁论》，为之注焉。

《孝经》十八章，汉长孙氏、江翁、后苍、翼奉四家传之，谓之今文；孔壁所出二十二章，谓之古文。东汉郑玄沿马融古文《孝经传》为注，唐人颇疑之。

《尔雅》无今古文。

汉后传授既明，今欲明别今古文。惟《周礼》为纯古文，《左传》亦古文，馀均错杂。《易》自孔子传商瞿至汉田何，下逮施、孟、梁丘三家，皆今文也。汉时《易》中古文以通行故不贵，自刘向校费氏《易》多"无咎"、"悔亡"，古文遂显。《说文序》以孟氏为古文，京房尝从孟氏问《易》，然京氏句说，长于灾异。费氏《易》亦无章句，徒以《彖》《象》《系辞》《文言》解说《上下经》，然与京氏说亦异。东汉荀爽、刘表、马融、郑玄并传费氏《易》，刘说不可见，马说亦不多，今传者惟荀、郑二家之说。

《尚书》自伏生传今文授欧阳、张生二家，其间孔安国得壁中书，称古文家，然孔氏未得之先，已为博士，亦传《尚书》，兒宽传欧阳氏《尚书》，宽又从孔安国受业。然孔氏为申公弟子，未为伏生弟子，或申公亦传《尚书》，孔氏所得非伏生传授甚明。汉高祖答陆贾语"安事《诗》《书》"，可见汉初《书》已通行。又娄敬所说颇引《泰誓》中语，使《尚书》未传，何由引据？贾谊能诵《诗》《书》，谊洛阳人，当非伏生所传，可见汉初传《书》者，非伏生一人。清段玉裁著《古文尚书撰异》，分理最晰，然于孔安国所传今文何自，曾未及之。意三家《尚书》本于伏生之说，亦未可恃。今以今文分伏生、孔安国两家，较为可据。

三家传《诗》，惟《鲁诗》知申公传自浮丘伯，浮丘伯传自荀子，齐、韩二家，不知所传。鲁、韩二家，传久不相异。《齐诗》自后苍授翼奉及萧望之、匡衡，匡说颇平正，翼说多离奇。惟《毛诗》传授不同，自谓出于子夏，后人颇疑及之。然《毛诗》小传合《左传》，训诂合《尔雅》，典章制度合《周礼》，可为古文明证。至郑笺《毛诗》，则今古文错杂矣。

《周礼》无今文，亦不错杂。《仪礼》五十六篇以外不可见，其十七篇，郑注但言古文从某无所异。后苍今文《礼》之说，后亦不行。今说《仪礼》者，今古文不分矣。《礼记》颇错杂古今文，如《月令》《明堂》诸篇，经马融采《大戴礼》，似近古文，然已残缺。今言三《礼》，惟《礼记》最为难解。

《春秋》传授，见于刘向《别录》。汉张苍、贾谊、贯长卿、张禹递有传授，然当时所传经传皆古文，不易读。《左氏》有大义而无条例，言条例始于刘歆。歆传贾逵等，至晋杜预举刘歆、贾逵、许淑、颖容四家条例为《春秋释例》。自刘、贾、许、颖出而今古文混淆。于时《公羊》先列学官，《左氏》未列学官，不得不附会《公羊》，冀列学官。《穀梁》后出，虽未见《左传》，而《史记》所载《铎氏微》，容或见之。如《左传》"公矢鱼于棠"，《穀梁》改"矢"为"观"，此其明证。传《公羊》者多，《穀梁》者少。然《公羊》亦多错杂，如《左氏》言弑君三十六，据《春秋经》无此数，清王引之以为二十六，董仲舒亦言三十六，此亦可见其错杂矣。汉自宣、元以后，治《左传》者兼治《穀梁》，与《公羊》互相排斥，至东汉两家更如水火。何休《解诂》，排斥严、颜二家，以二家有《左氏》说，然何氏间亦采取《左传》，此所谓实与名而不与也。

《论语》先有古文，后有今文。传《古论》者，汉独马融一人。何晏《集解》所载孔安国注，皆三国时人伪造。郑玄解《论语》，以齐、古两《论》考定《鲁论》，郑所云从古者，非真从古，当即从马说耳。《鲁论》最为难解，或即古文真本，其说详余所著《广论语骈枝》中。

《孝经》只存今文。郑《注》唐时犹及见之。唐时又见孔安国《孝经传》。司马贞以郑书目录中无《孝经》，今郑《注》得自日本，又《群经治要》亦引及之，可证唐以前确有是书。《孝经》古文不可知，即今文有错杂，亦不可知矣。

原载《国学论衡》，一九三三年（《国学商兑》自第二期起改名《国学论衡》）

儒家之利病

李希泌记录

儒者之称,有广狭二义。以广义言,凡士子皆得称之;以狭义言,如汉儒、宋儒始可谓儒。今姑论狭义之儒。

儒自古称柔,少振作。《汉书·艺文志》云:"儒家议论多而成功少。"惟孔子七十子则不然。春秋以后,儒家分为二宗:一曰孟子;二曰荀子。大氐经学之士多宗荀,理学之士多宗孟。然始儒者能综合之,故兼有修身、齐家、治国、平天下之功。汉儒如贾谊之徒,言词虽涉铺张,然文帝纳之,施之于政,灿然可观。是时儒者,非惟能论政治,善用兵者亦多。段颎、张奂平西羌,度尚平南蛮,卢植平黄巾,植经学政治军略,均卓尔不群,即三分鼎足之刘备,亦师事卢植。及后即帝位,犹谆谆教其子读《礼记》,非儒而何?曹操、孙权,皆举孝廉,亦儒之流也。唐之儒亦能综合孟、荀,故如魏徵、陆贽辈之相业,彪炳千古。至有宋理学之儒出,尊孟抑荀,于是儒者皆绌于军国大事。窃谓孟子之学,虽抗言王道,然其实郡县之才也。如"五亩之宅,树之以桑。七十者可以衣帛矣……"云云,足征其可造成循吏。即孟子得时乘权,亦不过如黄霸、龚遂耳,不如荀之规模扩大。故宋儒服官者,多循吏,而于国家大政则疏,其所由来者渐矣。

昔人言,儒相推葛、陆、范、马。然诸葛治蜀全任综核,法家之流，非儒家也。当推魏徵为宜，明之刘健、徐阶，亦堪称之。余定古今儒相为魏、陆、范、马、刘、徐六人。若姚崇、宋璟亦法家也。李泌则道家也。李德裕、杨一清、张居正则善用权谋者也。

后世之儒，少有论兵者。于王阳明之武功，亦非群儒所喜，盖孟子之不论兵有以致之。若荀子则有《议兵篇》在。《荀子·议兵篇》论古兵制曰："齐之技击，不可以遇魏氏之武卒；魏氏之武卒，不可以遇秦之锐士；秦之锐士，不可以当桓文之节制；桓文之节制，不可以敌汤武之仁义，有遇之者，若以焦熬投石焉。"

骄吝，亦儒者之深病。子曰："如有周公之才之美，使骄且吝，其馀不足观也已。"而宋儒率多自尊大，其悭吝亦深。林栗远道求学于朱子，朱子待之以脱粟饭，致林栗怀恨去。然此非徒理学诸公有之。英雄如曹操，良相如司马温公，亦不免有吝字。操临终时，尚恋其裘服，最为可笑。温公遇某生欲纳妾，贷钱二千缗，公以长函责之。如清末所称之曾国藩，政治不足述，军事有足纪，其战胜之关键，在熟读《方舆纪要》，知地理，明形势，以扼敌于死地。然亦辞不得吝字。闻李鸿章为其幕僚，月得薪水十二两。又观其家书，嘱其夫人日纺纱四两，何异臧文仲之妾织蒲，张安世家僮七百各有手技。公仪休为相，拔园葵，去织妇，以不欲与民争利也。而后世乃以此为美，亦异乎吾所闻矣。大氐儒之吝者，皆杂有墨家之风。荀子曰："墨子汲汲为天下忧不足。"惟孟、荀时，儒颇阔大，多不吝啬，以后之儒，则似不然。范文正、顾亭林则出泥不染，可法也。

理学至宋之永嘉派陈止斋、叶水心，专述制度，较馀派为有实用，亦尚不免迂阔。如慕唐府兵，而以为不须糜饷。此盖信三时务农、一时讲武之说。然欲兵之选练，征兵亦须在行伍，岂得三时务农乎？至清颜习斋、李恕谷之学，重礼、乐、射、御、书、数，而射御尤重，可谓扼要。其说之夸大者，则谓一人可兼水、火、工、虞。若陆桴亭之学，亦甚切实，惟误信致知格物之说，《思辨录》中喜论天文，其于兵法信八阵图（八阵图见唐李筌《太白阴经》）、戚继光鸳鸯阵，亦不免于迂也。

孔子之门甚广大，非皆儒也，故云："夫子之门，何其杂也？"子贡纵横家，子路任侠之士而又兼兵家。然儒家之有权谋者，亦仍本乎道家。即前所指六相中，除魏、马、刘外，陆、范、徐皆善用权谋。即尚论周公，岂非儒家之首，然其用太公主兵，足征亦任权谋矣。太公，道家也。然其所使权谋，皆露而不隐，范蠡、陈平即其流亚。反不如管仲处处守正，深沉不露。若老子则尤微妙不可测矣。如范蠡在孔子之门，亦未必见摈也。至孟、荀皆不尚权谋，其反间燕世子事，如邯郸效矉，卒致于败。故知任天下之重者，权谋本非所禁，然亦非迂儒之所可效也。

据《中国哲学》第二辑，一九八〇年

"经义""治事"

章太炎先生讲

吴大琨、陆希龄、蒋锡琴记

九月二十一日上午十时，太炎先生莅校演讲，吴君大琨、陆君希龄、蒋君锡琴任记录。后三君以讲稿示余，余因根据先生原讲，补所未录，另缮是篇。九月二十六日诸祖耿识。

到这里来，才知道这里是范文正、胡安定讲学之所，在时间上有久长的历史。全国学校，像这样有久长的历史的，恐怕数目不多，因此引起我浓厚的感想。

在苏州前辈先生中，范文正当然是第一流人物。所以这次我来讲学，首先提出范文正、顾亭林两位先生，作为立身行己为学做事的标准。此地是范文正、胡安定"过化存诚"之所，当然更须提出来特别讲讲。

当时范文正请胡安定到这里来办理教育，安定首先提出"经义"、"治事"两项，作为为学的方针。何以不提出"修身"来讲一讲？依我揣测，"经义"可以包括"修身"，就"治事"而论，亦非"修身"不可，所以只须分讲"经义"、"治事"两项便好了。

原来学问类别，不外"经义"、"治事"两项。"经义"所包甚广，史学亦包括在内，可以说"经义"即是学问全部。至于"治事"，便是所谓办事。有了学问,当然非托之空言,要在见之实行。所以"治事"一项,亦很重要。后来亭林先生,对于这两项,可以说兼擅其长。以后的学者,便不能两者俱备了。苏州的经学,向来有名,惠氏父子,可以作为代表。"治事"像冯桂芬之流,亦还可以。不过他们都不能兼擅两者。惠氏只知治经,其馀一切不管;冯氏只知在地方上兴利除弊,对于国事,不加过问。这都是他们的短处。当时安定设教,对于"经义""治事"两项,究竟办法如何,现在无从考见。大约"经义"方面,口说的多,成文的少,所以说经之文不传,传的亦不十分精博。"治事"方面,亦无特别事项,给我们知道。只知道他对于礼节的训练,非常严厉。记得徐仲车(积)初见安定,头部微微带一些倾侧,安定马上厉声对他,说:"头容直!"仲车由此凛然,悟得非但头容要直,心亦要直。这种情形,亭林还有一些儿气味。至于惠、冯,无论"经义""治事",都在书本上着力,见之于行事的,已不甚多;对于身心修养上的种种,更不遑顾及了。现在的时世,和往昔不同。但是,所变换的,只是外表的粗迹。至于内在的精义,是亘千载而没有变换的。所以,古未必可废。所着重的,在善于推阐。假使能够发挥他的精义,忽略他的粗迹,那末,以前种种,未必无补于现在。

一般人的意见,往往把经学史学,分而为二。其实经是古代的史书,史是近代的经书,二者本来是一致的。我们之所谓"经",当然和耶佛天方不同。我们之所谓"经",等于现代一般人所说的"线装书"。线装书上所记载的,是非美恶,成败利钝,在在和现在有关。我们不得不去注意。《尚书》当然是史,礼经、乐书,等于史中之志;《春秋》便是史中纪传,不过当时分散各处,体例未备。到司马子长作《史记》,才合而为一,有纪有传,有志有书。所以,史即经,经即史,没有什么分别。现在我们假如单单讲经,好像没有用处;单单讲史,亦容易心粗气浮。所以,我的意思,非把两者合而为一不可。研究经的方法,先求训诂文义,进一步再探求他事实上的是非得失。至于如何应用,那末,运用之妙,存乎一心,在于各人的自得。而且时势不同,应付亦异,这是讲不了的。

在现在学校制度之下,经能讲,史不能讲。这因为学校制度根本不完善的缘故。经的书本少,讲来还不困难,但是在现在的大学里面,还只能讲一些概论之类。至于史,总数几乎二三十倍于经,卷帙繁多,如何讲得!于是不得不取巧一些,讲一些研究法。其实这根本是欺人之谈。试问未看全书,所谓研究,何从说起?我以为史的文理易明,不像经的训诂难通。费三年之功,一部廿四史,即可看全。这一门,宜于自修,不宜于讲堂上讲解。所以,我以为现在学校,有两件事应当认真去做,一是由学生自修,一是请教师讲解。一种学问,先后有条理可寻,非先通一关,第二关决难通过的,这一种,非请教师讲解不可,譬如各种科学,以及以前所谓"小学"之类都是。至于书籍众多,没有条理可寻,并且他的功用,在乎作用而不在乎条理的,这一种,不须讲解,只须各人自己观览即可。以前的学校,叫做书院,其实相当于现在的图书馆。书院中预备了许多图籍,使得学生可以自由阅览。再聘请一位掌院或是山长,常驻院中,遇有疑难,可以请问。这种情形,学生有自得之乐,教师无讲演之劳,在事实上很是合理。假如这一项学问,书虽少而理却深,非经教师讲解,不能明了,这便须采用现在学校的讲授制,师生聚集在一处地方,按照次序讲授去了。所以,我以为学校和图书馆,两者不可偏废。讲求学问的方法,大约不出于这两种。

以上是关于"经义"一方面的话,现在再讲"治事"。"治事"——办事——本是多方面而且极活动的,非实地练习,不能知道处置的方法。譬如要学军事,便须到军队中去,当排长,当连长,假如仅仅在讲堂上读一两种书,试问有什么用处? 政事亦然。单靠书本上的智识,不是崇拜着西洋各国情势隔膜的制度,便是拘泥着东方古代早已过去的陈规,总是没有用处。即使自己研究了很深很深,胸中了然,笔下超然,著了许多政治上的书籍,还是无用。为什么呢? 因为政治是千头万绪,而且刻刻随了时势环境变化的。譬如现在局势混乱,你若想从政治上着手整理,假如单单依靠自己读书,那末即使翻尽《文献通考》之类,还是不知道从什么地方做起,所以政治一项,最要紧的,是亲自埋头干去。在干的中间,积蓄你如何如何的经验,决非在书本上讲堂内,随便看看谈谈,可以了事。况且,时势变迁,现代断然不能复为古代,古代书籍,即使现在看来,句句都好,到底从那一件做起,还是问题。所以,平时读书,只好算积蓄材料,用时还须自己斟酌。譬如商店,资本大,货物多,顾客一到,可以从容应付。假如守着一两种书,便以为天经地义,牢不可破,这种固执不化的情形,怎样可以通方致远? 所以,关于"治事"一项,学校教师,应当领导学生,亲自干去,在干的中间,求得切实的经验。学生不但应当在教师堂上听讲,在自己室内看书,还须多做游历的工夫。以中国而论,地方大,风俗异,此地相宜,那边不相宜,这种情形,书上记载简略,非实地考察,断乎不能了然。关于"治事",我以为应得如此做去。假如不能,充其极,亦不过做到冯桂芬之流而已。

一个人要兼擅"经义"——学问——"治事"——办事——两者,是不容易的。前面所讲的顾亭林,还只能做到六七分,不能说完全做到。他讲到学问,总是经和史连讲,讲到"治事",非但明白当代的掌故,走过的地方,亦是不少,以此很能知道各处不同的风俗人情。两种兼擅,方才成功现在我们大家知道的顾亭林,这是很不容易的!

"经义""治事"两项,实在可以包括一切。但是古代和现在不同,我们当然要把他推广言之。不能守着以前的方法,便算满足。即使现在范文正、胡安定复生,到此地来当校长,做主任,也决计不会守着陈旧的方法,便算满足的。"经义"一门,要推广言之;"治事"一门,也要多想方法。

总之,学校里的教课,固然是学问;自己个人的自修、阅历,亦是学问。走一步,见一人,无往而不是学问。假如单单守着学校里的教课以为学问,那末,一定会得使你感到十二分的缺乏的。以前子路说过:"有民人焉,有社稷焉,何必读书,然后为学?"这话并未讲错。从古到今,有一种人痛恨俗吏,痛恨官僚,但是自己讲论政治多年,一旦担任职务,往往不能及到他们。这个原因,便是一在空论,一在实习。所以,我以为讲到实用,学问不过占三分之一的力量,三分之二的力量是靠自己的练习。子路的话,并未说错,不过略嫌过分一些罢了。以前安定设教,"经义"之外,另外提出"治事"一项,这是他独具只眼的所在。现在我们不知道他当时如何办法。或者当时出校以后,更有补救的方法,亦未可知。否则"治事"是教不完的。

因为此地是安定首先提出"经义"、"治事"两大类别的地方,所以我今天才如此的讲。总而言之,现在教育的界限要放宽,那末才可以完成九百年来这两句话的大用处。

记太炎先生讲文章流别

诸祖耿

向来论文,有《文心雕龙》一类的书,今天,可以不必依照他们去讲。

大概最初的文章,都是有韵的。譬如《尧典》之类,叙事也须用韵,后来渐渐变为散文。春秋以前,完全叙事还叙不来。《尚书》叙事,一篇中偶有一二段。完全叙事的,很少很少。把《尚书》和汉碑相比,觉得很是相像。就《尧典》而论,语不质直,都是概括的称赞。和汉碑很相像,汉碑的体例,一件事状之后,总是加上几句考语,《尧典》也是如此。所以,最初的叙事是叙不来的。到了《春秋》,方才能够叙事。议论最初已有,《尚书·皋陶谟》便是。古人喜欢用韵,从《皋陶谟》到商周《诰》《誓》,还不大有韵。《春秋》、《国语》中的议论,语带骈俪。到了汉朝,竟有用韵来做议论文的。大约叙事文在春秋时代方算成立,议论文在七国时代方算成立。汉朝议论文没有进步,反而退步。奏议擅长,议论文用韵,便不擅长。此后魏晋之间,论比汉好。名理精微的地方,汉人不及魏晋。所以清谈虽然有弊,从名理之文内容精深一点上看来,未始没有益处。

叙事议论之外,还有一种文章,一般人不大留意。这种文章,不是叙事,也不是论议,是一种排比铺张的文章。《禹贡》不能算做叙事文，《周礼》每一官下，有许多的排比铺张，这一种，只可叫做"数典"。寻常文章，不外乎叙事议论，至于数典一类，寻常人不大会做，史中的志，便是属于这一类的。

无韵的文章是一类，有韵的文章又是一类。有韵的文章，在古人只有诗。由诗生赋，以及箴铭哀诔等等。箴向来便有韵，铭却未必有韵，这都是在诗的范围以外的，总之，都是韵文。我想无韵的可以分为三种：一叙事，二议论，三数典。有韵的可以分为诗箴铭诔等等，列举项目，不胜其繁，任昉《文章缘起》，分做八十多类，我以为不必如此的繁。

文章的体裁，大概如此。现在再讲一讲文章的刚柔强弱，和国势民情的关系。

一代有一代的文章，当时看了很好，过后或许不以为然。周以前材料缺乏，好坏无从评起。就周朝一代而论，周文经过三变。周初，口说的议论少，只有《周礼》一部，完全是数典的文章。到了春秋，三种都很像样。关于国势，春秋是微弱不振的时代，所以文章和平而带有柔性。战国时代的文章，便变为刚性了。从战国到秦代，刚性更加厉害，每篇文章，都是虚字少而语句斩截。汉文比秦文稍觉宽和，但是气魄洪大，总是带有刚性。东汉还是如此。到了三国，渐渐由刚变柔，曹操、诸葛亮的文章，还是带有刚性。他们语句不多，篇幅短小。后来中国衰弱，局势分碎，晋文便变为柔性。假如借日人"壮美""优美"的话来讲，从战国到三国，是壮美的，晋代便是优美的了。国势如此，文章亦然。南朝富有柔性，北朝似乎两样一些，但是刚性仍少，一直到了唐朝，才由柔性变为刚性。这种情形，并非起于韩昌黎，昌黎以前的骈体，已是具有刚性的了。燕许大手笔，即可作为证据。当时国势强盛，所以文章都是诘屈聱牙，直至韩柳，总是如此。当时昌黎以为好的文章，别人没有称之为坏的。譬如李观、樊宗师一流，文章都是诘屈聱牙，唐人都是以为好的。昌黎以下，有皇甫湜、孙樵，都是如此。气魄当然昌黎最大，后来的人，都及不上他，但是都带刚性，这是同一的。经过五代破碎的局面，到了宋代，国势仍旧衰弱。柳开、王禹偁，才力薄弱，算不来好的作家。和欧阳修同时做文章的，有尹师鲁（洙），他比柳开要略胜一筹，他和苏舜钦、宋祁，都带一些刚气。苏舜钦的境遇，和柳柳州相近，文亦近柳。宋祁是学昌黎的，所以，亦带一些刚气。然而这三人的文章，宋人并不喜欢，所以欧阳修的文章，得到通行，他们三人，却不通行了。欧和尹、苏，恰巧立于反对地位。欧文纯是优美的偏于柔性，曾巩、苏轼，十分刚气的文章都没有。宋朝的国势，和晋朝相差不远，所以文章都是柔性。所可分别的，不过晋含骈，宋少骈而已。宋人喜欢委宛，不喜欢倔强，和唐文截然不同。后人称唐宋八家，实则宋的六家，和韩、柳截然不同，所同者，在不做骈体罢了。当时欧阳修反对太学生刘辉，因为刘辉的文章中有"天地豁，万物轧，圣人茁"等生硬的句子，所以深恶痛绝。这种文章假如叫宋祁或韩愈去看，他们一定称赞。假如樊宗师生在宋朝，欧阳修定要痛骂。唐人以为韩愈的文章好，略带一些柔性，便不喜欢。陆宣公的文章，委宛详尽，受后代人的称赞，但是和唐人是不相宜的，所以当时没有称赞他的。反而言之，当然尹、苏的文章，宋人要不喜欢了。国势强，文气便刚，一般人也喜欢刚强的文章；国势弱，文气便柔，一般人亦厌恶刚性的文章。明初文章，盛行一种老生常谈而又陈腐不堪的台阁体，由此一变而为李空同、何大复，他们诗好，文却不好。他们要想文学秦汉，其实那里学得到。即使学得，也未免举鼎绝脰，面红耳赤，没有自然的态度。明七子的文章，便可以代表明朝的国势。明朝比汉朝比不来，比唐朝也比不来，比六朝宋朝，却绰乎有馀，对于属国，架子摆得很大。明朝以前，无论那一朝，没有故为尊严，摆出大架子的。举一个例来说，譬如朝鲜、安南，明朝的天使到时，不肯走进他们的城门，必定要架了天桥，从天上下来，表示上国的威风。对于南洋小国，架子更大，小国对于明朝，又有"代身金人"的崇奉。明朝强迫满人自称"奴才"，对待南洋小国，亦是如此。明朝的架子，比较汉唐，真是大了好几倍，但是，实力不如。明七子的文章，亦是如此，架子虽大，实力不充，这是他们根本的弊病。这种文章，行了一百多年，当时以为不差，过后便不甚注意了。归震川的文章，和明朝没有关系，却开了清朝一代的风气。清朝国势很强，但是，这不是汉人的势力，所以汉人的文章，没有刚性。魏叔子是明朝的遗民，他的文章，带有刚性，清朝人却不喜欢。说他不甚干净。其实汉人愿意为奴，所以喜欢柔性，魏叔子不然，所以人家不喜欢。曾涤生出来，文即两样。奴虽仍旧是奴，正如《史记》所说的"桀黠奴"，奴的力量，几乎可以压倒主人，他的文章，便带刚性。其馀"桐城""阳湖"，都是柔性的。以此可见文章的忽而重柔，忽而重刚，完全关于当时的国势，关于一己的能力。从春秋到现在，一些也没有例外的。至于批评的时美时恶，也如衣服之时髦与否一样，或大或小，或长或短，随着当时的眼光而定，理由是说不出来的。清朝自从曾涤生以后，文章虽然仍带柔性，但是，吴挚甫之流，即稍有刚性了。当时满人势力渐衰，汉人渐渐强盛，所以比较方望溪、姚姬传便有刚气。文章因乎国势民情，真是一毫不爽的。至于骈文散文，只是表面上的分别，和刚柔不相干。唐人散文刚，骈文亦刚。

宋人散文柔，四六文更柔。所以，骈散之分，只是表面，和刚柔是不相干的。

近来讲文学的人很少，骈散之争亦没有。在清朝末年，这是很利害的一番争论。阮芸台以为骈文是文章的正宗，矫向来重散不重骈之弊。其实这是无理取闹，不足深论的。我们须得知道，骈文散文，有不能相符之处，譬如数典文都是俪语，不是俪语，便看不清楚，这是文章上不得不然之势。至于直叙，断乎无须俪语，譬如《春秋》《仪礼》，断乎不能用骈文来做。阮芸台不懂这层道理，单说骈文是正宗，抬出孔子来压服人家，以为孔子作《文言》，文是骈体，所以必须骈体方得算文，其实这是压不来的。何以孔子作《春秋》，一句也不用骈语呢？他不知道相宜不相宜，所以如此胡说。《易经》虽非数典，但是阴阳相对，吉凶相对，正和非正相对，所以可用骈语。譬如我们有两只眼睛，两个耳朵，同时还有一个鼻子，一张嘴巴，我们究竟把那一件叫做正宗呢？骈文的开端，要算《周礼》，《文言》是骈，《老子》之类，有时也有骈语。但这种只可叫做俪语，到底不能叫做骈体。有人说邹阳《上梁王书》是骈体，其实还不是骈体，直到《圣主得贤臣颂》才可以算真的骈体。四六文到庾子山、徐孝穆才渐渐开端。以前虽然有一两句，只是偶然的逢着，不是有意的去做，孔融《荐祢衡表》："钧天广乐，必有奇丽之观；帝室皇居，必畜非常之宝。"这两句真是四六。假如《后汉书》不载这文，后人必定疑为伪造。这种体裁，当时并不通行。到齐梁之间，才渐渐发展成熟。所以四六的成立，总要推徐庾二家。后来继承的人，是晚唐的李义山，燕、许还不是四六。宋人便都走这一条路了。清末争论的人，着眼于骈散之分，四六却不在其内，不知道骈和四六，亦是两样。

唐人如韩昌黎不做骈文,柳柳州却很有骈文。又如吕温(化光),他的骈文,和晋人相近,当时柳柳州、刘梦得都很称赞。韩、柳和宋人所共同反对的,不是骈体,实是四六。所以我们不得不把骈和四六,划清界限。姚惜抱和李申耆是师生,他们却起了一番重大的争执。姚选《古文辞类纂》,李选《骈体文钞》和他反对。在实际上,他们各有不能成立之处,既云古文,便需都选古文;唐人古文已是很少,到了归震川,何尝可以称为古文。所以,我以为姚惜抱的《古文辞类纂》,叫做"散文辞类纂"则可,叫做"古文辞类纂"则不可。试问刘海峰的文章,有什么古呢?李选《骈体文钞》,竭力推尊骈体,把贾谊《过秦论》,太史公《报任少卿书》,都算骈文;《文选》中的文章,亦选了许多;徐、庾、温、邢,亦统统选入。试问徐、庾一派,渐渐走入四六一路的,和贾生、史公气味如何合得上?所以事实上不免叫做"四六文钞"。姚选前一段好,唐以前是古文,唐以后是散文,明以后到刘海峰,简直算不得文章。李选亦然,梁以前是骈体,梁以后只好叫做四六。他们各有拖泥带水之处,自然各不相服。假如截去下段,两方便无可非议了。《说文》引"巢一茎六穗于庖,牺双觡共牴之兽",小徐《说文系传》驳他说:"属对精切,始自陈隋。"可见梁以前骈体还是散漫,不像后来四六的精研。这便是骈和四六之分,小徐很能知道,不知李申耆何以不知!以前的骈文,似对非对,譬如《易经》《文言》:"君子体仁足以长人,嘉会足以合礼,利物足以和义,贞固足以干事。""体仁"与"利物","嘉会"与"贞固",并非动字对动字,名字对名字。不过语句整齐而已,何尝字字相对?直到齐、梁还是如此,宋人欧、曾、苏、王,亦是如此。但是,迷信四六的人,便不是如此了。譬如王子安《滕王阁序》:"落霞与孤鹜齐飞,秋水共长天一色。"并非如宋人四六,天文对天文,植物对植物。叶大庆《考古质疑》却以为"落霞"是虫名,所以可对"孤鹜"。迷信四六,便有这样的妄论。流弊及于说经,高邮王氏,说"终南何有？有条有梅";"终南何有？有纪有堂",以为"堂"须对"梅",当是"棠"字,这和"落霞"虫名的话,不是差不多吗？所以,把宋人的四六文,清人的试帖诗,强以衡断古人,这是不对的事。不懂古今文章变迁大势,便有这样的弊病。其实骈和四六,散和古文,都有界限。归、方、刘三家不能称为古文,正如现在报章体散文不能称为古文。诸君须知！宋以后的四六,不能称骈文;近来的报章体,不能称为古文,所谓界限者,即在于此。

原载《苏中校刊》第六十九期(一九三二)

记本师章公自述治学之功夫及志向

诸祖耿

民国二十二年四月十八日,本师章公寓苏州十全街"曲石精庐",为乘六、澋秋、仲莘、希泌诸兄道此,祖耿得从旁记之。二十二年八月十二日识。

余今日须为弟辈道者,一治学之功夫,二治学之志向也。

余家无多书,年十四五,循俗为场屋之文,非所好也。喜为高论,谓《史》、《汉》易及,揣摩入八比,终不似。年十六,当应县试,病未往,任意浏览《史》、《汉》。既卒业,知不明训诂,不能治《史》、《汉》,乃取《说文解字》段氏注读之。适《尔雅》郝氏《义疏》初刊成,求得之,二书既遍,已十八岁。读《十三经注疏》,阍记尚不觉苦。毕,读《经义述闻》,始知运用《尔雅》、《说文》以说经。时时改文立训,自觉非当。复读学海堂、南菁书院两《经解》皆遍。二十岁,在馀杭,谈论每过侪辈,忖路径近曲园先生,乃入诂经精舍。陈说者再,先生率未许。后先生问:"《礼记·明堂位》'有虞氏官五十,夏后氏官百,殷二百,周三百'郑注:'周三百六十官。此云三百者,记时冬官亡也。'冬官亡于汉初,周末尚存,何郑注谓冬官亡乎?"余谓:"《王制》'三卿''五大夫',据《孔疏》,诸侯不立冢宰、宗伯、司寇之官。有小司徒、小司寇、小司空、小司马、小卿,而无小宗伯。故大夫之数为五而非六。依《周礼》当减三百之数,与冬官存否无涉也。"先生称善。又问:"《孝经》'先王有至德要道。'先王谁耶?郑注谓先王为禹。何以孝道始禹耶?"余谓:"《经》云'先王有至德要道,以顺天下'者,明政治上之孝道异寻常人也。夏后世袭,方有政治上之孝道,故孝道始禹。且《孝经》之制,本于夏后,'五刑之属三千',语符《吕刑》,三千之刑,周承夏旧,知先王确为禹也。"先生亦以为然。余于同侪,知人所不知,颇自矜。既治《春秋左氏传》,为《叙录》,驳常州刘氏。书成,呈曲园先生。先生摇首曰:"虽新奇,未免穿凿,后必悔之。"由是锋铘乃敛。时经学之外,四史已前毕,全史局本力不能得。赖竹简斋书印成,以三十二版金得一部,潜心读之。既毕,谓未足。涉《通典》四五周,学渐实。三十后,有著书之意。会梁卓如要共革命,乃疏书卷。及亡命东瀛,行箧惟《古经解汇函》、《小学汇函》二书。客居寥寂,日披大徐《说文》。久之,觉段、桂、王、朱见俱未谛。适钱夏、黄侃、汪东辈相聚问学,遂成《小学畬问》一卷。又以为学问之道,不当但求文字,文字用表语言,当进而求之语言。语言有所起,人仁天颠,义率有缘。由此寻索,觉语言统系秩然。因谓仓颉依类象形以作书,今独体象形见《说文》者,止三四百数,意当时语不止此。盖一字包数义,故三四百数已足。后则声意相迩者,孳乳别生,文字乃广也。于是以声为部次,造《文始》九卷。归国后,叶奂彬见而善之,问如何想得出来。畬日读《说文》,比较会合,遂竟体完成耳。民国二年,幽于京师,舍读书无可事者,《小学畬问》《文始》初稿所未及,于此时足之。《说文》:"臑,臂羊矢也。"段氏不解,改"臂羊矢"为"羊矢臂"。孙仲容非之,谓"羊"或"美"之讹,"矢"或"肉"之讹。余寻医书《甲乙经》,知股内廉近阴处曰"羊矢",方悟"臂羊矢"义。又《说文》："设，常也。"段亦不解。余意"设"、"职"同声。《说文》："职，记散也。"《周礼》："司常掌九旗之物名，各有属，以待国事。"郑注："属，谓徽识也。"徽，即小旗，古人插之于身。《说文》有职而无帜，于是了然于设常之义。又《说文》："所，二斤也。阙。"大徐音语斤切。余谓质从所，必为所声。《九章算术》刘徽注：张衡谓"立方为质，立圆为浑"。思立方何以为质，乃悟质即所，今之斧也，斧形正方而斜。《九章》中谓为堑堵形。斤本作"▷"，小篆变，乃作"斤"。两斧堑堵形颠倒相置，成立方形。立方为质者，此之谓也。"所"当读"质"，非语斤切。由此确然以信。凡此之类不胜举，皆斯时所补也。

方余壮时，《公羊》之说盛行，余起与之抗。然琐屑之谈，无豫大义。出都后，卜居沪上。十馀年中，念孔子作《春秋》，语殆非实。孔子删诗书，正礼乐，未加一字。《春秋》本据鲁史，孔子述而不作，倘亦未加一字。一日，阅彭尺木书，知苏州有袁蕙纕者，言孔子以鲁史为《春秋》，未加笔削。心韪之，至苏州，求其书不得，人亦无知之者。又叶水心《习学纪言》，亦言《左传》有明文，孔子笔削者无几。"天王狩于河阳"，史官讳之，非孔子笔也。于是知孔子之《春秋》，亦如班固之《汉书》，非为褒贬作也。褒贬之谈，起于孟子。孟子谓孔子成《春秋》而乱臣贼子惧，非谓为乱臣贼子作《春秋》也。大氐古人作史，以示君上，非为平民。司马温公作《通鉴》以进神宗，其事可证。三《传》同有"弑君"、"称君"、"君无道也"文。《穀梁》谓"称国以弑君，君恶甚矣"，太史公自序亦谓"有国者，不可以不知《春秋》，前有谗而弗见，后有贼而不知。为人臣者，不可以不知《春秋》，守经事而不知其宜，遭变事而不知其权。为人君父而不通于《春秋》之义者，必蒙首恶之名。为人臣子而不通于《春秋》之义者,必陷篡弑之诛,死罪之名"。人君读《春秋》,鉴往事,知为君之难,必多方以为防。防范多,斯乱臣贼子惧。喻如警备严明,盗贼自戢。若书名以示贬,如朱晦庵之《纲目》,何能使乱臣贼子惧耶?历世说《春秋》者,杜预为可取,馀皆愈说愈远。啖助、赵匡、胡安国辈,均不可信。昔崔浩作《国书》三十卷,立石以彰直笔,后遭灭族之祸。孔子而若浩,不畏灭族之祸耶?太史公衔武帝,其书仍称"今上",未贬名号。《春秋》于举事过当者,书之曰"人"。人本人也,无可非难。自啖、赵至胡安国,惟叶水心说《春秋》不谬。明高拱作《春秋正旨》,拱有经国致用之才,语亦可准。

《尚书》诵习多年,知其难解。江艮庭、孙渊如所说,文理前后不通,喻如吴某演说,三句之后,意即旁骛。余思古人既称古文读应尔雅,则依《尔雅》解《尚书》,当得其真。《尔雅》一字数训,前人守一训以为解,无或乎其难通也。意者《尔雅》本有其训,释书者遗而不取,故《尚书》难解乎?《无逸》"康功、田功",《释宫》:"五达谓之康。"则康功者,路功也。《盘庚》"用宏兹贲",《大诰》"敷贲",语均难通。《释鱼》:"龟三足贲。"古通称蓍蔡之蔡曰龟,则"用宏兹贲"者,用宏此龟也。"敷贲"者,陈龟也。康为路,贲为龟,《尔雅》明著其训,释书者遗之,遂不可通。以故余所著《古文尚书拾遗》似较前人为胜。

《春秋》专论大义,《尚书》务通训诂,拘囚北京而还,说经主旨如此。

余常谓学问之道,当以愚自处,不可自以为智。偶有所得,似为智矣,犹须自视若愚。古人谓"既学矣,患其不习也。既习矣,患其不博也。既博矣,患其不精也",此古人进学之方也。大氏治学之士，当如童蒙，务于所习，熟读背诵，愚三次，智三次，学乃有成。弟辈尽有智于余者，功夫正须尔也。

余幼专治《左氏春秋》，谓章实斋"六经皆史"之语为有见。谓《春秋》即后世史家之本纪列传。谓礼经、乐书，仿佛史家之志。谓《尚书》、《春秋》本为同类。谓《诗》多纪事，合称诗史。谓《易》乃哲学，史之精华，今所称社会学也。方余之有一知半解也，《公羊》之说，如日中天，学者煽其馀焰，簧鼓一世。余故专明《左氏》以斥之。然清世《公羊》之学，初不过人一二之好奇。康有为倡改制，虽不经，犹无大害。其最谬者，在依据纬书，视《春秋经》如预言，则流弊非至掩史逞妄说不止。民国以来，其学虽衰，而疑古之说代之，谓尧、舜、禹、汤皆儒家伪托。如此惑失本原，必将维系民族之国史全部推翻。国亡而后，人人忘其本来，永无复兴之望。余首揭《左氏》以斥《公羊》，今之妄说，弊更胜于《公羊》。此余所以大声疾呼，谓非竭力排斥不可也。

《说文》之学，稽古者不可不讲。时至今日，尤须拓其境宇，举中国语言文字之全，无一不应究心。清末妄人，欲以罗马字易汉字，谓为易从。不知文字亡而种性失，暴者乘之，举族胥为奴虏而不复也。夫国于天地，必有与立，所不与他国同者，历史也，语言文字也。二者，国之特性，不可失坠者也。昔余讲学，未斤斤及此；今则外患孔亟，非专力于此不可。余意凡史皆《春秋》，凡许书所载及后世新添之字足表语言者皆小学。尊信国史，保全中国语言文字，此余之志也。弟辈能承余志，斯无愧矣。

原载《制言》半月刊第二十五期（一九三六）

国学之统宗

太炎先生讲

诸祖耿记

二十二年三月十四日在无锡国学专门学校

无锡乡贤，首推顾、高二公。二公于化民成俗，不无功效，然于政事则疏阔。广宁之失，东林之掣肘，不能辞其咎。叶向高、王化贞、邹元标、魏大中等主杀熊廷弼，坐是长城自坏，国势日蹙，岂非东林诸贤化民成俗有馀，而论道经邦不足乎？今欲改良社会，不宜单讲理学，坐而言，要在起而能行。周、孔之道，不外修己治人，其要归于六经。六经散漫，必以约持之道，为之统宗。余友桐城马通伯，主张读三部书，一《孝经》，二《大学》，三《中庸》。身于三书均有注解。余寓书正之，谓三书有不够，有不必。《孝经》、《大学》固当，《中庸》则不必取。盖《中庸》者，天学也。自"天命之谓性"起，至"上天之载无声无臭"止，无一语不言天学。以佛法譬之，佛法五乘：佛法以内者，有大乘、小乘、声闻独觉乘；佛法以外者，有天乘、人乘。天乘者，婆罗门之言也。人乘者，儒家之言也。今言修己治人，只须阐明人乘，不必涉及天乘，故余以为《中庸》不必讲也。不够者，社会腐败，至今而极。救之之道，首须崇尚气节。五代之末，气节扫地，范文正出，竭力提倡，世人始知冯道之可耻。其后理学家反以气节为不足道，以文章为病根，此后学之过也。专讲气节之书，于《礼记》则有《儒行》。《儒行》所述十五儒，皆以气节为尚。宋初，尚知尊崇《儒行》，赐新进士以皇帝手书之《儒行》。南宋即不然，高宗信高闳之言，以为非孔子之语，于是改赐《中庸》。大概提倡理学之士，谨饬有馀，开展不足。两宋士气之升降，即可为是语之证。今欲卓然自立，余以为非提倡《儒行》不可。《孝经》、《大学》、《儒行》之外，在今日未亡将亡，而吾辈亟须保存者，厥惟《仪礼》中之《丧服》。此事于人情厚薄，至有关系。中华之异于他族，亦即在此。余以为今日而讲国学，《孝经》、《大学》、《儒行》、《丧服》，实万流之汇归也，不但坐而言，要在起而行矣。

先讲《孝经》。

学者谓《孝经》为门内之言，与门外无关。今取《论语》较之，有子之言曰："其为人也孝弟，而好犯上者鲜矣。不好犯上，而好作乱者，未之有也。"与《孝经》"先王有至德要道，民用和睦，上下无怨"意义相同。所谓"犯上作乱"，所谓"民用和睦，上下无怨"，均门外之事也，乌得谓之门内之言乎？宋儒不信《孝经》，谓其非孔子之书。《孝经》当然非孔子之书，乃出于曾子门徒之手，然不可以其不出孔子之手而薄之。宋儒于《论语》"孝弟也者，其为仁之本与"一章，多致反驳，以为人之本只有仁，不有孝弟。其实仁之界说有广狭之别，克己复礼，狭义也；仁者爱人，广义也。如云"孝弟也者，其为爱人之道之本与"，则何不通之有？后汉延笃著《仁孝先后论》，谓孝在事亲，仁施品物。孟子谓亲亲而仁民，由此可知孝弟固为仁之本矣。且此语古已有之，非发自有子也。《管子·戒》第二十六："孝弟者，仁之祖也。""祖"与"本"同，有子乃述管子之语耳。宋人因不愿讲《论语》此章，故遂轻

《孝经》，不知汉人以《孝经》为六经总论，其重之且如此。以余观之，《尧典》"克明俊德，以亲九族。九族既睦，平章百姓。百姓昭明，协和万邦，黎民於变时雍"，即《孝经》"先王有至德要道以顺天下，民用和睦，上下无怨"之意。孔子之说，实承《尧典》而来。宋人疑之，可谓不知本矣。且也儒、墨之分，亦可由《孝经》见之。墨子长处尽多，儒家之所以反对者，即在"兼爱"一端。今之新学小生，人人以爱国为口头禅，此非墨子之说而似墨子。试问如何爱国？爱国者，爱一国之人民耳。爱国之念，由必爱父母兄弟而起。父母兄弟不能爱，何能爱一国之人民哉！由此可知孝弟为仁之本，语非虚作。《孝经》一书，实不可轻。《孝经》文字平易，一看便了，而其要在于实行，平时身体发肤不敢毁伤，至于战阵则不可无勇，临难则不可苟免。此虽有似矛盾，其实吾道一贯，不可非议。于此而致非议，无怪日讲《墨子》兼爱之义，一旦见敌，反不肯拼命矣。昔《孟子》讲爱亲敬长，为人之良能。其后阳明再传弟子罗近溪，谓良知良能，只有爱亲敬长，谓孔门弟子求学，求来求去，才知孝弟为仁之本。此语也，有明理学中之一线光明，吾侪不可等闲视之者也。诸君试思，《孝经》之有关立身如此，宋人乃视为一钱不值，岂为平情之言乎？《孝经》讲孝，分列为五。其所云天子之孝，爱亲者不敢恶于人，敬亲者不敢慢于人，与墨子之道为近。民国人人平等，五种阶级，不必全依经文，但师其意而活用之，由近及远，逐项推广可矣。

次讲《大学》。

《大学》为宋人所误解者不少，不仅误解，且颠倒其本文。王阳明出，始复古本之旧，其精思卓识，实出宋人之上。今按《大学》之言，实无所不包，若一误解，适足为杀人之本。宋人将"在

亲民"改作"在新民",以"穷至事物之理"解释"格物"。彼辈以
为,《康诰》有"作新民"之语,下文又有"苟日新"、"天命维新"诸
语,故"在亲民"之"亲",非改作"新"不可。不知《汤盘》之
"新",乃洁清身体发肤之谓。其命维新者,新其天命也,皆与亲
民无关,不可据之以改经文。夫《书经》人所共读,《孟子》亦人所
共读,孟子明言三代之学皆所以明人伦也,人伦明于上,小民亲
于下。《尚书》尧命契作司徒,敬敷五教,其结果则百姓相亲。
《大学》"亲民"之说,前与《尚书》相应,后与《孟子》相应,不知宋
人何以改字也?格物之说,有七十二家之歧异,实则无一得当。
试问物理学之说,与诚意正心何关?故阳明辟之,不可谓之不
是。然阳明所云"致良知以正物",语虽可喜,然加一"良"字,且
语句与原意颠倒。应说致知而后物格,不应说物格而后致知也。
阳明之前,郑康成训"格"为"来",谓"所知于善深,则来善物;所
知于恶深,则来恶物",颇合《论语》"我欲仁,斯仁至矣"之义,亦
与阳明知行合一之说相符,但文义亦与原文不合,虽能言之成
理,胜于晦庵,但均颠倒原文,不足以服人之心。其馀汉、宋大儒
讲格物者,不计其数,而皆讲之不通。明人乃有不读书之灶丁王
心斋,以为格物即物有本末,致知即知所先后。千载疑窦,一朝
冰释,真天下快事。盖《大学》所讲,为格物、诚意、正心、修身、齐
家、治国、平天下。诚意为正心、修身之本,此为知本,此为知之
至也。上所云云,尤为根本之根本。心斋不曾读书,不知格字之
义。《仓颉篇》:"格,量度也。"能量度即能格物,谓致知在于量度
物之本末。此义最通,无怪人之尊之信之,称为"淮南格物论"
也。刘蕺山谓王阳明远不如心斋,此语诚非无故。其后假道学
先生李光地,亦知采取心斋,可见是非之心,人心有同然矣。阳

明生时骂朱文公为"洪水猛兽"，阳明读书不多，未曾遍观宋人之说，故独骂朱子，实则伊川、象山均如此讲。朱子治学，亦未身能穷知事物之理，无可奈何，敷衍了事，而作此说。今之新学小生，误信朱子之言，乃谓道德而不能根据科学者，不是道德。夫所谓道德，将以反抗自然也。若随顺自然，则杀人放火，亦何不可以科学为之根据者？信斯言也，真洪水猛兽之比矣。朱子有知，不将自悔其言之孟浪乎？殷周革命之际，周人称忠殷抗周之民曰"殷顽"，思有以化之，故《康诰》有"作新民"之言。所谓"新民"者，使殷民思想变换，移其忠于殷者，以忠于周室耳。"新民"云云，不啻顺民之谓已，此乃偶然之事，非天下之常经，不可据为典要。夫社会之变迁以渐，新学小生，不知斯义，舍其旧而新是谋，以为废旧从新，便合"作新民"之旨，不知其非《大学》之意也。要之，《大学》之义，当以古本为准，格物之解，当以心斋为是，不当盲从朱子。《孝经》乃一贯之道，《大学》亦一贯之道。历来政治不良，悉坐《大学》末章之病。所谓"好人之所恶，恶人之所好"，一也；"人之彦圣，媢疾以恶之"，二也；"长国家而务财用"，三也。三者亡国之原则，从古到今，二三千年，无有不相应者。反之，即可以平天下。是故《大学》者，平天下之原则也。从仁义起，至平天下止，一切学问，皆包括其中。治国学者，应知其总汇在此。

讲明《孝经》、《大学》，人之根本已立，然无勇气，尚不能为完人，此余之所以必标举《儒行》也。《儒行》十五儒，未必皆合圣人之道，然大旨不背于《论语》。《论语》子贡问："何如斯可谓之士矣？"子曰："行己有耻，使于四方，不辱君命，可为士矣。"子路问"成人"，子曰："见利思义，见危授命，久要不忘平生之言，亦可以为成人矣。"士与成人，皆是有人格之意。反之，不能为人，即等于禽兽。《论语》所言，正与《儒行》相符。《儒行》"见死不更其守"，即《论语》"见危授命"之义。"久不相见，闻流言不信"，即《论语》"久要不忘平生之言"之意。可见道理不过如此。《论语》、《儒行》初无二致，宋人以"有过可微辨而不可面数也"一语，立意倔强，与子路"人告之以有过即喜"殊异，即加反对。不知骂《儒行》者，自身即坐此病。朱、陆为"无极"、"太极"之枝节问题，意见相反，书函往复，互相讥弹，几于绝交，不关过失，已使气如此，何况举其过失乎？有朱、陆之人格，尚犹如此，何况不如朱、陆者乎？不但此也，孟子之为人，亦恐其"有过可微辨而不可面数"者。何以言之？淳于髡言"是故无贤者也，有则髡必识之"以讥孟子。孟子引孔子之事，谓："君子之所为，众人固不识也。"其悻悻然之辞气，见于文字间，可知其非胸无芥蒂者。余以为自孔、颜外，其馀贤者恐皆如此。然而两汉人之气节，即是《儒行》之例证。苏武使于匈奴，十九年乃返，时人重之，故宣帝为之图象。至宋，范文正讲气节，倡理学，其后理学先生却不甚重视气节。洪迈之父皓，使于金，十五年乃返，其事与苏武相类，而时人顾不重之。宋亡，而比迹冯道者，不知凡几。此皆轻视气节之故。如今倭人果灭中国，国人尽如东汉儒者，则可决其必不服从。如为南宋诸贤，吾知其服从者必有一半。是故欲求国势之强，民气之尊，非提倡《儒行》不可也。《儒行》之是否出于孔子，不必论，但论吾侪行己应否如此可矣。其为六国时人作欤？抑西汉时人作欤？都可不问。若言之成理，即非孔子之语，或儒者托为孔子之语，均无碍也。况以事实论之，哀公孱弱，孔子对证发药，故教之以强毅，决非他人伪造者也。

《丧服》经不过《仪礼》十七篇之一。《仪礼》十七篇，诸侯大夫礼不必论,冠礼不行于今,婚礼六礼,徒有其名而已。士相见礼、乡饮酒礼、特牲馈食礼,亦不行于今,惟士丧礼与《丧服》有关。然讲《丧服》,不必讲士丧礼也。《丧服》至今仍行,通都大邑,虽只用黑纱缠臂,然内地服制尚存其意。形于文字者,尚有讣闻"遵礼成服"之语。虽是告朔之饩羊,犹有礼意存焉。周代有诸侯、世卿之分,故丧服有尊降、压降之名。政治改变,诸侯、世卿之名已去。汉代虽提倡《丧服》,即不讲尊降、压降,此亦礼文损益之义也。汉儒于《仪礼》尽注十七篇者,惟郑康成一人。其馀马融、王肃,只注一篇。三国、晋、宋间人,注《丧服》者十馀家,蜀蒋琬亦曾注《丧服》,可见《丧服》之重要。诸君翻阅杜佑《通典》,即可知丧服、丧礼之大概。顾亭林言六朝人尚有优点,诚然。六朝人不讲节义,却甚重《丧服》。古人在丧服中,不能入内,不能见女人。陈寿遭父丧,有疾,使婢丸药,乡党以为贬议,坐是沉滞者累年。此事明载《晋书》。又晋惠帝之子愍怀太子遹,被贾后毒死,事白,惠帝为之下诏追复丧礼,反葬京畿,服长子斩衰三年,以《丧服》中本有"父为长子斩衰三年"之文故也。晋惠无道尚如此,可见晋人之重视《丧服》矣。晋以后,唐人亦重《丧服》。宋代理学先生,亦知维持《丧服》。明人则恐不甚看《丧服》经,然皇帝皆以孝字为号,尚知遵行《丧服》,胜于清人。《丧服》代有变迁,尊降、压降,不适宜于郡县时代。自汉至隋,全遵《仪礼》。唐人稍加修改,尚称近理。如"父在为母齐衰期,父没为母齐衰三年",唐人均改为三年。其馀修改者尚有四五条,皆几微而不甚要紧。唯经文"妇为舅姑斩衰不杖期",宋人改"妇为舅姑与子为父母同",盖因唐末人不明礼意,有妇为舅姑如子为父母之事实。五代时,刘岳作《书仪》,即改"妇为舅姑等于子为父母"。至宋初,魏仁浦乃谓夫处苫块之中,妇服纨绮之服,是为不当,乃径改礼文。不知苫块在未葬之前,既葬,即不在苫块。《丧服》有变除之义,期年入外寝,再期大祥,然后除服。妇已除服,虽不可着有花之纨绮,尚可着无花之青缣(如今之蓝纺绸)。仁浦不知此意,故疑其不当。当时在官者,大抵不学无术,又翕然从之,改妇为舅姑等于子为父母,此宋人之陋也。至明代,只有斩衰三年。古礼,妇人不二斩,男子亦然。为人后者,为本生父母降,为父母斩衰,为长子亦斩衰,明太祖改之。明人不知古斩衰三年与齐衰三年惟在无缝、有缝之别,本不甚相远也。(古人持服,有正服、降服、义服之别。降服者承继,出嫁之子女,为本生父母也;义服者,恩轻而不得不重服,如臣之为君是也。)降至清代,遂为一切误谬之总归宿。今若除去尊降、压降一条,其馀悉遵《开元礼》,则所谓遵礼成服者,庶不致如告朔之饩羊矣。

上来所讲,一《孝经》、二《大学》、三《儒行》、四《丧服》,其原文合之不过一万字,以之讲诵,以之躬行,修己治人之道,大抵在是矣。

原载《制言》月刊第五十四期(一九三九)

历史之重要

太炎先生讲

诸祖耿记

二十二年三月十五日在江苏省立无锡师范学校

国学不尚空言,要在坐而言者,起而可行。十三经文繁义赜,然其总持则在《孝经》、《大学》、《儒行》、《丧服》。《孝经》以培养天性,《大学》以综括学术,《儒行》以鼓励志行,《丧服》以辅成礼教。其经文不过万字,易读亦易记,经术之归宿,不外乎是矣。经术乃是为人之基本,若论运用之法,历史更为重要。处斯乱世,尤当斟酌古今,权衡轻重。今日学校制度不便于讲史。然史本不宜于学校讲授,大约学问之事,书多而文义浅露者,宜各自阅览;书少而文义深奥者,宜教师讲解。历史非科学之比,科学非讲解一步,即不能进一步,历史不然,运用之妙在乎读者各自心领神会而已。正史二十四,约三千馀卷,《通鉴》全部,六百卷,如须讲解,但讲《通鉴》,五年尚不能了,全史更无论矣。如能自修,则至迟四年可毕廿四史。今学校注重讲授而无法讲史,故史学浸衰,惟道尔顿制实于历史之课最宜。然今之教员,未必人人读毕全史,即明知道尔顿制便于学生,其如不便于教员何?《吕氏春秋》有《诬徒篇》,今日学校之弊,恐不至诬徒不止,诚可叹也!

　　政治之学，非深明历史不可。历史类目繁多，正史之外有编年，有别史，有论制度之书，有述地理之书，有载奏议之书。荀悦《汉纪》，别史类也。《通典》、《通考》，贯穿古今，使人一看了然，论制度之类也。志表之属，断代为书，亦使人憭如指掌，亦论制度之类也。地理书却不易看，自正史《地理志》外，有《元和郡县志》、《元丰九域志》、明清《一统志》、《读史方舆纪要》之属。山川形势，古今沿革，非细读不能明憭。奏议往往不载于正史，但见于文集，亦有汇集历代名臣奏议为专书者。今之学者，务欲速成，鲜有肯闭门读书十年者。然全看二十四史，一日不辍，亦不过四年。若但看四史，四史之后，看《通鉴》、《宋元明鉴》之类，则较正史减三分之二。一日看两卷，则五百日可毕。而纪事之书，已可云卒业矣。至于典章制度之书，《通典》古拙，不必看，看《通考》已足施于政治。《通考》尚有用不着之处，三《通》不过五百卷，一日看两卷，二百五十日可毕。地理书本不多，《读史方舆纪要》为最有用，以其有论断也。旁及地理挂图，且读且看，有三四月之功夫，尽可卒业。奏议书流畅易看，至多不过一年亦毕矣。如此合计，纪事之书一年有半，制度之书八月，地理之书半年，奏议之书十月，有三年半之功程，史事已可烂熟。即志在利禄者，亦何惜此三年半之功夫，以至终身无可受用乎。历代知名将相，固有不读书者，近若曾、左、胡辈亦所谓名臣者矣，然其所得力，曾在《通鉴》、《通考》，左在《通考》，胡在《读史方舆纪要》而已，况程功之过于是者乎。

　　夫人不读经书，则不知自处之道；不读史书，则无从爱其国家。即如吾人今日，欲知中华民国之疆域，东西南北究以何为界，便非读史不可。有史而不读，是国家之根本先拔矣。古人有不喜人讲史者，王安石变法，惟恐人之是古非今，不得自便。今人之不喜人看史，其心迹殆与王安石无异。又好奇说者，亦不喜人看史。历史著进化之迹，进化必以渐，无一步登天之理，是故诡激之流，惟恐历史之足以破其说也。至于浅见之人，谓历史比于家谱，《汉书》即刘氏之谱，《唐书》即李氏之谱，不看家谱，亦无大害。此不知国史乃以中国为一家，刘氏、李氏不过一时之代表而已。当时一国之政，并非刘氏、李氏一家之事也。不看家谱，不认识其同姓，族谊亦何由而敦？不讲历史，昧于往迹，国情将何由而洽？又或谓历史有似帐簿，米盐琐屑，阅之无谓。此不知一家有一家之产业，一国有一国之产业，无帐簿则产业何从稽考？以此而反对读史，其居心诚不可测矣！信如所言，历史是帐簿是家谱，亦岂可不看？身不能看，惟恐人之能看，则沮人以为不足看也。政界之人如此，学界之人亦如此，学生又不便以讲诵，家谱帐簿，束置高阁，四万万人都不知国家之根本何在，失地千万里，亦不甚惜，无怪其然也。日本外交官在国际联盟会称东三省本是满洲之地，中国外交官竟无以驳正。此岂非不看家谱帐簿而不知旧有之产业乎？

昔人读史，注意一代之兴亡，今日情势有异，目光亦须变换，当注意全国之兴亡，此读史之要义也。经与史关系至深，章实斋云"六经皆史"，此言是也。《尚书》、《春秋》本是史书，《周礼》著官制，《仪礼》详礼节，皆可列入史部。西方希腊以韵文记事，后人谓之史诗。在中国则有《诗经》。至于《周易》，人皆谓是研精哲理之书，似与历史无关，不知《周易》实历史之结晶，今所称社会学是也。乾坤代表天地，《序卦》云"有天地然后有万物"，是故乾坤之后，继之以屯，屯者草昧之时也。"即鹿无虞"，渔猎之征也;"匪寇婚媾",掠夺婚姻之征也。进而至蒙,如人之童蒙,渐有开明之象矣。其时取女盖已有聘礼,故曰"见金夫不有躬",此谓财货之胜于掠夺也。继之以需,则自游牧而进于耕稼,于是有饮食燕乐之事。饮食必有讼,故继之以讼,以今语译之,所谓"面包问题",生存竞争也。于是知团结之道,故继之以师。各立朋党,互相保卫,故继之以比。然兵役既兴,势必不能人人耕稼,不得不小有积蓄。至于小畜,则政府之滥觞也。然后众人归往强有力者以为团体之主。故曰"武人为于大君","履帝位而不疚"。至于履,社会之进化已及君主专制之时矣。泰者,上为阴下为阳,上下交通,故为泰。否者,上为阳下为阴,上下乖违,故为否。盖帝王而顺从民意,上下如水乳之交融,所谓泰也。帝王而拂逆民意,上下如冰炭之不容,所谓否也。民为邦本之说,自古而知之矣。自屯至否,社会变迁之情状,亦已了然。故曰:《周易》者,历史之结晶也。然六经之中正式之史,厥维《春秋》,后世史籍,皆以《春秋》为本。《史记》有《礼书》、《乐书》,《汉书》则礼乐皆有志,其意即以包括《礼经》一门。《司马相如传》辞赋多而叙事少,试问辞赋何关于国家大计,而史公必以入录耶?班固曰:"赋者古诗之流也。"盖《史记》之录辞赋,亦犹六经之有诗矣。史公《自序》曰:有能绍明世、正《易传》、继《春秋》、本《诗》、《书》、《礼》、《乐》之际,意在斯乎!小子何敢让焉。班固亦有类此之语。由今观之,马、班之言,并非夸诞;良史之作,固当如是也。

史与经本相通,子与史亦相通。诸子最先为道家,老子本史官也,故《艺文志》称:道家者流,出于史官。史官博览群籍,而熟知成败利钝,以为君人南面之术。他如法家,韩非之书称引当时史事甚多。纵横家论政治,自不能不关涉历史。名家与法家相近,惟农家之初,但知种植而已。要之九流之言,注重实行,在在与历史有关,墨子、庄子皆有论政治之言,不似西洋哲学家之纯谈哲学也。今日学士大夫,治经者有之,治诸子者有之,而治史则寡。不知不讲历史,即无以维持其国家。历史即是帐簿家谱之类,持家者亦不得不读也。

复次,今日有为学之弊,不可盲从者二端,不可不论。夫讲西洋科学,尚有一定之轨范,决不能故为荒谬之说。其足以乱中国者,乃在讲哲学讲史学,而恣为新奇之议论。在昔道家,本君人南面之术,善用其术,则可致治。汉人之重黄老,其效可见矣。一变而为晋人之清谈,即好为新奇之议论。于是社会遂有不安之状,然刘伶之徒,反对礼教,尚是少数。今之哲学,与清谈何异。讲哲学者,又何其多也。清谈简略,哲学详密,此其贻害,且什百于清谈。古人有言:"智欲圆而行欲方。"今哲学家之思想打破一切,是为智圆而行亦圆,徇己逐物,宜其愈讲而愈乱矣。余以为欲导中国人于正轨,要自今日讲平易之道始,三十年后,庶几能收其效。否则推波助澜,载胥及溺而已。

又今之讲史学者,喜考古史,有二十四史而不看,专在细微之处,吹毛索瘢,此大不可也。昔蜀之谯周,宋之苏辙,并著古史考,以驳正太史公。夫上下数千年之事,作史者一人之精力,容有不逮,后之人考而正之,不亦宜乎?无如今之考古者,异于谯周、苏辙,疑古者流,其意但欲打破历史耳。古人之治经史,于事理所必无者,辄不肯置信。如姜嫄履大人迹而生后稷,刘媪交龙于上而生高祖,此事理所必无者也,信之则乖于事实。又同为一事,史家记载有异,则辨正之。如《通鉴考异》之类,此史学者应有之精神也。自此以外,疑所不当疑,则所谓有疑疾者尔。日本人谓尧、舜、禹皆是儒家理想中人物,彼自以其开化之迟,而疑中国三千年前已有文化如此。不知开化本有迟早,譬如草木之华,先后本不一时,但见秋菊之晚开,即不信江梅之早发,天下宁有此理!日本人复疑大禹治水之功,以为世间无此神圣之人。不知治河之功,明清两代尚有之,本非一人之力所能办。大臣之下,固有官吏兵丁在,譬如汉高祖破灭项羽,又岂一身之力哉。此而可疑,何事不可疑?犹记明人笔乘,有丘为最高渊为最深之言,然则孔颜亦在可疑之列矣。当八国联军时,刚毅不信世有英法诸国,今之不信尧禹者,无乃刚毅之比乎?夫讲学而入于魔道,不如不讲。昔之讲阴阳五行,今乃有空谈之哲学,疑古之史学,皆魔道也。必须扫除此种魔道,而后可与言学。

原载《制言》月刊第五十五期(一九三九)

春秋三传之起源及其得失

太炎先生讲

诸祖耿记

二十二年三月十五日在江苏省立无锡师范学校

余讲《春秋》，历四十年。尝谓《春秋》者，司马迁、班固以前唯一之史也。《春秋》未作，世无正式之史。《尚书》或纪言，或纪事，真有似断烂朝报，无年月可寻。设无书序，何由知其条贯？即有纪年者，亦不甚明白。如《太誓》云"唯九年四月"，究不明何王之九年。《洪范》云"唯十有三祀"，亦不明何王之十三祀也。且或称"唯十有三祀"，或称"既克商二年"，纪年之法之不统一如是。故必待《春秋》之作，方为有正式之史也。

周初无《春秋》之名。《周官》"小史掌邦国之志，外史掌四方之志"，未必即为《春秋》也。《春秋》之起，其在周宣王之世乎？墨子《明鬼》，据周之《春秋》、燕之《春秋》、宋之《春秋》、齐之《春秋》为说。至于周宣王杀杜伯以前之事，不据《春秋》而据《诗》、《书》，可知周初之未有《春秋》也。《史记·十二诸侯年表》起共和元年，自尔至于鲁隐元年，凡一百十九年。史公但书某公卒，某公生，未尝著一事。其有纪事者，可知其国已有《春秋》矣。晋穆侯以条之役生太子，命之曰仇；其弟以千亩之战生，命之曰成师，《左传》不记其年，而《十二诸侯年表》明著之。盖列国之有《春秋》,晋为最早,而秦、郑次之(《秦本纪》文公十三年"初有史以纪事"),宋在其后,齐、鲁更后。其所以有先后者,周室颁书法于诸侯,由近及远。晋近王畿,秦迹西都,郑本畿内,故受法在先。宋距西周已远,齐、鲁更处东海,斯在后矣。

《左传》云:"《春秋》之称,微而显,志而晦,婉而成章,尽而不污,惩恶而劝善,非圣人谁能修之?"然孔子所修,实亦无多。僖二十八年:"天王狩于河阳。"《左氏》载仲尼之言曰:"以臣召君,不可以训,故书曰'天王狩于河阳'。"太史公称孔子读史记至文公,曰"诸侯无召王,'王狩河阳'者,《春秋》讳之也"。孔子之特笔有明文可据者,止此一条,馀无所见。杜预以为诸称"书"、"不书"、"先书"、"故书"、"不言"、"不称"、"书曰"之类,皆史官旧文,是孔子所笔削者固甚少矣。然而孟子称孔子作《春秋》,又称孔子曰"罪我者其惟《春秋》",岂删改一二条即可谓之作耶?即以此见罪耶?盖《春秋》者,官史也,孔子不在其位,不当私修官史。班固坐私修官史而得罪。以后例前,所谓"罪我者,其惟《春秋》"者,信矣。孔子又曰"其义则丘窃取之"者,当时国史,不容人看,窃取即偷看之谓矣。又曰"《春秋》,天子之事"者,《说文》"事"字从史,职也。职,记微也。微即徽字,职即帜字,故"事"有"记志"之义。是谓《春秋》为天子之史记也。列国之史,皆藏周室(《六国表》云:"史记藏周室。"汉则郡国之事藏太史令),故云天子之事。然孔子所修者,鲁之《春秋》也。惟其为鲁之《春秋》,非周之《春秋》,其记列国事实或有不确,如诸侯之卒,但据赴告而书之。赴告月日有误,鲁史不能正之。太史公称:"孔子西观周室,论史记旧闻。"即为鲁《春秋》有乖事实者。故必与左丘明如周,观书于周史,而修《春秋》之经。丘明因孔子所录周之史记而为之传。然则《左传》所载，即是《春秋经》之考异。论事实以周史记为准，论书法以鲁《春秋》为准。所以然者，孔子鲁人，所修者鲁史，不得与于天子之事也。《经》、《传》之不同，凡为此故。桓谭《新论》称《春秋经》、《传》，互为表里，相持而成。是谓《经》、《传》之同修也。盖若事据周记，以改鲁史，即非鲁之《春秋》，故必《经》、《传》相持，则事义俱备。然而太史公云"鲁君子左丘明惧弟子人人异端，各安其意，失其真，故因孔子史记具论其语，成《左氏春秋》"。此则未谛。丘明即不作《传》，孔子且自作之，何也？欲为考异，不得有经而阙传也。古之学者，三年而通一艺。自获麟至孔子之卒，才得再期，学未及通，何由退而异言？《论语》所载，未有弟子论《春秋》之语。《大戴礼》有《曾子》十篇，亦无一言及《春秋》者。乌睹所谓退而异言者耶？是知孔、左《经》、《传》，同时述作。《经》亦有君子之新意，《传》非无圣人所斟酌，不为弟子异言而具论其语，审矣。

次论作传之左丘明。世之疑左丘明者，谓据《论语》，丘明及见孔子。而《左传》记赵襄子、楚惠王事。赵襄子、楚惠王卒于鲁元公之初。鲁元上距获麟之岁五十馀年，丘明不应寿考至是。然孔门弟子子夏之年，更寿于丘明。孔子之卒，子夏年二十有九。至魏文侯十八年受经子夏，子夏年百有一。盖子夏与丘明易混：子夏年高，丘明亦年高；子夏失明，丘明亦失明。然子夏不传《春秋》也。公羊受于子夏之说，起于东汉之戴宏，西汉无是言也。董仲舒，传《公羊》者也。刘向谓其师友渊源，犹未及乎游、夏，是矣。大抵丘明之年，与子夏次比。丘明作《传》，传之曾申，申传吴起。穀梁在吴起后，所引尸子，即尸佼也。佼与商鞅同时，穀梁与孟子时代相近。《公羊传》有"子沈子曰"，何休解诂，称子者是其师，而《穀梁》但作"沈子曰"，可知《穀梁》在《公羊》前，且《公羊》之袭《穀梁》，痕迹显然。"蔡侯归用事乎汉"，《穀梁》文也。自楚入蔡，必渡汉水。《公羊》不审地望，改汉为河，此袭《穀梁》而误者也。公羊氏五世姓名，于史无征。秦二世召博士诸儒生问曰："楚戍卒攻蕲入陈，于公如何？"博士诸生三十馀人前曰："人臣无将，将即反，罪死无赦。"此本《公羊》之文"君亲无将，将而诛焉"。汉高祖崩，群臣议谥，皆曰："高祖起微细，拨乱世，反诸正，平定天下，为汉太祖。""拨乱世，反诸正"亦《公羊》文也。是知《公羊》行于秦汉之际。其人上不及子夏，下不至汉，殆周秦间人也。孟子述孔子之言曰"其义则丘窃取之矣"，《公羊》亦云。此乃《公羊》之袭《孟子》，非《孟子》之采《公羊》也。以余所知，《三传》之起源如此。

据《春秋经》而作《传》，其事非易。《穀梁》在前，其言不多，误亦不多。《公羊》在后，言多而误亦多矣。纪年纪月，始于《尚书》。《春秋》则纪时，或书月书日。二《传》多以日月生义，以为褒贬。此说于古无征，盖穀梁与尸子为友。尸子并商鞅时，见秦《春秋》不书月日（见《六国表》），遂谓《春秋》本以时纪，其书月书日者褒贬所生也。而《穀梁》即用其说也。不知事有远近，斯书有详略。鲁文公以前，朝聘征伐之事少，故书日尚略。其后渐多，故不可不谨于书日。《穀梁》壹以秦记为准，而怪鲁史之详于月日，然未尝自明其说之由来，《公羊》不悟，起例滋多矣。

刘向《别录》称丘明作《传》授曾申，申授吴起，起授其子期，期授铎椒。而《十二诸侯年表》称铎椒为楚威王傅。为王不能尽观《春秋》，采取成败，卒四十章，为《铎氏微》。《铎氏微》者，《左氏春秋》之节本也。《左氏》之书合经、传十九万言。古者简重帛贵，传写匪易。而《韩非子》、《吕氏春秋》皆载春秋时事，其语殆本于铎椒。即穀梁亦似曾见《铎氏微》者。有三事可为《穀梁》袭《左氏》之证。一者《左氏经》"公矢鱼于棠"，《穀梁》作"公观鱼于棠"；二者《左氏经》"齐人来归卫俘"，《穀梁》作"齐人来归卫宝"；三者《左氏经》"晋荀吴帅师败狄于大卤"，《穀梁》作"晋荀吴帅师败狄于太原"。此三条不合《左氏经》而合《左氏传》，知其非贸然以声音训诂易之也。若不见《左氏》书，不致雷同如此。若尽见《左氏》书，又不致有其馀之不同。其所见者，盖《铎氏微》也。《铎氏微》所载，据而改之；所不载者，亦无由改之也。《公羊》在《穀梁》后，故于此三条得据于《穀梁》。馀无所据而擅改者，即多可笑。如《春秋经》"齐栾施来奔"，《左氏》、《穀梁》所同，《公羊》则作"晋栾施来奔"。《春秋经》"郑公孙夏帅师伐陈"，亦《左氏》、《穀梁》所同，《公羊》则作"郑公孙囆帅师伐陈"。盖《公羊》见经文晋有栾书、栾盈，故改齐为晋。见襄十五年经有公孙囆，故改公孙夏为公孙囆。不知据《左传》公孙囆于襄十九年卒，至伐陈时不得更有公孙囆也。又《春秋经》"齐中孙来"，《左氏传》"齐仲孙湫来省难"。《公羊》以仲孙为公子庆父，引子女子之言曰"以《春秋》为《春秋》，其诸吾仲孙与"。盖公羊见鲁《春秋》有仲孙，以为唯鲁有仲孙，故成此笑柄。夫以经解经，不可施于《春秋》，何得言"以《春秋》为《春秋》"乎？此之谬误由于不见周室史记而恣为臆说。然而清世说《公羊》者迂怪之谈，则非《公羊》所本有。所谓通三统、张三世、为汉制法、黜周王鲁者，但见于董仲舒之书。诡诞之徒，以之诬蔑《公羊》。学贵求真，是不可不为《公羊》洗刷者也。

《春秋经》"元年春王正月"，《左传》"元年春王周正月"。所谓"王周"者，犹后世称皇明、皇清耳。《公羊》曰："王者孰谓？谓文王也。曷为先言王而后言正月？王正月也。何言乎王正月？大一统也。"《公羊》以文王周之始王解王正月，意与《左氏》正同。本言大一统，未尝言三统也。夏秋冬月不著王字者，钟鼎则多有王二月、王三月、王四月、王五月之文。《春秋》月必书王，则失之繁，故为省文尔。《公羊》不见国史，故云所见异辞，所闻异辞，所传闻异辞，然固无衰乱、升平、太平三世之说。《公羊》云："拨乱世，反诸正，莫近诸《春秋》。"《春秋》二百四十二年，皆乱世也，焉有升平太平之世乎？至谓为汉制法，试问公羊作传之时，亦何从知汉家之兴，而预为制法乎？董仲舒谓周法五行，爵五等，汉法三光，爵三等。试问五行三光，竟与治乱何关？乃孔子之不惮烦而改诸？楚灵王时，宋左师献公合诸侯之礼六，郑子产献伯子男会公之礼六。《国语》叔孙穆子曰："诸侯有卿无军，伯子男有大夫无卿。"伍举曰："天子之贵也，唯其以公侯为官正，而以伯子男为师旅。"此皆伯子男并称。《公羊》亦云"春秋伯子男一也"。《公羊》虽未见《左传》，犹知春秋之制与周初不同。周初之制，据于《周礼》，至春秋时而周礼之改变者多矣。董生不悟，则以为孔子为汉制法尔。其尤不通者，所谓黜周、王鲁、新周、故宋是也。杜预云：《春秋》所书之王，即平王也；所用之历，即周正也；所称之公，即鲁隐也，安在其黜周而王鲁乎？"故宋"一语，本出《穀梁》。《穀梁》传："孔子故宋也。"范宁曰："孔子旧是宋人。""新周"则出《公羊》。《公羊传》："成周者何？东周也。成周宣榭灾，何以书？新周也。"此所谓"新周"，与《尚书》新邑同意，安在其上黜杞而下故宋也？试思孔子鲁之大夫，有何权力，以鲁隐为受命王，黜周为二王后耶？此等迂怪之谈，固无明文见于《公羊》者也。

至于《春秋》大义，内诸夏而外夷狄，三《传》所同。讥世卿本出《公羊》，然张敞治《左氏》，亦言《春秋》讥世卿。盖《左传》记乐祁之言曰："政在季氏三世矣，鲁君丧政四公矣。"又记孔子之言曰："惟器与名，不可以假人。"是皆讥世卿之言。所讥者，鲁之季氏、齐之陈氏、晋之赵氏。丘明与圣人同耻，故于陈恒之代齐、三桓之出君、赵氏之分晋，具载其事。而《公羊》则以周之尹氏、齐之崔氏当之。不知尹氏当时并未擅权，崔氏与高国不合而出奔。崔杼返国，二年而败，不足以当世卿也。《穀梁》亦有与《左氏》同义者。《穀梁》云"称国以弑其君，君恶甚矣"，此与《左氏》所云"弑君称君君无道"者义相发明。然《春秋》所书赵盾弑其君、崔杼弑其君，当孔子笔削时，其人皆已死矣。是乃谚所谓打死老虎，则何缘作《春秋》而乱臣贼子惧也。盖《春秋》之作，贵在劝戒，非但明罚而已。后有荀悦之《汉纪》、司马光之《通鉴》，其效正同。左氏之《传》，详载事实，使读其书者，惩往事以防将来，则乱臣贼子之原自绝。是以法家韩非采《左氏》事实特多。若谓《春秋》之道，但在明法底罪，以惧乱臣贼子，则已死之乱臣贼子，何由知惧？见在之乱臣贼子，大利当前，又何恤于口诛笔伐哉？

原载《制言》月刊第五十六期(一九三九)

适宜今日之理学

太炎先生讲

诸祖耿记

二十二年十月二十二日在无锡国学专门学校

理学之范围甚大。今日讲学,当择其切于时世可以补偏救弊者而提倡之,所谓急先务也。吾今所讲,分为二目:一为国人同所需要之学,一为无锡特宜注重之学。

吾尝谓理学之名,不甚妥当。宋世称道学,明代称理学,姚江则称心学。宋人反对朱晦庵者云无一实者谓之道学。可见当时不以道学为嘉名。姚江以为理在外,心在内,故不称理学而称心学。吾意理云心云,皆有可议。立身之道,发乎情,不能一断以理。一国有其礼法,一乡有其风俗,皆因情而立制,不尽合于理也。心学之名,较精确矣,然心学末流,昌狂妄行,不顾礼法,正为其专趣高明之故。吾谓当正其名曰儒学。儒家成法,下学而上达,庶无流弊。

孟子、荀卿立言不同,而并称大儒。汉儒传经,师承有别,而其学有统。仁、义、忠、信,是其统也。即隐逸一流,亦卓然以德操名世。若三国之管宁,所居左右,无斗讼之声,礼让移于海表。常坐一木榻,积五十馀年,未尝箕股。此不可不谓之真儒,顾后世鲜有诵法者。东晋有颜含,兄死而复生,阖家营视,虽母妻不能无倦,含绝弃人事,躬亲侍养,足不出户者十三年。郭璞尝遇含,欲为之筮,含曰:"年在天,位在人。修己而天不与者,命也;守道而人不知者,性也。自有性命,无劳蓍龟。"此亦可谓知命之君子矣。子性绵延,有之推、师古之通学,真卿兄弟之风节,皆儒之高行,岂必学道,然后成其德性哉!今若以儒学为名,此人皆可入选也。

所谓理学,门户纷歧。在宋即有朱、陆之异派。其实何止朱、陆,晦庵本与吕东莱相契,其后以东莱注重功利,渐与分途。顾论学虽不合,论交则不替。至于修己治人之道,彼此亦非相反也。明儒派别更多,王阳明反对朱学,阳明弟子又各自分派,互相反对。阳明与湛甘泉为友,其为学亦相切磋,其后王讲良知,湛讲天理,门庭遂别。王、湛之学,合传于刘蕺山。然蕺山于甘泉不甚佩服,于阳明亦有微词。其后东林派出,不满于朱学,亦不满于王学。而高景逸近于顿悟,景逸訾蕺山为禅,顾不自知其学亦由禅来也。凡此数家,学派虽不同,立身之道则同。儒家之学,本以修己治人为归宿。当今之世,讲学救国,但当取其可以修己治人,不当取其谈天论性。谈天论性者,在昔易入于佛法,今则易入于西洋哲学。若以修己治人为主,而命之曰"儒学",则宋明诸家门户之见,都可消除,而教人自处,亦易简而有功矣。

宋儒范文正、胡安定讲学吴中,立"经义治事斋",其学贵乎实习实用。同时司马、二程,以及南宋薛季宣、叶水心,皆以修己治人为学为教。近世顾亭林、陆桴亭,亦专心实学,不尚玄言。桴亭虽未尝反对性天之说,亭林则斥理学家为明心见性之儒矣。此八君子,若生于今日,则其事功必有可观,教化亦必有效也。

自侈谈性天者外,更有一派,以为一物不知,儒者之耻。此亦有流弊，亦非今日所宜提倡也。儒者竟以一物不知为耻耶？
于古无征。子曰："知之为知之，不知为不知，是知也。"庄生亦
言："生也有涯，知也无涯；以有涯逐无涯，殆矣。"夫耻一物之不
知者，有但作此说而未尝躬行，亦有躬行而终不能至焉。若朱晦
庵，自知日不暇给，不复能穷知事物之理，是但言之而不行者也。
若颜习斋，本近于永嘉派，以礼、乐、射、御、书、数为儒家正业，其
说是也。至欲习于兵、农、钱、谷、水、火、工、虞，件件而精之，则
天下无此全才。自大禹之圣，治水而外，未见更有何等功业，他
无论矣。即今之为科学者，亦各自专门，不知江、戴诸君，何以不
悟及此？乃至读《尧典》必测天文，读《禹贡》必究地理，岂亦为针
砭俗学而然耶？（慎修崇拜朱学，故注《近思录》。东原本出江门，说经颇引
晦庵之言，其作《孟子字义疏证》，则有取于习斋）。然读书若此，不知何
年得通一艺也。孔子曰："吾少也贱，故多能鄙事。"明非人人必
须多能，且无机衡之器，谁能测天？无四载可乘，谁能相地？此
等专门之学，正恐孔子之多能，未必深通；冉求之艺，亦难遍习。
单居离问曾子："天圆而地方，诚有之乎？"曾子曰："诚是天圆而
地方，则是四角之不揜也。"此谓地是平圆，而非浑圆。按之今日
地理之学，固为大谬，然不以此而有损曾子之贤。《周髀算经》曰
"地滂沱四隤而下"，此谓地如曼头，亦谬也。唯《泰卦》云："无
平不陂，无往不复。"象曰："无往不复，天地际也。"此乃知地如丸
卵矣。然文王演《易》，却不以此为胜义。可知儒者所急，在乎修
己治人，行有馀力以求多能，自无不可。若谓非上通天文，下知
地理，不足以为儒，则非也。韩退之云："《尔雅》注虫鱼，定非磊
落人。"退之文人，亦知求学之道，不在乎一鳞一爪，而其大体是
存，则用日少而畜德多矣。

　　向来儒家之学，止于人事，无明心见性之说，亦无穷究自然之说。"人心"、"道心"二语，出于伪古文《尚书》，盖魏晋人之言也。试思尧、舜禅让，谅不异今日官吏之办移交。所谓"允执厥中"者，"中"即《周官》小司寇"登中于天府"之"中"，谓会计簿籍也。汉官有治中，犹称主簿尔。然则历数次在其躬，簿籍付与其手，尧舜之事可知之矣，夫何暇论及人心、道心也哉？盖自古所称为圣人者，凡以其能开物成务而已。伏羲之结网罟，神农之制耒耜，黄帝之造书数，帝尧之治历象，其功一也。民非耕稼不生活，敬授民时，修农政也，然四时推候，但以命羲和之官，非人人而命之也。儒家祖述尧舜，尧舜所病，乃在不能修己以安百姓。性天之不谈，一物之不知，非儒者之耻明矣。欧阳永叔于理学无所发明，独谓性非切要之道，则可谓知言。如今学者，好谈哲学，推究宇宙之原，庶物之根，辨驳愈多，争端愈出，于是社会愈乱，国愈不可治矣。若在太平之世，以此消遣，亦复贤乎博弈。至于乱世，而尚清谈，则东晋之祸，正是前车。亭林有言，今之理学，亦是清谈；试问今之哲学，竟有愈于当时之理学否？

　　宋明学者之取于佛法，有其范围。四禅八定，非所讳言，至于不住生死，超出三界云云，则绝口不道。然则所取佛法，仅及其半，佛法所以为殊胜者，乃先儒所不取，盖唯恐入于断灭也。今若讲论性天之学，更将有取于西洋。西洋哲学但究名理，不尚亲证，则其学与躬行无涉。科学者流，乃谓道德礼俗，皆须合于科学，此其流弊，使人玩物而丧志，纵欲以败度。今之中华，国堕边防，人轻礼法，但欲提倡科学，以图自强，是知其一，不知其二也。

　　次论无锡特宜注重之学。无锡本东林学派发源之地，东林之学,至清中叶而阒焉无闻。今之无锡,工厂如林,商业繁盛,非顾、高二公之时之比。然通商之地,人心趋利,盖习俗之移人也。使二公生于今日,虽户说以理学之眇论,恐亦不能化。明儒陈白沙生于岭南,岭南通商最早,高富下贫,粤俗为甚。故白沙之教,日与弟子登涉山水,投壶赋诗,纵论古今事,不遽语及道学,而待其自悟,此盖近于曾点一派。周茂叔令二程寻孔、颜乐处,所乐何事,亦是此意。今之无锡,比于明世之新会,必有过之,吾意设教者当取白沙一派,亦使学子知"吾与点也"之趣,然后可与适道。

班孟坚讥史公之述《货殖》,崇势利而羞贱贫,是非缪于圣人。然史公云:"夫千乘之王,万家之侯,百室之君,尚犹患贫,而况匹夫编户之民乎?"其词有激宕焉。孔子以臧文仲妾织蒲为不仁,扬子云称公仪子、董仲舒之才之邵,以公仪子为鲁相,妇织于室而遣去,入园有葵而拔弃之,不与民争利也。仲舒为江都相,下帷三年不窥园,亦不治生产者也。然《汉书》称张安世尊为公侯,食邑万户,而身衣弋绨,夫人自纺绩,家僮七百人皆有手技作事,内治产业,累积纤微,此其与民争利,什百于臧孙,而孟坚谓之满而不溢,岂非缪于孔子、扬云所是非耶?近代曾涤笙身为大臣,而令其室人纺纱,日程四两,此则显与公仪子所为异矣。孟献子曰:"畜马乘,不察于鸡豚;伐冰之家,不畜牛羊;百乘之家,不畜聚敛之臣。与其有聚敛之臣,宁有盗臣。"曾氏以理学家自命者也,不知其读《大学》之时,作何等感想也!

或曰,刘寄奴为帝,被服居处,俭于布素,岭南献细布,则恶其精丽劳人,史家称之。如今所论,宋帝之俭,无乃贻爱财之诮乎?答曰:宋帝起自贫乏,富贵之后,不改雅度,故可称也。其禁绝侈靡,可谓上思利民,非与民争利审矣。俭为美德,犹贵中礼,况以公侯之富而与民争利乎?至许鲁斋谓儒者必先治生,阳明反对此说,亭林却以为然。吾意学者治生,与大臣积产有间。学者治生而不至空乏,则可以养其廉耻。阳明生当平世,家给人足,殆未见仕有为贫者,故不达鲁斋语趣。亭林生当乱世,所见为贫而仕者盖亦众矣,故以许说为然。

太史公曰:"富者,人之情性所不学而俱欲者也。"然以中国视西洋,则亦有间。中国贵人多有功遂身退者,富人亦有知止知足者,于西洋无闻焉。故人哈同君,富倾沪上,年八十矣,犹日夕校阅房租帐簿,此非求益富以自奉也。其治产也,直与吾辈之治学不异,都无止境,死而后已。然西洋之俗,既日渐于中国,耳目欲极声色之好,口欲穷刍豢之味,身安逸乐,而心夸矜势能之荣,亦日有甚焉。昔陆子静讲"君子喻于义,小人喻于利"一章,听者竟至泣下,使在今日讲之,宁复有感动者乎?故吾谓设教于通商之地者,莫如白沙一派为能收效也。

原载《制言》月刊第五十七期(一九三九)

说文解字序

章太炎讲

弟子王謇、王乘六、吴契宁、诸祖耿记录

古者庖犠氏之王天下也,仰则观象于天,俯则观法于地,视鸟兽之文与地之宜,近取诸身,远取诸物,于是始作《易》八卦,以垂宪象。

《说文》九千字,小篆杂以古籀。何以偏主小篆,不专以古籀为主?盖古文笔画淆乱,不能尽以六书解说,而籀文十五篇,已亡其六也。居今而言,八卦与文字未必有关,其所以首举八卦者,大抵初造之文,有若干字取诸卦象。☵为水,益字从之。☲为火,古之火字作〢。☰为气,天积气也。气作〣,义与天同。☷为州,汉人书坤作〓,地之大者,无逾九州,故州字重〓而书作〓。其馀震、兑、艮、巽,不与初文有关。盖造字时去取各有宜耳。

及神农氏结绳为治而统其事,庶业其繁,饰伪萌生。黄帝之史仓颉,见鸟兽蹄迒之迹,知分理之可相别异也,初造书契。"百工以义,万品以察,盖取诸夬。""夬,扬于王庭。"言文者宣教明化于王者朝廷,君子所以施禄及下,居德(则)[明]忌也。仓颉之初作书,盖依类象形,故谓之文,其后形声相益,即谓之字。文者,物象之本;字者,言孳乳而寖多也。著于竹帛谓之书,书者,如也。以讫五帝三王之世,改易殊体,封于泰山者,七十有二代,靡有同焉。

"契"者,刻画作凭信也。古人造字,本以记姓名,立券契。尔时人事简单,人我所需,惟此而已。《史记·项羽本纪》载项羽之言:"书足以记姓名而已。"语本非谬。其后人事愈繁,文字之用乃广。行文立言,皆后起之事也。仓颉初造之文,为独体象形与独体指事。指事者,象形之广义也。若两文合而成字者,非会意,即形声,仓颉时尚未有此。形声相益即谓之字者,"字"字,叔重训乳,乳即产生之意。《易·屯》:"女子贞不字,十年乃字。"此字之本义也。文本无多,两文相合,孳乳日益,遂名曰字。或谓字之一言,春秋时尚无其称。《论语·子路》:"必也正名乎!"《仪礼》:"百名以上书于策,不及百名书于方。"名者,今所谓字也。或曰书,或曰文,于古未有言字者,称字殆自秦始。此语不然。古人幼名冠字,字之云者,谓由名孳生之别名耳。秦以前人,已有名复有字,何得谓为始于秦哉?古文变化綦多,"封于泰山"二语,本诸《管子》、《韩诗外传》,事证不详,理或然耳。

《周礼》:八岁入小学,保氏教国子,先以六书。一曰指事。指事者,视而可识,察而可见,二、二是也。二曰象形。象形者,画成其物,随体诘诎,日、月是也。三曰形声。形声者,以事为名,取譬相成,江、河是也。四曰会意。会意者,比类合谊,以见指撝,武、信是也。五曰转注。转注者,建类一首,同意相受,考、老是也。六曰假借。假借者,本无其字,依声托事,令、长是也。

小学者,儿童识字之学也。六书者,古人造字之法也。宇宙万汇,有可以指其事而为文者,二、二之类是也。有可以象其形而为文者,⊙、☽之类是也。然象形、指事,可施于名物者多,可施于动作者少,于是乃有形声、会意之例。止戈为武,止戈者止人之戈也,语本楚庄王,谓禁暴戢兵方谓之武。然此恐是一时美谈,未合初义。《书·牧誓》:"不愆于六步七步,不愆于四伐五伐六伐七伐。"今"步伐"二字,人人沿用,窃意"武"之云云者,会步伐之意而已。止者步省,戈者伐省,军令森严,步伐整齐,此所谓武矣。叔重袭楚庄王之意,沿用古训,不取异说,故云然耳。人言为信,《三体石经》信作㐰,从千不从人。千人之言必可信,十口相传谓之古,意义正同。千之古音如人,则信、㐰二字皆会意而兼形声矣。转注、假借,异说最多。余谓"建类一首,同意相受"者,兼以音义言之,考之与老,义既匪二,音复相近,此所谓转注也。未造字时,先有语言,方音有殊,名义则一,其音或双声相转,或叠韵相移,则为更制一字,字形虽异而音义大同,虽二字,实本一字,此转注之义也。"本无其字,依声托事"者,谓造长短之长,不造长幼之长;造命令之令,不造县令之令。县令发令于众,长者长于幼小,号令之令,长人之长,即托于命令、长短之字以行也。自段氏以同声通用释假借,其义乃泛。信如其说,古人制拼音之字足矣,何必如此繁琐哉?且文字之用，本以治万民察百官，广同音通用之道，势必纠错纷纭，不可究诘，百官乃不得治，万民乃不得察，适足增治丝之棼耳。揆其初意，盖以经典相承，文有音讹，不敢指斥其非，故造同音通用之说饰之。自汉以来久有此说，而不可以解六书之假借。余谓假借云者，意相引申，音相切合，义虽稍变，不为更制一字，如令、长之类，托其事于命令之令、长短之长，引申其义，不别为一字，然后文字不至过繁。此与转注之例，相为正负，乃文字繁省之大法也。

及宣王太史籀，箸大篆十五篇，与古文或异。至孔子书《六经》，左丘明述《春秋传》，皆以古文，厥意可得而说。

造文字者仓颉也，正文字者史籀也。史籀大篆十五篇，至叔重时，仅存九篇。古文沿袭多讹乱，不尽可以六书解。籀文则字字可以六书解。（今《三体石经》之古文，为叔重书所不收者，亦有可以六书解者，然不甚多。若大篆几无字不可以六书解。）盖文字沿用既久，势必日趋谬误。是正文字者，后有李斯，前有史籀。古文笔画既少，结体亦不方正。大篆改之，为之增加笔画，笔画重叠，则不易混淆，此史籀之苦心，《石鼓文》在，可证也。孔子、左氏，后于史籀，史籀为王朝太史，是正文字之后，后人应奉为准则，而复沿用古文者，六经中《易》、《书》、《礼》、《诗》，诗除《国风》外，均史籀前书，流行民间，为日已久，史籀不及改也。又封建时政治不能统一，史籀之力，仅及王畿千里，故其文不甚行于关东。且作书者畏大篆之繁重，故依古文以省时间耳。叔重尊壁中书，故曰其意可得而说，实不可尽说也。

其后诸侯力政，不统于王，恶礼乐之害己，而皆去其典籍，分为七国，田畴异亩，车涂异轨，律令异法，衣冠异制，言语异声，文字异形。秦始皇帝，初兼天下，丞相李斯乃奏同之，罢其不与秦文合者。斯作《仓颉篇》，中车府令赵高作《爰历篇》，太史令胡毋敬作《博学篇》，皆取史籀大篆，或颇省改，所谓小篆者也。是时，秦烧灭经书，涤除旧典，大发隶卒，兴役戍，官狱职务繁，初有隶书，以趣约易，而古文由此绝矣。

七国文字，与春秋不同，然无特异之名，今亦不可知。（《凡将》《训纂》，或有七国时字。）文字异形，淆惑自生。秦既并天下，同文之举，自不容缓。李斯等所作《仓颉篇》，今所谓小篆也。小篆之前，秦所用皆大篆。秦本周地，史籀造大篆，不行于关东，而行于关内。秦器《盠和钟》，文字方正，略同大篆，可证也。其后秦尊视大篆，依倚以成小篆。所谓"省改"者，以大篆太繁，故略有省改耳。秦以法治，事须明白，古文易乱，不得不废。废古文，以其背法治，焚《诗》《书》，以其易立异，意正同也。然仍有用古文者，秦碑"及"作"乁"，二十六年，二十作"廿"，皆古文也。《峄山碑》，祝从十不从屮。十、屮古文也。可知秦亦有时用古文。盖碑版美观，用意不同耳。

自尔，秦书有八体。一曰大篆，二曰小篆，三曰刻符，四曰虫书，五曰摹印，六曰署书，七曰殳书，八曰隶书。

张怀瓘《书断》,引《吕氏春秋》"仓颉作大篆",今《吕氏春秋》无此语,或古文亦称大篆,事未可知。刻符文字,今于汉铜虎符见之,字体并无稍异。虫书即所谓鸟篆,摹印者,刻玺之文。宋人摹秦玺文,见薛尚功《钟鼎款识》,字体甚奇,书于旗帜者亦然。盖摹印与虫书互相混用也。署书所以题榜,殳书所以书觚。汉瓦当文,随圆势而结体,亦其意也。刻符殳书,字体不变。虫书摹印,加以花纹,为之不易,故别立门目耳。秦隶今难见,即西汉人隶书亦难见。汉碑八分有波磔。东汉初年石刻,笔势似篆,全无波磔。与夫秦权秦量所刻,笔势似篆而笔画减省者,殆皆所谓秦隶矣。

汉兴,有草书。

草书之原甚早,不始于汉。《论语·宪问》:"裨谌草创之。"《史记·屈原列传》:"屈平属草稿未定。"疑古人已有,惟不立专名耳。"二十"并作"廿",笔画连缀;"旅"古文本作"𣄼",而"𣄼"又变作"𣄰",亦取其本不连者而连之,是皆草书之滥觞也。

尉律:学僮十七已上,始试,讽籀书九千字,乃得为吏,又以八体试之。郡移大史并课,最者以为尚书史。书或不正,辄举劾之。今虽有尉律,不课。小学不修,莫达其说久矣。

"尉律"者,廷尉所守之法律也。"讽籀书九千字",孙渊如谓籀书有九千字,许书九千字皆籀文。然《仓颉篇》小篆仅三千字,焉得籀文有九千字哉?段氏训籀为"读",义亦未谛。《说文》:"讽,诵也。"讽籀书九千字者,取九千字之成文,以籀文书之,令受试学童,读而诵之耳。尉律虽定于萧何,本多捃摭秦法。秦作小篆以前,籀文盛行,及后焚书,而官书固在,故令学童诵之以观其习识籀文与否。逮及汉初,去秦未远,故犹以此为考试之标准也。《汉书·艺文志》,但言讽书而无籀字,盖时至汉季已渐变旧制矣。

孝宣时,召通《仓颉》读者,张敞从受之。凉州刺史杜业,沛人爰礼,讲学大夫秦近,亦能言之。孝平时,征礼等百馀人,令说文字未央廷中,以礼为小学元士。黄门侍郎扬雄采以作《训纂篇》,凡《仓颉》已下十四篇,凡五千三百四十字,群书所载,略存之矣。及亡新居摄,使大司空甄丰等校文书之部,自以为应制作,颇改定古文。

孝宣去李斯作《仓颉篇》时,未及二百年,失其传授,已不能读,可知识字须有传授矣。汉初,六国遗老尚存,通古文者犹多。秦焚书时,高祖已四十馀岁,应识古文。娄敬、陆贾、叔孙通辈,亦皆生焚书之前,其所征引,皆系古文。且医药、卜筮、种树之书,皆用古文,欲传其学,非识其字不可,故汉初人识古文者犹多。《汉书》:"《左氏》多古字古言。贾谊为作训诂,谊之学,受之张苍。"然其在汉京之日不过一年,如字字须苍亲授,恐《左传》十八万字,非一年之功所能为力。是知谊本自识古文,苍所教者,大义而已。又《史记·封禅书》:"上有古铜器,李少君以为齐桓公器,按之果然。”又《太史公自序》:“年十岁则诵古文。”可知当时识古文者尚众。宣帝时,故老云亡,书亦渐改为汉隶,故识古文者绝少,乃并《仓颉篇》而不能读。小学日衰,于是张敞、扬雄之伦,始以识字著矣。

时有六书:一曰古文,孔子壁中书也;二曰奇字,即古文而异者也;三曰篆书,即小篆,秦始皇帝使下杜人程邈所作也;四曰左书,即秦隶书;五曰缪篆,所以摹印;六曰鸟虫书,所以书幡信也。

奇字为秦八体所无。莽时刘棻从扬雄学奇字,不知扬何所受?今许书载四奇字:兂(无)、𠧧(涿)、全(仓)、𠤎(人)是也。

壁中书者,鲁恭王坏孔子宅,而得《礼记》、《尚书》、《春秋》、《论语》、《孝经》;又,北平侯张苍献《春秋左氏传》;郡国亦往往于山川得鼎彝,其铭即前代之古文:皆自相似。虽叵复见远流,其详可得略说也。而世人大共非訾,以为好奇者也,故诡更正文,乡壁虚造不可知之书,变乱常行,以燿于世。诸生竞说字解经,谊称秦之隶书,为仓颉时书,云:父子相传,何得改易!乃猥曰:马头人为长,人持十为斗,虫者屈中也。廷尉说律,至以字断法,苛人受钱,苛之字止句也。若此者甚众,皆不合孔氏古文,谬于史籀。俗儒啚夫玩其所习,蔽所希闻,不见通学,未尝睹字例之条,怪旧埶而善野言,以其所知为秘妙,究洞圣人之微恉。又见《仓颉篇》中“幼子承诏”,因曰“古帝之所作也,其辞有神仙之术焉”。其迷误不谕,岂不悖哉!

　　叔重依壁中书录古文，其所不录而存于今《三体石经》者尚多。叔重说解文字，一以六书为准。古文淆乱，实有不能下笔者，故不能尽录也。又古文一字数体，故钟鼎与《三体石经》，往往歧异，云"皆自相似"者，亦概略之辞。钟鼎刻画，义取美观，字体正否，在所不计，亦如李斯作小篆，而所书碑石往往自乱其例。史籀作大篆，而自书《石鼓文》，亦不尽合六书。良以石刻本是美术，故不求字字审正尔。叔重考正文字，主于绳纠愆谬，故吐词不得不严。其实可免纠弹者，唯籀文而已。壁中经实亦有误，以尊古故，不得不为掩饰，鼎彝愈可知已。"常行"者谓隶书，"诸生"者谓太学诸生。"斗"，汉隶作"什"，故曰"人持十为斗"。"苛"读如"诃"，故曰"苛之字止句也"。东汉诸儒，如此说解者多，具于纬书中。此段言东汉时人尊信隶书反对古文之状，然亦非时人之有意为是也。东汉人疏于史学，以汉律为皋陶作（见《论衡》），以《仓颉篇》为仓颉作，此类甚众。其信隶书为仓颉时书，亦无足怪，如无许书，妄说不知何底。许之功顾不伟哉！

　　《书》曰："予欲观古人之象。"言必遵修旧文而不穿凿。孔子曰："吾犹及史之阙文，今亡矣夫。"盖非其不知而不问，人用己私，是非无正，巧说袤辞，使天下学者疑。盖文字者，经艺之本，王政之始。前人所以垂后，后人所以识古。故曰："本立而道生"，"知天下之至啧而不可乱也。"

　　"阙文"者，别国之赴告，音义不明，不能强解，故阙之也。孔子晚年，见史官强不知之字以为知，故叹伤之。自古文字变更，本难全识，虽圣如孔子，亦未必尽识古文。不知不问，人用己私，妄加断议，此乃无根之谈，学者所宜屏绝。自许书之后，有《字林》，有《玉篇》，有《类篇》，承学之士，依以为准，不敢妄说。宋人侈谈钟鼎，即有"不知不问，任用己私"之病。夫钟鼎在汉时，去古未远，犹可什识七八。其入土至北宋而出者，相距约一千二三百年，以一千二三百年不传之学，而宋人忽妄云识之，乌可信哉！是故钟鼎释文，从来无一可据者。余谓今日观钟鼎款识者，当如外国人听中国戏，取其节奏之美而已，不复知为何语也。若外人强欲解释中土戏曲，虽十人十异，必无一人能得其真意者。何者？其语不经传授，则解之为妄也。薛尚功以钟鼎作法帖，认为美术之一，此最为有识者；若其解说文字，亦与外国人强解中国戏曲等耳！近代人又好谈甲骨，甲骨真伪更不可知，即以为真，从而释之，其弊与侈谈钟鼎何异？观叔重言"遵修旧文而不穿凿"，则知宋以来之穿凿者，皆无当于文字之学也。

今叙篆文，合以古籀，博采通人，至于小大，信而有证。稽譔其说，将以理群类，解谬误，晓学者，达神恉。分别部居，不相杂厕也。万物咸睹，靡不兼载。厥谊不昭，爰明以谕。其偁《易》孟氏，《书》孔氏，《诗》毛氏，《礼》，《周官》，《春秋》，《左氏》，《论语》，《孝经》，皆古文也。其于所不知，盖阙如也。

叔重之学，受之贾逵，逵之前尚有杜林诸人，由此远溯，更有张敞，以逮汉初诸公，以故九千字之说解，非叔重妄断。文字之学，非传授不可知，不用传授，人逞己私，则适为淆乱耳。叔重之书,异于是也。"分别部居,不相杂厕"者,所以正《仓颉》、《凡将》之杂乱也。

向来谓《说文》以小篆为本。咸同间,郑子尹以为《说文》所录皆古籀,以篆文之笔势,写古籀之字体。其说之谬,与孙渊如等。所以不取古籀为本者:一,古文行于人间者,广狭不能定,多寡不可知,未可据以为本;二,古文笔画紊乱,不可绳以六书;三,籀文虽可以六书解析,字亦有定,然文阙六篇,故亦未可据以为本也。然第一字亦非定用小篆,如古文籀文均有,则第一字即古文籀文矣。要之,《说文》录字兼采古籀小篆,并及汉世新造之字。如"鄝"字霍光所造,定非小篆。又如"汉"之古文今本作"灤",以汉为大国,恐亦汉人所造,非真古文,不然则是转写乱之也。

许书无一字无来历,所谓"博采通人",通人亦有传授,非自造也。然其间亦有难信者,如糞之上从釆,官溥以为似米而非米者矢字。此说不知何据。釆本辨字,古人或借作大小便之便尔。以故通人中亦有不可信者,惟大致不谬耳。

叔重所说亦有不甚明白者,如"皆古文也"句。《易》孟氏则为汉人书,非古文。《毛诗》授至汉,非古文可知。唯《书》孔氏,为壁中经。《周官》出于山岩屋壁,古文无疑。所称《孟易》、《毛诗》,谓其说合于古文,非文字之为古文也。其称《诗》亦涉及三家,《春秋》亦有据《公羊传》者,不尽古文。惟称引《左传》者曰《春秋传》,称引《公羊传》者曰《春秋公羊传》,以此为别耳。

《史籀篇》、《仓颉篇》四字为句。《凡将》、《急就》或七字,或三字。后之《千字文》,亦成句协韵。小学教僮,本当如此，皆取其易于上口也。许书"分别部居"，与诸书不同，盖以辨六书，明构造，体例不得不异。今人通称研究许书者曰小学家，而大学学生，尽有不通小学者。岂徒大学生，即昔之翰苑侍从，不通小学者亦甚多。盖古时小学，教人识字，以当时之文字为本。今小篆变而为楷书，古之小学，反须大学研究，亦无足怪。且许氏书本与小学不同，其书可观不可读，《史籀》、《仓颉》外别树一帜。故论小学之正，仍以《史籀》、《仓颉篇》为合。唯解明古书，非《说文》不可。其书至今不废。而《史籀》、《仓颉》，不存于今者，人谓《急就》以写章草，许书以刻印章，故皆得保存，恐亦未然。《仓颉篇》亦可刻印，何以被废哉？许书所以不废者，人之求智，不肯自域，识字之后，进而明其构造，不得不求之于此，此所以传习至今也。

今人反对许书者，多以钟鼎、骨甲为辞，不知叔重去古籀通行之时，仅二三百年，师师传授，信而有征。而钟鼎文字，近代最先讲解者为欧阳永叔之《集古录》，欧阳于篆书未能精理，杨南仲、章友直、刘原父助之成书。杨识小篆，《嘉祐石经》，即其手书，然许书以外之古字，断断不能尽识。章亦略明小学，许书之外，究亦无从知也。刘于文字之学本疏。以此言之，《集古录》之所释，其字未见《说文》者，皆不可据。其后吕大临《考古图》，《宣和博古图》，王俅《啸堂集古录》，皆宋人集录钟鼎完具之书，然其解释文字，大氐望气而知，如今人看油画然，笔画多少，不暇问也。清人略变其法，往往以六书分析，要亦无所依据。夫字必先识音、义而后可解以六书；非先讲六书构造，然后识其音、义也。许书次第,先释字义,次言从某从某,明构造须在识字义后。如不识字义,先以六书解之,以此作彼,何尝不可?且如"元"训"始"也,从一从兀声,今若未识其字,改云从二从人,与仁同意,亦何不可?就使竟以"元"为"仁"字,亦何不可哉!"患"从串声,董仲舒《春秋繁露》,谓"一中为忠,二中为患",仲舒不识"串"字,以为"二中"。凡先言六书构造而后定其字义者,皆此类也。故凭六书以识字,或为甲,或为乙,人各不同,病如摸象。此讲钟鼎者所以自宋至今二三十家无一同也。求学之士,知之为知之,不知为不知,不得强不知以为知。如学外国语然,设无传授,何从而知之乎!金石刻画,本美术之事,笔画不必审正。上述史籀、李斯事,义已明矣,以故钟鼎自钟鼎,许书自许书,不得因许有征引,强以相盖。又岂得信今人之妄谈,而遽生诋议哉!

苏州章氏星期讲演会记录第一期,一九三五年铅印本

白话与文言之关系

章太炎先生讲演

弟子王謇、王乘六、吴契宁、诸祖耿记录

白话、文言，古人不分。《尚书》直言（见《七略》），而读应尔雅（见《汉书·艺文志》）。其所分者，非白话、文言之别，乃修饰与不修饰耳。《尚书》二十九篇，口说者皆诘屈聱牙。叙事则不然，《尧典》、《顾命》，文理明白；《盘庚》、《康诰》、《酒诰》、《洛诰》、《召诰》之类，则艰涩难读。古者"右史记言，左史记事"，叙事之篇，史官从容润饰，时间宽裕，颇加斟酌。口说之辞，记于匆卒，一言既出，驷不及舌，记录者往往急不及择，无斟酌润饰之功。且作篆之迟，迟于真草，言速记迟，难免截去语助，此异于叙事者也。

商周口语，不甚修饰。至春秋战国则不然。春秋所录辞命之文，与战国时苏秦、张仪、鲁仲连之语，甚见顺适，所谓"出辞气，斯远鄙倍"者。不去语助，自然文从字顺矣。苏、张言文合一，出口成章，当时游说之士，殆无不然。至汉，《汉书》载中山靖王入朝，闻乐涕泣，口对之辞，宛然赋体。可见言语修饰、雅擅辞令，于汉犹然。是以汉时有讥人不识字者，未闻有讥人文理不通者。赤眉之樊崇、蜀将之王平，识字无多，而文理仍通。自晋以后，言、文渐分。《世说新语》所载"阿堵"、"宁馨"，即当时白话。

然所载尚无大异于文言，惟特殊者有异耳。隋末士人，尚能出口成章，当时谓之"书语"。文帝受周之禅，与旧友荣建绪商共享富贵。荣不可，去之。后入朝，帝问悔否，荣曰："臣位非徐广，情类杨彪。"文帝曰："我虽不解书语，亦知卿此言为不逊。"（见《隋书·荣毗传》）文帝不读书，故云"不解书语"。李密与宇文化及战时，其对化及之词，颇似一篇檄文。化及闻而默然，良久乃曰："共尔作相杀事，何须作书语耶？"（见《隋书·李密传》）可见士人口语，即为文章。隋唐尚然，其后乃渐衰耳。《传灯录》记禅家之语，宋人学之而成语录。其语至今不甚可晓，至《水浒传》乃渐可解。由是白话、文言，不得不异其途辙。今人思以白话易文言，陈义未尝不新，然白话究能离去文言否，此疑问也。白话亦多用成语，如"水落石出"、"与狐谋皮"之类，不得不作括弧，何尝尽是白话哉？且如"勇士"、"贤人"，白话所无，如欲避免，须说"好汉"、"好人"。"好汉"、"好人"，究与"勇士"、"贤人"有别。元时征求遗逸，诏谓："征求有本领的好人。"当时荐马端临之状曰："寻得有本领的好人马端临。"（见《文献通考·序》）今人称有本领者曰"才士"，或曰"名士"。如必改用白话，亦必曰"寻得有本领的好人某某"。试问提倡白话之人，愿意承当否耶？以此知白话意义不全，有时仍不得不用文言也。

　　昌黎谓"凡作文字，宜略识字"。学问如韩，只求略识字耳。识字如韩已不易，然仅曰"略识字"，盖文言只须如此也。余谓"欲作白话，更宜详识字。识字之功，更宜过于昌黎"。今世作白话文者，以施耐庵、曹雪芹为宗师。施、曹在当日，不过随意作小说耳，非欲于文苑中居最高地位也，亦非欲取而代之也。今人则欲取文言而代之矣。然而规模、格律，均未有定。果欲取文言而代之，则必成一统系、定一格律然后可。而识字之功，须加昌黎十倍矣。何者？以白话所用之语，不知当作何字者正多也。今通行之白话中，鄙语固多，古语亦不少。以十分分之，常语占其五，鄙语、古语复各占其半。古书中不常用之字，反存于白话。此事边方为多，而通都大邑，亦非全无古语。夫所谓白话者，依何方之话为准乎？如曰首都，则昔在北而今在南。南京、北京，语言不同。不仅此也，叙事欲声口毕肖，须录当地方言。文言如此，白话亦然。《史记·陈涉世家》："夥颐！涉之为王沈沈者！""夥颐""沈沈"，皆当时鄙俗之语。不书，则无以形容陈客之艳羡。欲使声口毕肖，用语自不能限于首都，非广采各地方言不可。然则，非深通小学，如何成得白话文哉？寻常助语之字，如焉、哉、乎、也，今白话中焉、哉不用，乎、也尚用。如乍见熟人而相寒暄，曰："好呀！""呀"即"乎"字。应人之称曰"是唉"，"唉"即"也"字。"夫"字文言用在句末，如"必子之言夫"，即白话之"罢"字，轻唇转而为重唇也。"矣"转而为"哩"，《说文》"目"声之字，或从"里"声，"㹽"或作"㹀"，可证其例。乎、也、夫、矣四字，仅声音小变而已，论理应用乎、也、夫、矣，不应用呀、唉、罢、哩也。又如抑扬之词，"肆"训"甚"，《诗·崧高》"其风肆好"，即"其风甚好"，今江浙语称"甚冷"、"甚热"曰"冷得势"、"热得势"，其实乃"肆"字也。古语有声转之例，"肆"转而为"杀"，《夏小正·狸子肇肆》："肆，杀也。"今人言"杀似"、"杀好"、"忒杀"，"杀"皆"甚"意。又今天津语谓"甚好"曰"好得况"，"况"亦古音古字。《诗·出车》"仆夫况瘁"，"况"亦"甚"也。又如赞叹之词，南京人见可惊者开口大呼曰"乖乖了不得"，"乖乖"即"傀傀"。《说文》："傀，伟也。"四川胥吏录供，造张目哆口卷舌而不发声之字曰"曰"。"曰"即"咄咄怪事"之"咄"。如白话须成格律、有系统，非书正字不可，则此等字，安得不加意哉？又如形容异状之词，今江浙人称行步两足不能相过曰"垫脚走"，"垫"应作"絷"，春秋卫侯之兄絷，"絷"，《穀梁》作"辄"，说为"两足不能相过"。"絷"从"执"声，故变而为垫音也。今语喉破发声不亮曰"沙"，《礼记·内则》："鸟皫色而沙鸣。"若严格言之，字应作"嘶"，《汉书·王莽传》，莽"大声而嘶"。"嘶"正字，"沙"假借字也。今南方呼曲背曰"呵腰"，北方曰"哈腰"，实即"亚"字，《说文》："亚，象人局背形。"音变而为"哈"，又变则为"呵"矣。又如动作加人之词，今上江称追奔曰"捻"，实当作"躞"，声转而为"捻"矣。"弔挂"之"弔"，与弔丧意无关，《一切经音义》引《方言》"乚，悬也"。窗钩亦曰"了乚"，"乚"音如"弔"，"弔挂"之"弔"，正应作"乚"耳。又北人语"打"谓"奏"，至东三省，则官厅叱责人犯亦曰"奏五百、奏一千"，此字正应作"鏊"，《说文》："鏊，引击也。"江南语以荆条或竹篾击人谓之"抽"，抽亦"鏊"字。又北方人称"斩"曰"砍"，此字不知何以从石，唐末已有此语，书止作"坎"，宋人笔记载："朱温遣人相地，久而未至。温大怒。既至，问之，曰：'乾上龙尾。'温入。人谓之曰：'尔若非乾上龙尾，已坎下驴头矣。'"其实"坎"应作"戕"，《说文》："戕，杀也。"其字后人亦作"戡"，《西伯戡黎》，旧正作"戕"也，唐人言"坎"，不知其语之来历，后遂妄作"砍"字。如此之类，白话不定统系、格律即已，如须定统系、明格律，则非写正不可，故曰："欲作白话文者，识字应过于昌黎也。"

要之，白话中藏古语甚多，如小学不通，白话如何能好？且今人同一句话，而南与北殊、都与鄙异，听似一字，实非一字，此非精通小学者断不能辨。如通语言"不"，江南浙江曰"弗"，《公羊·僖二十六年》传注："弗者，不之深也。""弗"、"不"有异矣。"有无"之"无"，江南一带曰"无不"，"无"古音如"模"，变为是音，而通语则言"没"，实即《论语·阳货》"末之也已"之"末"。"无"与"末"又异矣。又，北人言"去"，如开之"去"声，实乃"朅"字，与通语曰"去"者义同而字异。又如"打"字，欧阳永叔《归田录》历举其不可解之处，"朾"本音宅耕切，不知何以变为"打"字，作德下切，且打铁、打钉称"打"则可，今制一物件曰"打"，每一动作辄曰"打"，如"打坐"、"打拱"，"打"于何有？欧公颇以为非。余谓宅耕切之"朾"字，依音理不能变作德下切，今扬州鄙人呼此音如"鼎"，江南浙西转如"党"，此实"朾"之音变也，而通语作德下切者，乃别一字。按"挞"字，《说文》作"築"，乃舌上音。古无舌上，唯有舌头，故"挞"音变为德下切。正字当作"築"，声转则为"笪"。《说文》"笪，答也"，音当割切，又转而为"挞"，皆一语之变也。至于"打量"之"打"，字应作"媗"。《说文》："媗，量也"，音朵，转为长音即曰"打"矣。是故，不详识字，动笔即错。其所作之白话文，乃全无格律之物。欲使白话登于文苑，则识字之功宜何如？

古人深通俗语者，皆研精小学之士。颜之推在益州，与数人同坐。初晴，见地下小光，问左右是何物，一蜀竖就视，云是豆逼耳，皆不知何谓。取来，乃小豆也。蜀土呼"粒"为"逼"，时莫之解。之推云："《三苍》、《说文》皆有'皀'字，训'粒'，《通俗文》音'方力反'。"众皆欢悟。（见《颜氏家训·劝学篇》）其孙师古作《匡谬正俗》，人问："砺刀使利曰'略刃'，何故？"师古曰："《尔雅》'略，利也'，故砺刀曰'略刃'。"以颜氏祖孙小学之功如此，方能尽通鄙语，其功且过昌黎百倍。余谓须有颜氏祖孙之学，方可信笔作白话文。余自揣小学之功，尚未及颜氏祖孙，故不敢贸然为之。今有人误读"为絺为绤"作"为希为谷"，而悍然敢提倡白话文者，盖亦忘其颜之厚矣。

苏州章氏星期讲演会记录第二期，一九三五年铅印本

论读经有利而无弊

章太炎先生讲演

弟子王謇、王乘六、吴契宁、诸祖耿记录

居今而言读经，鲜不遭浅人之侮。然余敢正告国人曰：于今读经，有千利无一弊也。兹分三段论之。一、论经学之利；二、论读经无顽固之弊；三、论今日一切顽固之弊反赖读经以救。

所谓经学之利者何也？曰：儒家之学不外修己治人，而经籍所载，无一非修己治人之事。《论语》："兴于《诗》、立于《礼》、成于《乐》。"又："不学《诗》无以言，不学《礼》无以立。"皆修己之道也。《周易》爻象，大半言修己之道，故孔子称"五十以学《易》，可以无大过"。夫修己之道，古今无二。经籍载之，儒家阐之，时有不同，理无二致。孔子之后，儒分为八，论其归趣，不相乖违。孟荀二家，论性有别，而祁向攸同，厥后汉儒重行，宋人尚理，或实事求是，或旁参佛老，要之不能不以经为本。是故无论政体如何改易，时代如何不同，而修己之道，则亘古如斯。治人则稍异，古今异宜，习俗不同，不得不斟酌损益，至于尽善。吾人读《二十五史》（《史记》至《清史稿》），法其可法，戒其可戒，非语语尽可取也。《尚书》、《周礼》、《春秋》，性质与历史为近，读之亦当如是。夫读史之效，在发扬祖德，巩固国本。不读史则不知前人创业之艰难，后人守成之不易，爱国之心，何由而起？经籍之应入史类而尤重要者，厥维《春秋》。《春秋》三传虽异，而内诸夏外夷狄则一。自有《春秋》，吾国民族之精神乃固。虽亡国者屡，而终能光复旧物，还我河山。此一点爱国心，蟠天际地，旁礴郁积，隐然为一国之主宰，汤火虽烈，赴蹈不辞，是以宋为元灭而朱明起，明为清灭而民国兴。余身预革命，深知民国肇造，革命党人之力，盖亦微矣。其最有力者，实历来潜藏人人胸中反清复明之思也。盖自明社既屋，亭林、船山诸老倡导于前，晚村、谢山诸公发愤于后。攘夷之说，绵绵不绝，或隐或显，或明或暗，或腾为口说，或著之简册。三百年内，深入人心。民族主义之牢固，几如泰山磐石之不可易。是以辛亥之役，振臂一呼，全国响应。此非收效于内诸夏外夷狄之说而何？方今天方荐瘥，载胥及溺，满洲亡而复起，日人又出其雷霆万钧之力以济之，诸夏阽危，不知胡底。设或经学不废，国性不亡，万一不幸，蹈宋明之覆辙，而民心未死，终有祀夏配天之一日。且今日读经之要，又过往昔。在昔异族文化，低于吾华，故其入主中原，渐为吾化。今则封豕长蛇之逞其毒者，乃千百倍于往日。如我学人废经不习，忘民族之大闲，则必沦胥以尽，终为奴虏而已矣。有志之士，安得不深长思哉。要之，读经之利有二：一修己，二治人。治人之道，虽有取舍，而保持国性为最要。

所谓读经无顽固之弊者何也？曰：经学本无所谓顽固也。谥经学以顽固，盖出诸空疏不学辈之口。彼略识点画，苦于九经三传之不尽解，而又忝拥皋比，深恐为学子问难所穷，故尽力抹杀，谥以顽固。少年浮躁，利其便己，从而附和，遂至一世波靡，良可愤叹。夫经史本以记朝廷之兴废，政治之得失，善者示以为法，不善者录以为戒，非事事尽可法也。《春秋》褒贬是非易分，而《尚书》则待人自判。古所谓《书》以道政事者，直举其事，虽元恶大憝所作，不能没也。例如《夏书·五子之歌》，序谓"太康失邦，昆弟五人，须于洛汭，作五子之歌"。此文已佚，而伪古文有之，载五子作歌之意，甚见忠正。段玉裁《古文尚书撰异》，谓"《尚书》不当以歌名篇"。盖五子者，当时之亡国大夫也。屈原《离骚》："启九辩与九歌兮，夏康娱以自纵。不顾难以图后兮，五子用失乎家巷。"《楚语》士亹曰："尧有丹朱，舜有商均，启有五观，汤有太甲，文王有管蔡。是五王者，皆元德也，而有奸子。"韦昭注："五观，启子，太康昆弟也。观，洛汭之地。"据此，则《五子之歌》者，五子往观耳。之训往，歌、观声通，故讹也。太康为失国之君，五子为致乱之臣。道太康以畋游者，即此五人。史臣书之，一如《晋书》纪惠帝与八王耳。又《胤征》序谓"羲和湎淫，废时乱日，胤往征之，作《胤征》"。《史记·夏本纪》谓《胤征》仲康时作。伪孔《传》言羿废太康而立其弟仲康，孔颖达《正义》谓"仲康不能杀羿，必是羿握其权"。然则"胤征"者，羿令之征也。羲和为掌日之官，故后世有后羿射日之说。此事与曹操之灭袁绍、吕布，司马昭之灭诸葛诞无异。《尚书》录之，一如《后汉书》、《三国志》之记曹氏、司马氏之事矣。兴废大端，不得不载，岂尽可为法哉。《孟子》曰："吾于《武成》，取二三策而已矣。以至仁伐至不仁，何其血之流杵也。"《武成》今佚，据《汉书·律历志》所引，文与今《逸周书·世俘解》略同。观其所言，知武王伐纣，杀人盈野，语虽过甚，要之总不能尽诬。此与后之项羽伐秦何异？秦已无道，而羽之烧宫室坑降卒，毒螫所及，更甚于秦，此岂可以为训？而史官书之，所以然者，兴废大端，不得不载也。苟有是非之心，不至如不辨菽麦之童昏，读之无有不知抉择者。孟子言之甚明，何谓读经必致顽固哉？

若夫经国利民，自有原则。经典所论政治，关于抽象者，往往千古不磨，一涉具体，则三代法制，不可行于今者自多。即如封建之制，秦汉而还，久已废除，亦无人议兴复者。惟三国时曹元首作《六代论》，主众建诸侯以毗辅王室。及清，王船山、王崐绳、李刚主等，亦颇以封建为是。此皆有激而然。曹愤魏世之薄于骨肉，致政归司马，王李辈则因明社覆亡，无强蕃以延一线。故激为是论。若平世则未有主封建者矣。馀如陆机《五等论》，精采不属。盖苟炫辞辩，而志不在焉，则不足数已。其次世卿之制，自公羊讥议以后，后世无有以为是者。唯晋世贵族用事，盖以九品中正定人材，其弊至于上品无寒门，下品无世族，自然趋入世卿一途。然非有人蓄意主张之也。两千年来，从无以世卿为善，而竭力主张之者。有之，惟唐之李德裕。德裕非进士出身，嫉进士入骨，以为进士起自草茅，行多浮薄，宜用仕宦子弟以代之。此则一人之私念，固未有和之者也。又如肉刑之法，自汉文帝后，亦无人昌言复古。王符、崔寔、仲长统之流，颇主严刑。诸葛武侯治蜀，亦主严峻，然均未及肉刑也。惟魏之锺繇、陈群，尝议复之。然群制定魏律，终亦不主肉刑。足知一时之论，亦自知其不可行矣。又如井田之制，秦汉而后惟王莽一人行之，诏以天下田为王田，禁民间不得卖买，然卒以致乱。若宋时张子厚行之于乡，要为私人之试验，非朝廷之定制。清初，颜李派之王崐绳、李刚主辈，亦颇有其意。余意王李辈本以反清为鹄，其所云云，或思借以致乱，造成驱满之机耳。以故满清一代，痛恶主张封建井田之人。总计三千年来，主张封建、世卿、肉刑、井田者，曹元首、王船山、王崐绳、李刚主、李德裕、锺繇、陈群、王莽、张子厚九人而已。此九人者，除王莽外，或意有偏激，或别含作用，固不尽斥为顽固。就云顽固，二千年来，亦不过九人而已。

外此尚有一事，足资讨论者，则什一之税是已。按什一而税，《春秋》三传及《孟子》之书，无不以为善制。《公羊》言"什一行而颂声作"，孟子谓"轻则大貉小貉，重则大桀小桀"，以为什一而税，乃税则之中。然汉初则什五而税一，文景减赋，乃三十而税一。自兹以还，依以为准。即今苏松赋税，最为繁重。然与全国轻税之地平均计算，亦无过三十税一者。（其预征田赋至民国五十年之类非法行为，破坏国家定制，则未可以为例。）故自汉后税法观之，则什一之税，已为大桀小桀。前代尊信孟子，不敢昌言驳议，多泛泛释之，然亦从无主张是者。有之，惟王莽一人而已。莽亦卒以致乱，后人引以为戒久矣。

举此五事，以见古今异宜。凡稍能观察时势者，盖无人不知，何得谓读经即入顽固哉？且自明至清末，五百四十年，应试之士，无不读经者。全国为县千四百有馀，县有学，府州又有学，为数不下一千六百区。假定每学有生员两百名，以三十年新陈代谢，则此五百四十年中，当有五百四十万读经之人。试问其中主张封建、世卿、肉刑、井田、什一之税者有几人哉？上述九人，生明代以后者，仅三人耳。试问此三人之力，能变易天下之耳目耶？能左右政治之设施耶？况其云云，复各有作用在乎？夫无证验而必之者非愚即诬。今谓读经为顽固，证于何有？验于何有？且读经而至于顽固，事亦非易。正如僧徒学佛，走入魔道者，固不数数见也。何为因噎废食而预为之防哉！

所谓今日一切顽固之弊，反赖读经以救者，何也？曰：有智识之顽固者，泥古不化之谓也；有情志之顽固者，则在别树阶级，不与齐民同群，声音颜色，拒人于千里之外也。夫智识之顽固易开，而情志之顽固难料。信如是，则今日学校毕业之士，其能免于顽固之诮者，几希。吾观乡邑子弟，负笈城市，见其物质文明，远胜故乡，归则亲戚故旧，无一可以入目。又上之则入都出洋，视域既广，气矜愈隆，总觉以前所历，无足称道，以前所亲，无足爱慕，惟少数同学，可以往还。舍此，则举国皆如鸟兽，不可同群。此其别树阶级，拒人千里，非顽固而何？昔日士人，涵泳诗书，胸次宽博，从无此等现象，何者？"君子忧道不忧贫"，"士志于道，而耻恶衣恶食者，未足与议"，"衣敝缊袍，与衣狐貉者立而不耻"（均见《论语》），此等言语，濡染既久，虽慕富贵、患贫贱之心不可遽绝，而自有以维系之也。若夫盐商子弟，无遇人之才，恃钱刀之力，纳赀入官，小则州县，大则道员，顾盼骄人，俨然自命为官长，此最顽固之甚者，而人之嗤之者众矣。然如此者，为数亦不甚多。非若今之学校，每年必铸造数千百人也。非直如是，今者新奇之说，流为格言，日驱人于顽而不返者，曰发展个性也，曰打倒偶像也。发展个性，则所趣止于声色货利，而礼义廉耻，一切可以不顾。打倒偶像者，凡一切有名无形者，皆以偶像视之。若国家，若政治，若法律，若道德，无往而非偶像者，亦无往而不可打倒者。洵若是，则于禽兽奚择焉。世以是乱，国以是危，而种族亦将以是而灭矣。今学校之弊，既至于此，而国家岁费钜亿，以育人材，卒造成特殊之盐商子弟。长此以往，宁堪设想。论者不自病其顽固，而反惧经学之致顽固乎？余以为救之之道，舍读经末由，盖即前者所举《论语》三事，已可陶镕百千万人。夫如是，则可以处社会，可以理国家，民族于以立，风气于以正，一切顽固之弊，不革而自祛，此余所以谓有千利而无一弊也。质之诸君，以为然耶否耶？

苏州章氏星期讲演会记录第三期，一九三五年铅印本

论经史实录不应无故怀疑

王謇、王乘六、吴契宁、诸祖耿记录

经史传世,江河不废。历代材智之士,籀读有得,施之于用而见功效者,不胜偻指,然以考信自矜则寡。盖经除今文、史除杂史而外,率皆实录。实录者,当时之记载也。其所根据,一为官吏之奏报,二为史臣所目击,三为万民所共闻,事之最可信者也。其有传闻异辞而记载歧异,经后人之考定者(如司马温公《通鉴考异》之类),取舍有准,情伪自明,歧异之说,遂成定案,斯亦实录之次也。至若帝王初兴之瑞象,语涉怪诞,于理必无,且非史臣所目击,万民所共闻,奏报之所有,自然乖于实录。其或当时史臣,阙于记载,后人据私家著录,掇拾成书,如史公作《史记》时,六国史记俱尽,苏秦、张仪、鲁仲连之语,皆据其自著之书,语虽非伪,然诸人自言其效,未免夸大,非事实所真有。以无国史,不得不据此乖于实录之言耳。后此宋祁《唐书》,好采小说,时吴缜已纠其缪矣。舍此以外,虽有曲笔,十约八九可信,斯实录之所以可贵也。经史所载,除今文、杂史而外,大氐实录,后人无容置喙。王充之徒,于古籍加以驳正,非驳辨经史正文,乃是正汉初诸儒说经之失当,与夫讥弹当时诸子所载之不合情理耳,非今人所谓怀疑也。刘知幾抱孤愤而作《史通》,据《竹书纪年》以疑《尚书》,不知《竹书》非当时之实录,乃魏安釐王时追记商周之事。事隔千年，如何可信？据之立论，真所谓以不狂为狂矣。前人疑古，惟韩非为有特见。然法家之言，过于执滞，未为通方之论。《难》篇论舜耕历山，期年而畎亩正；渔于河滨，而渔者让坻；陶于东夷，而器不苦窳，终以"当时尧安在"五字难之，谓圣人明察在上位，将使天下无奸，令耕渔不争，陶器不窳，舜又何德而化？舜之救败也，则是尧有失也，贤舜则去尧之明察，圣尧则去舜之德化，不可两得也。又《五蠹》篇言尧舜禅位，实无足称，其说曰："尧之王天下也，茅茨不翦，采椽不斫，粝粢之食，藜藿之羹，冬日麑裘，夏日葛衣，监门之养，不亏于此矣，以是言之，古之让天子者，是去监门之养，而离臣虏之劳也，不足多也。"余谓韩非之言，乍闻似觉有理，细察乃知可笑。何者？尧之在位，不过使人民安乐而已，非能化全国之人俱进于德让也。如果能之，何以不能化亲近之四凶哉？韩非疑尧与舜不能两得，乃过言矣。又帝王之尊，无论其自苦何若，要必拥生杀予夺之大权，昔人谓："夸者死权，众庶凭生。"盖平民惟计衣食，夸者乃不肯释权也。刘裕一生俭素，土制屏风，葛作灯笼，生活与尧相似，然未闻辞去帝位。梁武帝五十而断房室，豆羹粝饭，日只一餐，无鲜腴之享。侯景来逼，尚不肯去其帝位。何者？生杀予夺之权在，不肯舍也。韩非之疑，以田舍翁之心，度豪杰士之腹，未为得矣。即如汉以后开国之君，无不从百战中来，躬擐甲胄，亲历艰苦，其能安富尊荣，享帝王之乐者，实无多日，试问战争时所着之甲，能过尧之麑裘葛衣乎？所食之食，能过尧之粝食藜羹乎？所居之营，能过尧之茅茨采椽乎？未闻以衣食居处之不适，而决然舍去其权位也。故韩非之说，乍闻似觉有理，细察乃知可笑。向来疑古者，多此类矣。

韩非疑古，虽未合理，尚不失为独抒己见，异于掩卷妄谈之士。今有人不加思索，随他人之妄见，推波助澜，沿流而不知返者，其愚更可哂也。日本开化在隋唐间，至今目睹邻近之国，开化甚早，未免自惭形秽，于是不惜造作谰言，谓尧、舜、禹为中国人伪造。非但如此而已，即秦皇、汉武之丰功伟烈，《史》《汉》所载彰明较著者，亦不愿称说。其所常言，多举唐太宗以后事。此其忌刻之心，不言可知，而国人信之，真可哂矣。

日本人疑禹治水为无其事，彼谓九州洪水，何能以一身治之？以此为口柄，真浅薄幼稚，不值一噱。夫禹之治水，合天下之力而己督率之耳。名山三百，支川三千，岂尽一己手足之力，孜孜而治之哉！自来纪载功绩，但举首领，不及其馀。东汉治河，河堤使者王景独尸其功，明则河道总督潘季驯，清则河道总督靳辅，皆以治河著称。此岂三人一手一足之力哉？亦集众人之功而总其成耳。非惟治河为然，其他各事，殆无不然。即以战功言之，策动独在大将，其实斩将搴旗，皆属士卒之事。岂真为首之大将，徒手搏击而取胜哉？日人不思此理，悍然断禹为伪造，其亦不明世务，而难免于大方之笑矣。因其疑禹，遂及尧、舜，吾国妄人，不加深思，震于异说，贸然从之。呜呼！国家未亡，而历史先亡，可哀也已。要知凡后人伪造之书，只能伪造虚文，不能伪造实事。关于天官、地理，更难伪造。夫伪造《尧典》、《禹贡》者，果何人哉？远则孔子，近则伏生，舍此无可言者矣。然《禹贡》所载山川，有孔子前早已失去者。盖东周时四夷交侵，边地之沦于夷狄者多矣，如梁州"蔡蒙旅平"，孔颖达《正义》引《地理志》云："蒙山在蜀郡青衣县。"应劭云："顺帝改名汉嘉县。"按即今四川之雅州，孔子时蜀西尚未交通，但知蜀东有巴国而已，决不知有所谓蒙山者，何从伪造"蔡蒙旅平"之言哉？又兖州"九河既道"，九河故渠，在孔子时已绝，郑康成谓为齐桓公所塞。孔子又何从而知之？如云非出孔子之手，而为伏生所造，伏生时蒙山虽在境内，九河亦淤废久矣。且雍州"原隰底绩，至于猪野"，又"导弱水，至于合黎，馀波入于流沙"。猪野在汉属张掖，合黎在汉属酒泉，均在今甘肃西部，汉时所称河西四郡者，其他在七国时已沦于匈奴，至休屠王降汉，方入中国版图，伏生时决不知有此地。何以"猪野""合黎"言之凿凿？岂孔子、伏生真如《新旧约》所云全知全能之上帝，能后知未来，前知往古者乎？此以地理言也。又就天象考之，古人以昏中之星验天，而《尧典》所言中星，与后世所见不同。《尧典》言：春分日中星鸟，夏至日永星火，秋分宵中星虚，冬至日短星昴。鸟者，朱鸟之中星也；火者，苍龙之中星也；虚者，玄武之中星也；昴者，白虎之中星也。此与孔子、伏生时所见，截然不同。孔子去尧约一千八百馀年，伏生去尧约二千一百馀年，而吕氏作《月令》时，上去孔子二百年，下去伏生百年，时皆未久，然其所云"仲春之月则昏弧中，仲夏之月则昏亢中，仲秋之月则昏牵牛中，仲冬之月则昏东壁中"，与《尧典》所云相差三十馀度，如孔子、伏生伪造《尧典》，亦应据其所见，如《吕氏》所录者，以概往古，何以有如此歧异？要知相差三十馀度者，后人谓之岁差，今之言天文者，无人不知此理，而古人未之知也。何承天、祖冲之始知恒星伏现，年各不同，而相差甚微，积久遂致相远（语详《宋书·历志》）。何、祖去尧约二千七百馀年，观察分明，于是上推《月令》，核之《尧典》，遂明岁差之故。孔子、伏生，不知岁差，乌能伪造《尧典》之中星耶？《尧典》、《禹贡》既不能证其伪造，则尧、禹之不得怀疑，无待繁言而解矣。

日人不愿居中国人后，不信尧、禹，尚无足怪。独怪神明之后，史籍昭彰，反弃置不信，自甘与开化落后之异族同侪，迷其本来，数典忘祖，信可哀已。昔戴东原少时读《尧典》，至"乃命羲和"一节，即研习天文，二三年乃通其说。读《禹贡》，研习地理，又二三年乃明其义。今《尚书释天》、《禹贡锥指》等书，所在而有，不必如戴东原之勤苦，方能通晓，乃国人不肯披阅，信谬作真，随日人之后，妄谈尧、禹之伪，不亦大可哀乎？此种疑古，余以为极不学可笑者，深望国人能矫正之也。

史有事实离奇，难于确然置信者，其故盖由于实有其事，而描写过甚。此类之事，如与大体无关，则存而不论可也。《史记·留侯传》记高祖一见四皓，即憮然心服，废立之举，竟不果行。司马温公《通鉴》疑而不载，以为高祖暴伉，未必为畏惮四皓而止。又隐士之事，史乘亦多离奇，如《后汉书·严光传》光以足加帝腹上，明日，太史奏客星犯帝坐甚急。《通鉴》载之甚略。余谓高祖虽暴伉，顾生于七国，礼贤下士之风，知之有素，四皓高尚其事，今乃降心于惠帝，疑惠帝真是可辅之主，今即废立，未必不贻后患，以故遂止，是亦情理之可通者。子陵之事，出于偶然，足加帝腹，恰值天文之变，史臣认为有关，遂致牵附，亦不能指为必无。以故史中诸事在疑信之间者，皆应存而不论，不应悍然生疑。以上斥疑古之非竟。

复次，今人以为史迹渺茫，求之于史，不如求之于器。器物有，即可证其必有，无则无从证其有无。余谓此拾欧洲考古学者之唾馀也。凡荒僻小国，素无史乘，欧洲人欲求之，不得不乞灵于古器。如史乘明白者，何必寻此迂道哉？即如西域三十六国，向无史乘，倘今人得其器物，则可资以为证耳。其次，已有史乘，而记载偶疏，有器物在，亦可补其未备。如列传中世系、籍贯、历官之类，史或疏略，碑版在，即可借以补苴。然此究系小节，无关国家大体。且史乘所载，不下万馀人，岂能人人尽为之考？研求历史，须论大体，岂暇逐琐屑之末务？况器物不能离史而自明。如器有秦、汉二字，知秦、汉二字之意义者，独非史乘所诏示耶？如无史乘，亦无从知秦、汉二字为何语也。即如陕西出土之秦、汉瓦当，知陕西为秦、汉建都之地，乃史乘之力。据史乘，然后知瓦当为秦、汉之物，否则又何从知之？且离去史乘，每朝之历年即不可知，徒信器物，仅如断烂朝报，何从贯穿？以故，以史乘证器物则可，以器物疑史乘则不可。以器物作读史之辅佐品则可，以器物作订史之主要物则不可。如据之而疑信史，乃最愚之事也。

不但此也，器物之最要者，为钟鼎、货币、碑版，然钟鼎伪造者多，货币亦有私铸、伪造二者，碑版虽少，今亦有伪作者矣。《韩非子·说林》齐伐鲁，求谗鼎，鲁以其赝往。是古代已有伪造之钟鼎也。又《礼记·祭统》卫孔悝之鼎铭曰："六月丁亥，公假于太庙。"据《左传》哀十六年传，六月，卫侯饮孔悝酒于平阳，醉而逐之，夜半而遣之。孔氏《正义》谓即此六月中，先命之，后即逐之，此语最为无赖。夫铸鼎刻铭，事非易易，何能以旬日遽成？以《左传》所载为信，则孔悝之鼎赝而已矣。今人如欲以古器订古史，第一须有精到之眼光，能鉴别真伪，不爽毫厘，方足以语此。无如历代讲钟鼎者，以伪作真者多，甲以为真，乙以为伪。乙以为真，丙以为伪。彼此互相讥弹，卒无休止。钟鼎自不能言，而真伪又无定法可求，何能得其确证哉？且钟鼎及六朝前碑版所载，多不甚著名之人，稍有名者，即无物可证。夫论史须明大体，不应琐屑以求，如云今人有四万万之多，我能知两万万人之姓名，事固非易，要亦何用？今以古器证史，则可知其人之必有者，盖无几矣。如秦半两钱在，秦诏版在，秦权、秦量在，可证始皇之必有其人矣。然汉高祖即不能证其必有，何也？铜器、货币均无有也，无从证也。王莽二十品钱（六泉、十布、错刀、契刀、货泉、货布）均在，所谓新量（真假姑不论）者亦在，王莽可证其必有矣。然光武则不能证其必有。何也？铜器、货币均无有也，无从证也。史思明顺天钱、得壹钱均在，今北京法源寺，有悯忠寺宝塔颂，镌御史大夫史思明之名，是史思明可证其必有矣。然安禄山则不能证其必有，何也？货币、碑版，均无有也，无从证也。以故，以器物证史，可得者少，不可得者多，如断线之珠，无从贯穿。试问始皇有，高祖未必有；王莽有，光武未必有；史思明有，安禄山未必有，尚成其为历史耶？

以钱币论，唐以后铸钱，皆用年号。然宋仁宗改元九次，皇祐、康定之钱，传世无几，宝元以一钱须叠两宝（"宝元通宝"也），未铸，铸"皇宋通宝"。如以无宝元钱故，即谓宝元之年号乃伪造，可乎？又明洪武时铸洪武钱，其后历朝沿用，嘉靖时补铸历朝之钱，然以永乐革除建文年号，故建文钱独不补铸，如以无建文钱故，谓建文一代之事，悉系虚造，可乎？果如今世考古之说，钱之为用，非徒可以博当时之利，且可以传万世之名，则钱之为神亦信矣。惜乎晋人作《钱神论》者，只知其一，不知其二也。

以碑版论，昔隋文帝子秦王俊死，王府僚佐请为立碑。文帝曰："欲求名，一卷史传足矣，何用碑为？"此语当时谓为通人之论。如依今人之目光言之，则此语真不达之至矣。何者？碑可恃，史不可恃也。然则碑版非徒可以谀墓，几可生死人而肉白骨矣。

且也，钱币造自政府，铜器铸由贵族，碑版之立，于汉亦须功曹、孝廉以上，而在齐民者绝少。使今有古代齐民之石臼在，亦无从知其属于何人。如此而谓周、秦、汉三代，除政府、贵族、功曹、孝廉而外，齐民无几也，非笑柄而何？

钟鼎、货币、碑版三事之外，有无文字而从古相传为某人之物者，世亦不乏。如晋之武库藏孔子履、高祖斩蛇剑、王莽头三物。孔子履，其上并无孔子字样。高祖剑，未知有铭与否？王莽头，当然头上不致刻字。此三物者，武库失火，同时被焚，以其失传，谓孔子、高祖、王莽均属渺茫，可乎？设或不焚，王莽之头亦无从知其确为王莽之头也。履也、剑也，亦无从知其属于谁何也。何也？剑与履不能自言也。

又有文字本不可知，而后人坚言其为某某字者。如《西京杂记》载夏侯婴求葬地，下有石椁，铭曰："佳城郁郁，三千年见白日，吁嗟滕公居此室。"《啸堂集古录》载之，字作墨团，汗漫如朵朵菊花，当时人妄言此为某字，彼为某字。夫铭之真伪不可知，即以为真，又何从知其甲为某字，乙为某字哉？今人信龟甲者，又其类也。

由此言之，求之于钟鼎、货币、碑版，而钟鼎、货币、碑版，本身已有不可信者。况即使可信，亦非人人俱有。在古器者皆不甚著名之士，则齐民又大率无有。有文字者如此，无文字者，更无从证明。如此，欲以器物订史，亦多见其愚而已矣。

夫欧人见亡国无史，不得已而求之器物，固不足怪。吾华明明有史，且记述详备，反言史不足信，须恃器物作证，以为书篇易伪，器物难伪。曾亦思"书者，契也"，前人契券，流传至后，后人阅之,即可知当时卖买之情状,虽间有伪造,考史如官府验契,亦可以检察真伪。如不信史而信器,譬如讼庭验契时,法官两造,并不怀疑,忽有一人出而大方言曰:"契不足恃,要以当时交易之钱作证。"此非至愚而何? 妄人之论,本不足辨,无如其说遍于国中,深恐淆惑听闻,抹杀历史,故不惮辞费而辟之,使人不为所愚。以上斥恃器证史之谬竟。

原载《浙江省立图书馆馆刊》第四卷第四期(一九三五)

再释读经之异议

读经之要，前既详言之矣。而世人复有不明大义，多方非难者。夫正论不彰，异议乃滋，深恐琦说恣行，有误后进，不得已复为此讲。此讲约分三端：一、驳国家开创之初无须经学、经学兴于衰世、且讲经学者多行为不端之谬；二、斥胡適以经训不甚了然，谓我们今日还不配读经之鄙；三、释读经应遵古文乎、今文乎之疑。今逐条剖析如左。

国家开创之初，固自不赖经学。盖开创恃兵，兵略自有专家，非经训所能为力。昔叔孙通背楚归汉，汉王方蒙矢石争天下，通所进者，皆群盗壮士，其徒因窃骂。通曰："诸生宁能斗乎。"（见《史记·叔孙通传》）由此可知士人苟不能执干戈，列行伍，自不能与开创之业。非徒经学鲜用，亦正不须用普通大学之讲义也。观民国开创之初，曾用大学讲义否耶？经学本非专为开创国家，其所包含，固甚远大，不应以一端限之。如云开创不用经学，即谓经学无用，然则大学讲义，果有用否耶？草泽英雄，与陆军大学生，作如此说，尚不足怪。彼身居普通大学而为此言，岂非作法自毙乎？若谓经学之兴，皆在衰世，此亦非实。汉文景时，国势艾安，虽用黄老，已知命晁错受经于伏生。武帝时，立五经博士，经学大盛，国势亦蒸蒸日上。如云汉武阳用经术而阴则背之，亦未见其然。汉武制礼作乐，虽属装点门面，然汉自高祖至武帝初年，宰相皆列侯任之，绝无起自民间者，武帝拔公孙弘于布衣之中,一反以前相必列侯之局。弘之为人,虽不能比伊尹、傅说,然规模实胜前相。夫废世卿,举侧陋,安得谓与经术无关?岂可云汉武所为皆伪也?至宣帝时,石渠议礼,经术大兴。而宣帝教子之言,云汉家自有制度,本以霸王道杂之(见《汉书·元帝纪》)。王者周政,儒学之常法;霸者汉律,施行之权宜。宣帝不纯用儒术,然云杂之,则固用其半矣。及元帝柔仁好儒,世以为汉衰之兆。其实元帝时膺惩戎狄,威力尚盛。陈汤斩郅支单于,即在此时。夫国之兴衰有二:一为内政之衰,其果则权臣篡窃;一为国力之衰,其果则异族侵凌。秦用法律,汉用经术,其后皆为本国人所亡,亡者独在嬴氏、刘氏,斯乃一家之索,非全国之衰也。是后唐用经术,国势亦自开张。孔颖达等定《五经正义》,在贞观全盛之时,今有意抹杀,猥谓明皇注《孝经》而唐即中衰,不思明皇注《孝经》,乃偶然之事,较之定《五经正义》,巨细宁止天渊,何以不举前事,独举后事邪?且明皇之失国,自由内任权奸,外信蕃将使然,究与注《孝经》何涉?以注《孝经》卜唐之衰,是即《五行志》灾异之说,岂可用哉?宋立学校,在仁宗时,胡安定辈即于是时显名。若宋之衰,则在神宗以后,仁宗时固未衰也。明用五经取士,末世虽时起党争(神宗以前尚无党争),然东林与非东林之争,其鹄的在政治,不在学术。即不用儒术,政治上之事实具在,当时亦必引起争端。近观民国初载,国会议员之争,亦甚剧烈矣,斯岂因经学致然?然则明之亡,虽由于党争,而党争本无关于经术儒术也。余详察全史,觉提倡经学致国势衰颓,实为子虚乌有之事,不知今之人何所见而云然。至于人之操行,本难一致,无论提倡何种学说,其流有善士,亦必兼有凶人。评议之士,不应以一人之操行不端,抹杀诸多善良之士。汉重经术，在位之人，固有匡衡、张禹、孔光辈之阘茸无能，然亦有魏相、师丹之守正不阿。今人乃举明末洪承畴、钱谦益事，以归咎经学。无论洪与钱皆无当儒术，即以为儒，亦岂能以一二人之短，掩数十百人之长哉？洪承畴以知兵任用，稍有历史知识者皆知之，不知何所见而称负理学重望也。钱本文人，不事经学。即以钱论，其人自身失节则信矣，而明之亡也，岂钱氏为之哉？况钱之弟子瞿式耜、郑成功等，亡国之后，志节皎然，尚能支持半壁，与胡清相抗，何以但论钱氏而遗瞿、郑乎？昔西晋之末，人人皆遗弃六经，务为清谈。致西晋之亡者，王衍之属也，何以又讳而不举耶？总之，经学于开创之初关系较少，而于光复之关系则深。此意前已明言。若无春秋夷夏之防，宋亡则朱明不能起，明亡则民国不能兴矣。上所云云，多就消极方面言之，至于积极方面，儒者身居上位，而功业卓著者，亦难更仆。约举之，则西汉宣帝时，魏相以明《周易》显闻，卒能废黜霍氏，致中兴之盛。哀帝时，师丹虽无大效，然守正自持，四方瞻印。后汉袁安，始则平反楚狱，后则力抗窦氏，为世所称。其后杨震、杨秉、杨赐，三世立朝，皆称清正。震尝有关西孔子之目。安帝以后，外戚宦官，更互用事，其能独立不倚，使正人犹有所恃者，非杨氏三世之力乎？三国时魏蜀任法，吴独任儒，顾雍德量，殊绝于人。陆逊反对先刑后礼，武功卓著而外，亦以相业见称。此后南北纷争，无足称述。至唐，魏徵以儒家佐太宗成太平之业。观徵所著书，《群书治要》而外，因《小戴礼》综汇不伦，更作《类礼》二十篇，盖纯乎其为经术之士也。尝侍宴，太宗奏破阵武德舞，徵俯首不顾，至庆善舞，则谛玩无斁。又，太宗宴群臣积翠池，酣乐赋诗。徵赋西汉，其卒章曰："终借叔孙礼，方知皇帝尊。"太宗曰："徵言未尝不约我以礼。"（均见《唐书》本传）其以儒术致太平，厥功最伟。其后则有杨绾，以清德化俗。郭子仪在邠州行营，方大会，闻绾除平章事，即散音乐五之四。其佗闻风而靡者，不可胜纪（见《唐书》本传）。惜为相数月即卒，致有天不使朕致太平之叹。其后陆贽，亦以儒术相德宗，所传奏议，人称"唐孟子"。德宗两度蒙尘，如无陆贽为之斡旋，恐已覆于朱泚、李怀光之手矣。其次，复有一人，勋业虽不逮上列诸公，而支持残败，不为无功，则郑覃是也。覃相文宗，以经术治国（唐石经即覃所立）。甘露之变，仇士良尽诛宰相，覃起继之。士良不致大为患者，覃之力也。若《宋史》赵普以半部《论语》治天下，语或欺人，可以不论。而李沆为相，常读《论语》。或问之，沆曰："沆为宰相，如《论语》中'节用爱人，使民以时'，尚未能行。圣人之言，终身诵之可也。"（见《宋史》本传）宋初之治，李沆之力最多。沆所行与曹参为近，人或上书言事，沆多罢之。然参本黄老，沆本《论语》，则所宗稍异矣。李沆之后，则有范文正仲淹。文正以气节开理学之先，才兼文武，尚未能终其用。其所奖拔之富弼，亦于外交有利。其后温公司马光出，本经学儒术，为时名相，惜居位日浅，不及一年而卒，未能大展其学。至明，相之贤者，首推三杨，然皆文士，无关儒术。孝宗时，刘健与徐溥、李东阳并称贤相，而健功更高。孝宗一代之治，健之力为多。其后徐阶以王学绪馀，卒覆分宜，取嘉靖四十馀年之苛政，一切改从宽大，人有中兴之颂。后之论者，虽归功张居正，实则徐阶导其先路，况居正又徐阶所引进者耶。以上历举深明经义，通达儒术之贤相十有八人：西汉则魏相、师丹，东汉则袁安、杨震、杨秉、杨赐，吴则顾雍、陆逊，唐则魏徵、杨绾、陆贽、郑覃，宋则李沆、范仲淹、富弼、司马光，明则刘健、徐阶。此十八相者，天才有高下，际遇有盛衰，在位有久暂。然每一人出，必有一人之功用。其功烈最伟尤足称道者，治致太平，则魏徵、李沆、刘健；拨乱除佞，则魏相、徐阶；支持残败，则陆贽、郑覃、司马光。岂得谓明经术者皆无用哉？外此，不在相位而立大功者，则有魏之吴起，晋之杜预，明之刘基、王守仁、唐顺之等。吴起受业曾子，又传《左氏春秋》，虽行义未醇，而政治兵事，皆为魁桀。惜所辅非一统之主，遇谗被杀，卒未大显。杜预专治《春秋》，人称"左癖"，而平吴之功，为晋代开国之基。宋之理学，永嘉、永康两派合流而成有明开国之刘基。基之功，尽人所知，无待赘论。其以理学兼战功之王守仁，与夫继承王学平定倭寇之唐顺之，亦皆赫赫在人耳目。儒家之不在相位而著功绩者如此，又乌得谓其全无用哉？外此，复有经术通明，而仕未大遇者，汉则有贾谊、刘向、龚胜、龚舍。文帝若用贾谊之言，决无七国跋扈之忧。成帝如用刘向之言，决无王氏代兴之变。龚胜、龚舍不仕王莽，节概亦高。唐则刘蕡，深于《春秋》三传，虽未及第，观其对策，危言切论，深中时病。使文宗用之，必不致有甘露之变。宋则有陈傅良、叶适、魏了翁诸贤。当时果重用陈、叶，南宋犹可复兴，决不致奄奄以尽。魏了翁位高而未亲，亦不能尽其怀抱，如能重用，亦陈、叶之亚矣。如此，儒家之有效者，不下三十人，乌得概以无用诋之，又安得以失节相诬耶？其他不以儒学名家，而有为之士亦多。借问若辈所读何书，亦曰经史而已。以故，但举明末降清之洪、钱二人，以诋儒术，若非有意加诬，则多见其识之陋耳。以上释第一条竟。

胡适素未从事经学，然亦略窥高邮王氏《经传释词》、《经义述闻》、《读书杂志》数书。高邮解经，虽称辨察，要亦未能穷竟。

胡适据王国维之言，以为《诗》有十之二三不能解，《书》有十之四五不能解。不能解如何可读？如读非待全解不可。于此余须问胡适者：如适之言，以为高邮王氏配读经耶？抑不配耶？在高邮诸书既出以后，经文可解者十之七，未出以前，可解者未能及十之五。然高邮当时，未尝曰"我不配读经"也。奋志为之，成绩遂过前贤远甚。使高邮亦曰"我不配读经"，则亦终不能解矣。何也？文史之学，本须读过方解，非不读即能遽解也。初，念孙十馀岁时，其父聘东原戴氏为师，授以经籍。当时东原教此未冠小生，当然卑无高论。是以东原在日，高邮尚无所知名，及后自加研究，方能发明如此。昔人云："舜何人也？予何人也？有为者亦若是。"士苟有志，岂可以通儒之业，独让王氏哉？王国维金石之学、目录之学，粗知梗概。其于经学，本非所长，仅能略具常识而已。其人本无意治经，其言岂可奉为准则？正使国维已言不配，若非自甘暴弃，则亦趣向有殊耳。奉以为宗，何其陋也！要之，说经如垦田然，三年然后成熟，未及三年，一年有一年之获，二年有二年之获，已垦二年，再加工力，自然有全部之获。如未及三年而废，则前之所垦，复归芜弃矣。今袭前人之功，经文可解者已十之七，再加群力之探讨，可解之处，何难由七而至八，由八而至九至十哉！高邮创立其法，而有七成可解。今人沿用其法，更加精审，益以工力，经文必有尽解之一日。设全国有一万人说经，集百人之力，共明一条，则可解者已不少矣。假以时日如垦田之垦熟过半，再加努力，不难有全部之收成。如已垦二年，所收不过一石，即曰："我不配垦田。"岂非怠惰已甚乎？《记》曰："善学者如攻坚木，先其易者，后其节目。"人之精神时日，自有限制，以高邮父子之老寿（念孙九十，引之七十馀），其所著书，尚不能解释全经，则精神限之也。然其研究之法具在。喻如开矿，高邮父子因资本不足，中途停顿，后人以资本继之，自可完全采获。如胡适所举杨树达，已有见端。余虽不及前人，自计所得，亦已不少，况全国学人之众哉！若夫运用之妙，本不待全部了解而后可，得其绪馀，往往足以润身经国。如垦田然，非待三年全部收成之后，始堪炊食。得三分之二，或三分之一时，亦可为炊而果腹也。《庄子》曰："鼹鼠饮河，不过满腹。"胡适宁不知此？以上为正告有志研经之士而言，复有为一般人识字而说者。夫读经非止求其义，亦必审其音。所赖《经典释文》作音正确，即宋儒释经，义或粗疏，而音亦无大误。是以前代老生，略称识字者，皆赖读经之功。若散漫求之，虽标音满纸，当时识之，少逝即遗忘矣。胡适自言"我们今日还不配读经"，余以为惟其如此，故今日不得不急急读经。"我们今日还不配读经"一语之下，应补足一句，曰："以故今日不得不急急读经。"不然他人纵不配读全经，亦尚配读《毛诗》一句。而胡适与此，恐终身有望尘弗及之叹矣。以上释第二条竟。

读经依古文乎？依今文乎？此一问题，不待繁言而解。如论实事求是，自当依古文为准。然今文经传之存于今者，《公》、《穀》而外，仅有《孝经》。《孝经》今古文之异，不可审知，古文既亡，自然不得不取今文矣。其馀杂糅古今文者，则有《论语》（今《集解》本古，齐、鲁杂），文虽小异，而大义不至僢驰。《仪礼》亦杂古今文，更于大义无害。若《周易》则用王弼本，弼本费氏，《汉书·艺文志》谓刘向以中古文《易》校施、孟、梁丘经，或脱去"无咎"、"悔亡"，惟费氏经与古文同，则王弼本亦古文之遗也。《毛诗》向称古文，其书不出壁中，而云古文者，《小序》述事，与《左氏》相应;《传》中陈述制度,又与《周礼》相应,是所谓古文说耳。《诗》本赖讽诵上口以传,别无古文真本,但取其为古文说,可也。《周礼》、《春秋左氏》皆古文。《尚书》真古文不可见,今文亦不可见,然伪孔本文多依三体石经,说多依王肃,与今文全不相关,故《尚书》去其伪篇,虽非真古文,亦可谓准古文也。此外《小戴礼记》四十九篇,兼采今古,而文字依今文者多。然《仪礼》今存十七篇,天子诸侯之礼,大氐无存,而时于《戴记》见之,不能以其为今文而不采也。今问读经当依古文乎? 今文乎? 余则谓古文固当遵守,即古今杂糅者,亦有礼失求野之用。况分别古今,研究派别,乃大学之事,不与中学读经同时乎。以上释第三条竟。

祖耿案:先生此讲第一、二段,专为胡适、傅孟真而发,读者参阅《独立评论》第一四六号,自能判别泾渭,知所适从。至第二段末有词锋过峻处,已请于先生,改从婉讽矣,读者当以意求之。五月二十日。诸祖耿录后附言。

苏州章氏星期讲演会记录第五期,一九三五年铅印本

论经史儒之分合

章太炎先生讲演

弟子王謇、王乘六、吴契宁、诸祖耿记录

经之所该至广，举凡修己治人，无所不具。其后修己之道，衍而为儒家之学；治人之道，则史家意有独至。于是经史遂似判然二途。夫所谓经者何指乎？"大纲"二字，允为达诂。《韩非》内外储三篇，篇各有经，造大纲于篇端，一若后世艺文之有目录。《管子》有经言、外言、短语、区言、杂篇，而经言居首，盖纲之在网，义至重要。《墨子》有经上、经下，次有经说上下，一如后世之分经传。大抵提出宗旨曰经，解说之者为说；简要者为经，详尽者曰说、曰传。后世儒家、史家，辞繁不能称，遂别称为子、为史。溯其朔一而已矣。

古无史之特称，《尚书》、《春秋》皆史也。《周礼》言官制，《仪礼》记仪注，皆史之旁支。《礼》《乐》并举，《乐》亦可入史类。《诗》之歌咏，何一非当时史料？大小《雅》是史诗，后人称杜工部为诗史者，亦以其善陈时事耳。《诗》之为史，当不烦言。《易》之所包者广，关于哲学者有之，关于社会学者有之，关于出处行藏者亦有之。其关于社会进化之迹，亦可列入史类。故阳明有"六经皆史"之说，语虽太过，而史与儒家，皆经之流裔，所谓六艺附庸，蔚为大国，盖无可疑。

《周礼》：大司徒教万民而宾兴之，六德、六行、六艺而已。六艺者，礼乐射御书数。《记》又有春夏教《诗》《书》，秋冬教《礼》《乐》之说，则已备有四经。而《易》不以教士，专为卜筮之守，其后亦得免于秦火。《春秋》为国史，民间所不得见。《尚书》则古史，非当代史，且各自为篇，无年月以比次，历代兴废，所记不全。如《夏书》已有《甘誓》、《五子之歌》、《胤征》诸篇，然于后羿、寒浞之篡弑，少康一旅之中兴，均缺焉不载。故《书》虽以道政事，而不得称为完具之史。惟《春秋》编次年月，体例始备，奠定史基，当弗外是。第《春秋》之作，昉于何时？杜元凯《春秋释例》谓为周公之旧典。余观《周官》五史，未及《春秋》一语，小史掌邦国之志，殆方志类耳。以周公之思兼三王，犹未备编年一体，可见当时对于此道尚疏。余谓《春秋》之作，当起于西周之末。太史公《十二诸侯年表》，始于共和元年，前此则但称"世表"，而弗能次其年月。《墨子·明鬼篇》历引周燕宋齐之《春秋》，至杜伯射王而止。可见周宣以前，尚无《春秋》。《春秋》既记当代之事，民间不得习睹，惟贵族或可得见。故《晋语》司马侯称羊舌肸（叔向）习于《春秋》，悼公即召傅太子。《楚语》士亹傅太子箴，问于申叔时，叔时曰："教之《春秋》、《世》、《诗》、《礼》、《乐》、令、语、故志、训典。"令、语、故志、训典皆尚书家言。故志即邦国之志，盖《尚书》不专记王朝，如《费誓》、《秦誓》，皆邦国之志也。《世》即《世本》，为春秋家言。由此知公侯子孙，乃得一读《春秋》，其他教万民之术，止有诗书礼乐而已。管子相齐，其教颇广，故《山权数》篇，言《诗》以记物，时以记岁，《春秋》以记成败，行者道民之利害，《易》者所以守凶吉成败，卜者卜凶吉利害，民之能此者，皆与之一马之田、一金之衣。所谓"行者"，即《周礼》小行人所掌,辨别每国之五物,亦即方志之类也。管子悬此以求士,可见当时齐国之士,能全读此者亦不数觏。孔子教人,平时亦止诗书礼乐。五十学《易》,习之已晚。《春秋》则西观周室,论次史记旧闻,作于获麟之后,非当时教人之学。故《易》与《春秋》,虽经管仲提倡,而孔子以前通之者究无多人也。自孔子定六经之名,然后士得通习。前此盖未有人言六经者。《汉书·艺文志》本于《七略》,凡《春秋》二十三家,《国语》、《国策》、《楚汉春秋》、《太史公》、《汉著记》,均在"六艺略"中,未尝别立史部,迨晋荀勖《中经簿》,经史乃歧而为二。此因史籍过多,不得不离《春秋》而独立。实则史与《春秋》不能相离。太史公作《史记》,即欲上继《春秋》。班固作《汉书》,其于十二本纪亦自称为"春秋考纪";直至晋宋,孙盛、习凿齿仍自名其书曰"晋阳秋"、"汉晋阳秋"(晋简文宣太后讳阿春,故改"春秋"为"阳秋")。盖袭用经名者,惟史籍为可。否则扬雄撰《太玄》以拟《易》,撰《法言》以拟《论语》,论者斥为吴楚僭王,而于史家之自称"春秋",殊无贬词,盖史本《春秋》嫡系也。

刘知幾《史通》言:《尚书》记言,《春秋》记事。此亦不然。《尚书》亦有记事之文:《禹贡》即记地理,《顾命》即记丧事。盖《尚书》为史法未具之书,集合档案而成之,非专以记言也。故后人作史,法《春秋》不法《尚书》,且法"传"而不法"经",如《两汉纪》及《资治通鉴》皆是。惟王通《元经》,乃自比《春秋经》,其书"元年春帝正月"是也。须知《春秋》为鲁史,有周天子在,不得不系正朔于王。南北朝各皆自主,称"帝正月"何为?又通以祖宗所在国为正统:刘宋时在南,故认宋为正统;齐初迁魏,则以正统予魏;隋代平陈,混一区夏,则称晋宋齐梁陈亡,此皆酿成笑柄者也。其后朱晦庵法《春秋》而作《纲目》，盖以馀力为之，非精心结撰者，且大多为其弟子赵师渊所作。元明之间，颇有继作，至清渐少，实因《春秋》经文不易效法，作史者只可法传不可法经。至《尚书》更无法之者矣。历代史籍，一以纪传为主，与《春秋》亦多异趣。惟本纪、编年，记录大体，正似《春秋》。若表志则《春秋》未始有之。故《隋书·经籍志》称《史》《汉》为正史，而以《两汉纪》、《晋阳秋》、《汉晋春秋》隶古史。盖《史》《汉》大体，虽取法《春秋》，而亦兼涉六经，如礼志、乐志，即取法于《周礼》、《仪礼》、《乐经》。后代之史，志、表或付阙如，而纪传一准《史》《汉》。史之应入《春秋》家者，其故在此。

清儒段玉裁谓十三经应扩为二十一经，即加《大戴礼》、《国语》、《史记》、《汉书》、《通鉴》、《说文》、《周髀算经》、《九章算术》八种，斯言颇为卓荦。《国语》本在《汉志》经部，《大戴》、《小戴》亦自古并称，《说文》宜与《尔雅》并峙，《史》、《汉》、《通鉴》为史学典型，其列入经部宜也。惟《算经》、《算术》，《艺文志》不入经部，未宜阑入。然此十九经字数浩繁，学者未易成诵。计十三经共五十馀万字，《史记》五十馀万，《汉书》八十馀万，《通鉴》百三四十万，加以《国语》、《大戴》、《说文》不啻二十万，合共三百馀万字，比十三经字数六倍，诵习者将日不暇给。况二十四史合计三千馀卷，段亦仅举其主要者而已。惟史之宜习，吾已不惮烦言，而经、史之不必分途，段氏已有独得之见，清儒中盖未能或之先焉。

儒家之入子部，《汉书·艺文志》已然。儒家之言，关于修己之道独多，论及政事者亦不少。孔子言"兴于诗、立于礼、成于乐"，诗、礼、乐本以教人修己。一部《论语》，言修己之道更多。

今《论语》入经部，实则《论语》为孔氏一家之书，亦儒家言耳。《论语》既入经部，则若《孟》、《荀》等无一不可入经部。惟因篇帙太繁，不得不揭称儒家以冠九流之首。后人疑《孟子》不应入经部，如论其源流，实无大背谬也。经兼修己治人，史则详治人而略修己。自《论语》出而修己之道灿然大备。儒之可重者在此。原夫史之记载，多帝王卿相之事，罕有言及齐民。舜虽耕稼陶渔，终登帝位，史亦不能详其初事。周公制礼作乐，而礼犹不下庶人，与齐民修己鲜涉。惟孔子出身编户，自道甘苦，足使人得所效法。夫子之贤于尧舜，亦其地位使然也。孔子以前，为帝王而立言者实多，为平民而立言者盖寡。"东家之丘"，人固以细民易之，孔子亦自言"吾少也贱，故多能鄙事"。其后为委吏为乘田，能会计当而牛羊壮；又《檀弓》南宫绦之妻之姑之丧，夫子诲之髽。则夫子于细民鄙事，能者实多，故能疏食饮水曲肱而枕不改其乐。以历经困厄之人，甘苦自知，言之自能亲切，而修己之道亦因之圆满。其后孟、荀二儒，益能发挥尽致。《汉志》入孟、荀于儒家者，以分部时当然，实则渊源无异也。如此则经史二部，亦固可合于儒。若六经皆史之说，微有语病，因经所含，不止史学，即儒家之说，亦在其内也。

今教人读经，要在策人记诵。而史传及儒家学说，无不当悉心研究。儒之与史，源一流分。虽儒谈政治，史亦谈政治，而儒家多有成见，渐与史有门户之分。然无儒家，则修己之道不能圆满；而治人之道，欲其运用有方，则儒家亦往往有得之者。孟、荀二公，不得其位，不论。汉初所谓儒者，若叔孙通、娄敬、郦食其、陆贾四人，无不长于应用。叔孙制礼作乐，不失儒家面目；娄敬乃一策士，而定都关中，敬实主之，与匈奴和亲，亦敬主之；郦生虽似迂阔，然能以口舌下齐七十馀城，设不为韩信所卖，当亦不致就烹；陆贾说赵佗去黄屋称制，才调与纵横家相近，名之曰儒者，以其本业为儒耳。前此孔子弟子，如子贡之存鲁乱齐破吴霸越，亦纵横家之前驱；后此汉文时之贾谊，才气较前数人为高，而惜不得其位以死。观此数子，则古儒者固多有用之材矣。若专门说经之士，往往乏运用之术。孔子以来，惟吴起、杜预二人为有干略。他若公羊、穀梁与其传授之徒无有以功名显者。又如孔子传《易》于商瞿，中经数传以至汉世，亦无以功业显于当代者。馀若传《诗》之高子、孟仲子，传《礼》之高堂生，传《书》之伏生，皆无事迹可见。盖纯粹经师，往往不涉世务，故功业短于儒家。然则经典治人之道，非儒家固不能运用，有赖于儒家者以此。

承平之世，儒家固为重要，一至乱世，则史家更为有用。如《春秋》内诸夏外夷狄，树立民族主义，嗣后我国虽数亡于胡，卒能光复旧物，即收效于夷夏之闲也。孔子作《春秋》，孟子、公羊皆言其事则齐桓、晋文。试问《春秋》之异于旧史者安在？盖以前皆言帝王之道，《春秋》则言霸主之道。故三传无不推尊齐桓，而《论语》且言“微管仲，吾其被发左衽矣”。春秋之季，戎夏交捽，若无霸主，将不独伊川之见野祭而已。又观管仲以前，以尧舜禹之圣明相继，传至仲康父子，已为夷羿所篡，盖保持中国太平者不过三百年耳。商书简略，四夷之事不详，而太王避狄去邠，可见商国之威，亦不能詟服狄人。至文王胜獯狁伐西戎，周公兼夷狄驱猛兽，然后王业以定，国威以立。然不及四百年，而幽王死于骊山之下。逮管仲出，则中国不困于异族者九百馀年。盖自齐桓伐山戎救邢、卫，其后晋灭赤狄，至战国时，国威益振。秦初灭大荔之戎（在今陕西东部，汉之左冯翊），后灭义渠之戎（在今泾阳至宁夏一带），惠王用司马错，西并巴蜀；赵武灵王北收云中、九原（九原当今榆林至河套，云中在今河套一带）；燕将秦开，却东胡千馀里，置辽东、辽西郡，疆土远及朝鲜；楚则庄蹻兵定滇池。战国之势，制夷而不制于夷，其方略皆有所自来。至秦始皇时，略定陆梁，置桂林、南海、象郡，赵佗更役属瓯骆，至汉时改为九郡（即今两广、安南地）。而云南亦于汉武时征服。秦虽残暴，其对外之功，自不可没。汉至宣帝时，西域三十六国，尽隶都护。汉人对于藩国，务握其实权，不若后代之徒求虚名也。西汉自武帝以后，胡人不敢南下。王莽末，中国虽乱，而匈奴始终不能蚕食边地。后汉兵威不及前汉，然班超以三十六人定西域。三国分裂，异族亦不敢内侵。魏武斩蹋顿，司马宣王灭公孙渊，兵威犹震于殊俗。至晋室平吴，骨肉相残，然后有五胡之乱。自管仲至此凡九百馀年，递相祖习，使中国有金瓯之势，其泽不可谓不长矣。孔子之服管仲者以此。

　　吾今称此九百年为霸期，以此九百年中，政令虽有宽猛，大氐皆管仲馀势所持也。前乎霸期者，商周攘夷之功，殊不及此。后乎霸期者，则自两晋以逮隋室，戎夏交捽者几三百年。唐太宗武功极盛，但自隋文平陈至天宝十四年，历时仅一百六十馀年。安史之乱，已毒遍中原，继受吐蕃、回纥之侮，异族又骎骎驾中国上矣。其后五代扰攘，李存勖、石敬瑭、刘知远皆沙陀部落，石且以燕云十六州割让契丹，宋兴亦无如之何。河北境土，日蹙日削，勉强支持百五六十年，金人起而汴梁不守矣。南渡偏安，更不足论。及蒙古混一，中国沦于夷狄者八十九年。明之兴，始得光复旧物，其胜于唐宋者有数端焉：洪武收复辽东、征服云南；永乐更灭安南、改设行省（惜仅二十馀年即受黎利之绐，许其称藩），使节远至斐州，南洋岛夷，莫不詟服。及土木之变，英宗北狩，而丧君有君，不必为肃宗之即位灵武，亦不至如徽钦之羁死五国，卒使也先礼送英宗南还；世宗时俺答入寇，终受敕封而去。直至万历季年，群阴搆祸，努尔哈赤起，明乃渐以不振。此盖天子守边，人自不得不致死于驱除异族也（北京东邻辽东，北接热河、察哈尔，异族偪处，非安享太平之地，故明时相传云"天子守边"）。自霸期既毕，能保持攘夷之功者，惟朱明一代而已。霸期以前，西周保持不过三百馀年；霸期以后，朱明保持二百五十馀年。独此霸期中，保持至九百年，管仲之功，真不在禹下矣。孔子作《春秋》，焉得不称齐桓、晋文哉！孟、荀生于中国强盛之时，故小管仲而羞桓、文，如生于东晋之后，当亦不言管仲功烈之卑也。儒家对于历史，往往太疏，不综观事之本末，而又有门户之见，故其立论不免失中。孔子作《春秋》，确立民族主义，三传释经，虽有不同，而内诸夏外夷狄之义则一。管仲建此功，孔子立此义，以故中国屡亡，而卒能复兴。是以承平之世，虽有赖于儒家，而国亡再起，非归功于史家不可。今者外患日深，骤图富强，谈何容易。惟有立定民族主义，晓然于非我族类其心必异，本之《春秋》，推至汉唐宋明诸史，人人严于夷夏之防，则虽万一不幸而至下土耗斁，终必有复兴之一日也。

今吾人言读经尊孔，而敌人亦言读经尊孔，鳃鳃者深恐将来为敌人愚弄。吾谓不然，民族意识之凭借，端在经史。史即经之别子，无历史即不见民族意识所在。盖凡百学术，如哲学、如政治、如科学，无不可与人相通。而中国历史（除魏周辽金元五史）断然为我华夏民族之历史，无可以与人相通之理。故吾人读经主旨,在求修己之道、严夷夏之辨。前此满清入关,何尝不思以读经尊孔,愚弄吾人。玄晔[烨]、胤祯,出其雷霆万钧之力,威胁利诱。卒之民族主义,历劫不磨,盖读书种子不绝,《春秋》内诸夏外夷狄之义,长在人心,一触即发,何惧乎异族?何畏乎愚弄?若至经史道丧,儒学废绝,则吾炎黄裔胄,真沦于九幽之下矣。

苏州章氏星期讲演会记录第六期,一九三五年铅印本

论读史之利益

章太炎先生讲

王乘六、诸祖耿记

治国论政,不能无所根据。汉人言通经致用,当时经史未分,史即《春秋》家言也。至汉末而史籍始渐多矣。西汉时,士皆从师受经,而史籍则罕有讲授者。盖经籍公开,史籍不公开也。《汉书》东平思王宇上疏求《太史公书》,王凤言《太史公书》有战国纵横权谲之谋,汉兴之初谋臣奇策、天官、灾异、地形、阨塞,皆不宜在诸侯王,不可予。至东汉则史籍渐不秘密,故孙权勉吕蒙涉猎往事,自谓少时历《诗》、《书》、《礼记》、《左传》、《国语》,惟不读《易》,至统事以来,省三史、诸家兵书,因劝蒙急读《孙子》、《六韬》、《左传》、《国语》及三史。所谓三史者,《史记》、《汉书》、《东观汉记》也。蒙本不读书,自闻权言,笃志不倦,其所览见,旧儒不胜。后鲁肃过蒙,言议常欲受屈,因拊蒙背,称其非复吴下阿蒙。于此可见东汉以来,渐多读史者矣。刘备从卢植受《礼记》,终身不忘。而遗诏则以《汉书》、《礼记》并举,旁及诸子、《六韬》、《商君书》。然刘本经生,未遑研精史籍。若诸葛亮则是法家,蜀人好史籍者,固不若吴人之众也。

经者古史,史即新经。远古之事,或不尽适用于今。事愈近者,愈切实用,荀子所谓法后王也。自汉以后,秉国政者,无不参用经史，以致治平。至王安石乃自以为湛深经学，不好读史，且复劫持人以不必读史，目《春秋》为断烂朝报，其流弊卒至京、惇之误国。然当时理学家亦以为王者致治不须读史，如谢良佐初造程明道，对明道举史事不遗一字，明道谓之玩物丧志。谢面赤汗流，自是不复言史。司马光薨于位，适郊天庆成之后明堂降赦臣僚称贺讫，两省官欲往奠之，程伊川不可，曰"子于是日哭则不歌"。坐客难之曰："孔子言哭则不歌，不言歌则不哭也。"苏子瞻曰："此乃枉死市叔孙通所制礼也。"众皆大笑。伊川于史学本疏，故有人诮伊川须入山读《通典》十年，方可议礼。明人读史不精，而办事较有能力，凡为其能注意于史事故也。至清人之读史者，不过为琐碎之考据而已。唯曾、左、胡三人，颇知运用之术，曾读《文献通考》，胡读《资治通鉴》，左读《读史方舆纪要》。三人所好不同，而其经世致用则同。今观其奏疏书札，恒喜称引三书，可知也。张之洞虽不及彼三人，亦熟读《通鉴》。盖张曾随胡林翼至贵州衡文，受胡之熏染甚深也。《资治通鉴》二百九十四卷，《文献通考》三百四十八卷，《读史方舆纪要》一百三十卷。专心读之，一年可毕。至于运用之妙，本不在读书之多，故通经即可致用。今亦可言通史致用，史即经也。然今人之病根，即在不读史。民国初建，自日本归来之民党，略读法政诸书，罕留意于本国史籍，以求因革之宜，锐意步趋他国，不恤削趾适屦。即当时所称第一流政治家宋教仁，亦刻意放效日本，见日本以政党致治，即欲移植于中国，不知是犹逾淮之橘也。日本天皇自肯垂拱无为，祭则寡人而已。中国由数千年来君主专制一变而为民主共和，选任大总统，自必为有声望有才具者所得。即此一端，已非日本天皇可比。是故不顾国性民情而但为螺赢之祝，其不蹈王安石之覆辙者鲜矣。

读史致用之道有二，上焉者察见社会之变迁，以得其运用之妙；次则牢记事实，如读家中旧契，产业多寡，了如指掌。能得运用之妙者，首推道家。《汉志》言道家者流，出于史官。老子为周守藏史，根据社会之变迁，以著成道家之议论，故能妙彻浑然，语无执着。庄子称孔子以六经说老聃，老聃云六经先王之陈迹也，岂其所以迹哉？夫迹履之所出，而迹岂履哉？盖道家之意，读古人书，须超以象外，得其环中，不可泥于陈迹而屑屑为之。此不独老子为然，伊尹、太公无不如此。是以伊尹、太公之书，《汉志》均在道家。汉初张良受兵法于黄石公，及郦生说汉王立六国后，张良借箸破之，乃谓用客之谋，大事去矣。何则？陈涉之起，势孤力薄，故张耳、陈馀说以树党益敌，以分秦力。至楚汉相争，势已不同，楚强汉弱，力不相侔，再立六国，将必尽为楚灭耳。时之相去不过四五年，利害之不同已如此。自非道家，谁能观于时变而应用其术？张良之可入道家者殆以此也。厥后惟李泌为能继武耳。至以史籍视同人家之契券者，老子有言："有德司契。"契正不可不读者也。若一家之主，束置契券，不加观览，不自知其资产之多寡，其昏瞆将如何？然执政者之于国史，亦犹家主之于契券矣。

昔在东京时，闻民党中人言，满洲沙漠之地，本非我土，可放弃也。此即不看旧契之过。今试一稽史实，以确证满洲之为我疆我理。《史记·匈奴传》燕将秦开袭破东胡，东胡却千馀里，遂置辽东、辽西郡。辽东地及朝鲜，辽西为今锦州至滦西一带。汉武析辽西而置乐浪、玄菟，即清时所谓东边道，在兴京之东，长白山东偏之地，乐浪盖在今朝鲜平安道一带。直至永嘉之乱，胡骑蹂躏,遍于北方,辽东始不复为我有。唐初虽灭高丽,亦不能奄有辽东。南宋则甘以小朝廷自居,河北尚不能保,遑论辽东。明初冯胜破降辽东,置辽东都指挥使司,仿佛今之特别区,以都指挥使为长官,其下有卫,亦有学校,有教官。士之应科举者,得与顺天乡试。永乐时更立奴尔干都司,统辖建州、海西诸部。清时于黑龙江发见奴儿干都司碑,可见明廷威力之远被。明宣宗时在松花江设造船厂,命镇辽东都督金事巫凯董其事,凯尝请罢其役,旋罢旋兴,此松花江造船厂当即今之吉林。清人称吉林为船厂,直至民国犹然,即因明时造船于此而沿用此名也。由此观之,不但辽东早为我有,即吉、黑亦久在版图之内。当辛亥南京政府成立时,余知张季直曾随吴长庆至朝鲜,谙于东北情形,因以满洲不宜放弃之意见质之。张亦言断不可弃,于是作文通告全国,凡主张放弃东省者,卖国贼论。一时议论为之一正。至言满洲沙漠地者,由未履其地而妄揣测耳。亦未思沙漠之地断无大川巨流,例如新疆沙漠,河润至此,即渗入地中。今满洲有松花江、黑龙江通流其间,其非沙漠,可想而知。孟子云"生于其心,害于其政",今兹东北沦陷,国人或尚以前此满洲可弃之心理自相慰藉。此由不阅旧契,故不知自家资产之多寡也。

又如安南,自秦置南海、桂林、象郡,尉佗更役属瓯骆,其地奄有今之两广、安南。南海者今之广东,桂林即今之广西,象郡则今之安南。汉时更分设三郡,曰交趾、九真、日南。后汉交州刺史兼治两广诸地。两晋、六朝均为郡县。唐调露初设安南都护府,属岭南道。安南之名由此始。唐德宗时宰相姜公辅即为日南人。其地士子之科举仕进,无不与其他州郡同。唐末五代属于南汉,后为丁琏所据。宋开宝八年,授琏为静海军节度使,八年封交趾郡王，名义仍属中国。至南宋始独立为国。明永乐时黎季犛杀陈氏宗族而自立，成祖命沐晟、张辅进讨平之，设交趾布政司统其地，置百官，立学校，以经义诗赋取士，士子彬彬有华风。宣宗间尝放弃，世宗十九年莫登庸归降，始削安南国为安南都统使司，改十三道为十三宣抚司，直至明亡，无大变更。清康熙时册封黎维禧为安南国王，乃始确认其为藩属矣。其与安南比邻之缅甸，明时设有宣慰使，为云南土司之一。是以桂王之入缅甸，并不以为越境。至清乾隆时征缅甸无功，缅甸亦惧为暹逻所逼，遣使入贡，清廷因赐册印封为缅甸国王。于是缅甸亦独立而为藩属。此皆详载史籍，凡属国民，固不容不熟记者也。远者且不必论，若明代疆域，去今仅数百年，而满洲、安南、缅甸诸旧事能熟记者，已无几人。左宗棠征服新疆，不可谓无才气。然安南让与法国，缅甸让与英国，未闻左有一言之诤谏。岂其暮气已深，畏难而苟安耶？恐亦为旧契之不甚了了故耳。

民国以来，国人对于史事亦甚疏忽矣。或且鄙夷旧契，不屑观览，甚有怀疑旧契者，于是日蹙百里，都在迷离惝恍之中。使人人而知保守其旧契，家国之事，当不至此。

原载《制言》月刊第五十二期（一九三九）

略论读史之法

太炎先生讲

王乘六、诸祖耿记

读史之法，一时言之不尽。今略论其大概，分三层言之：先明史之大体，次论史之优劣，三示读史之宜忌。

一、史之大体

自古相传，动则左史书之，言则右史书之。言为《尚书》，事为《春秋》。其实不然。《春秋》经文固是纪事，《尚书》则不专纪言，纪事之处亦多，特是未成之史，所谓史料者尔。《尚书》之外有《逸周书》，与《尚书》性质相同，纪事而亦纪言，要皆未经编次之史料也。《春秋》与《左传》为表里。《左传》兼备事言，是故拘于事言之分，正未必然。后人论史，以纪传之体为正史，编年之体为古史。论其性质，则本纪仍为编年，惟与《春秋》不甚同耳。无本纪，编年不能成。史公作本纪，复作表以辅之，年经月纬，较《春秋》为详。纪表之外，有世家，有列传。世家惟《史记》可有之，后不当有。列传变《春秋》之体，《春秋》以事为主，列传以人为主也。《史记》之八书与他史之志，《职官》等于《周礼》，《礼志》等于《仪礼》，《天官》、《地理》，古所未有。《禹贡》虽略载山川，而不详郡国。《乐志》详载郊祀歌，体类《诗经》。盖马、班之意,在隐括六经之旨而成文,故于《书》、《诗》、《礼》、《乐》无所不该。论其大体,则主于《春秋》也。后人以为纪传之体不主于事,而主于人,于是有繁省不明之弊,如"语在《项籍传》"、"语在《高祖纪》",参差回互,缴绕不清。故荀悦、袁宏仍有编年之作。编年之史,在昔只有《春秋》而已。刘知幾谓凡纪言之文,应别立一种。然不善编排,史籍将变为文集。章实斋以之修志,此为好奇,未可法也。世家之体,原本封建。封建既废,即无所谓世家。载记之名,较世家为妥,始于《东观汉记》,记光武初群雄并起之事。当时群雄皆各称帝以号召,故不应称曰世家。然陈涉之事,及身而止,亦不应称世家。如称载记,与晋十七国之事相同,即无可非议。《史记》无载记之名,欧阳修重作《五代史》,壹以史公为法,于南唐、前后蜀、南东汉、楚、闽、吴越均称世家,其实不合。当时仅吴越钱氏、荆南高氏服从中央,其馀则否,安得皆称世家哉?欧阳之意,一则刻意摹古,再则《旧五代史》荒谬泰甚,凡服从中央者称"世袭列传",不服从者称"僭伪列传"。五代纷争,僭与不僭,何从定之?欧阳所以悉改为世家,不知称载记即无病,称世家犹未当也。又如《明史》有《流寇列传》。李自成转徙不常,目为流寇,名实未背。张献忠定都四川,则不得以流寇目之。《清史稿》记郑成功、洪秀全别为一类。郑有帝号,洪称天王,不能以诸侯之礼待之。如曰载记,即名实相副矣。此外非史公所有,而后人有一得可采者,世纪是也。阿骨打未起以前,其祖已为酋长,统率数千人矣。托克托等修《金史》,于本纪之前别列世纪,其意与《始皇本纪》之前有《秦本纪》相同。魏收作《魏书》,拓跋珪前二十七代均入《帝纪》,不合史法,识者所笑。若列为世纪,则无可訾矣。清之初起,世受明封,非草泽英雄可比。《清史稿》不列世纪，直以本纪发端，载清太宗事如草泽英雄，亦无当于史法也。载记，《史》、《汉》所无；世纪，史公有其义而无其名，虽出后人，实为史中要目。

他如列传之标题，《史》、《汉》尚少，后出愈多。史公列"日者"、"龟策"，已甚无谓。"刺客"后不常有，"滑稽"亦无须标目，独"货殖"为重要。民间营利之事，非《食货志》所载者，固当详为纪述。至"儒林"、"文苑"之分，出于不得已，未可厚非。"叛逆"之名，《新唐书》始有之，前此唐修《晋书》，王敦、桓温并未别立叛逆之号。余谓列传标目与否，当以人数为断。多则宜标，少则宜省。儒林、循吏人非少数，固当标出。至于叛臣，人数实少，何必标也？《奸臣传》之名亦后起。奸臣与佞臣有别，若董贤为祸之大，但入《佞幸传》。奸臣当谓能害人者，不能害人，不得称奸臣也。唐有《奸臣传》，清史无之，若和珅辈只可称佞臣耳。《晋书》始有《忠义传》。其后凡一战而死者，皆入《忠义传》。然则昭忠祠血食之士，无虑千万，皆可列入耶？方望溪、全谢山迂腐之见，以《史》、《汉》无《忠义传》为憾，不知其人果卓然有所表见，入列传可矣，何必标忠义之名哉？《宋史》于儒林之外，别立《道学传》。后之论者，谓宋人重道学而轻儒林。然史公于《儒林传》列说经之士，孟、荀大儒则特立一传，附以九流，由此知后世儒林、道学之分亦非无见。惟孟、荀仅二人，故不别为标题耳。钱竹汀谓宋世表章道学，程、朱诸贤应特立传，不必列入《道学传》，斯言得之。《列女传》起于《后汉书》，刘向别为《列女传》。有事即书，不别贤否。如蔡文姬节义有亏，而《后汉书》亦传之。其后变列女为烈女，稍有失德，即遭贬弃。自唐以来皆然，此失古人之意者也。

二、史之优劣

一部二十四史，人皆以《太史公书》第一。宋人乃以欧阳修《五代史》比《史记》，其实何可比也？非徒文章不可比，即事迹亦不可比。《史》、《汉》本并称，六朝、隋、唐已有《史》、《汉》优劣之论。方望溪必欲推尊《史记》，压倒《汉书》，实非通论。要知《史》、《汉》各有优劣，史公《乐书》全采《乐记》，优于何有？《汉书·礼乐志》，乐不过郊庙之礼，礼是空论。至若叔孙通之《朝仪》，应入礼书，而二家皆不载，至今一无可考，史公、孟坚皆不能辞其咎也。

有古史如此作而后人不应如此作者，如《天文志》。古代史官，兼掌天文。《史记》有《天官书》，《汉书》亦有《天文志》。测天之法不同，应著《天官书》以明之。若仅采获陈文，指明星座，则陈陈相因，何所用之？地理本史家之要，而《史记》不志。《五行志》亦《史记》所无，而《汉书》有之。其实董仲舒辈所言，于今观之，不值一笑。其后《符瑞志》更无谓矣。《明史·五行志》载牛生马、角生背、人有两头诸怪事，不载应验之言，似已明悟。实则《五行志》载生物之变异，可为生物学之参考，要亦无大用处。又史公重视游侠，其所描写，皆虎虎有生气。班氏反之，谓之乱世之奸雄，其言实亦有理。是故《史》、《汉》之优劣，未可轻易下断语也。

《史》、《汉》之后，首推《后汉书》。刘知幾作《史通》，不云《后汉书》有曲笔，于《史》、《汉》却有微词。实则范蔚宗之修《后汉书》，时隔数代，直笔无妨。且蔚宗于史有特识，不仅直笔可贵。如伴食宰相，仅载本纪，不特立传。在野有名之士，王符、仲长统之流,皆为立传。其他官位卑微而入传者甚多。朱文公作《纲目》,即采范书所载,如曹操自为丞相,曹操自立为魏公,加九锡,曹操进号魏王,皆采自《后汉书·献帝纪》。华峤《后汉书》今不可见,疑峤书本善,而范书袭之。观蔚宗自序,称诸序论笔势纵放,实天下之奇作,其中合者往往不减《过秦篇》。尝共比方班氏所作,非但不愧之而已。不称叙事之善,而云议论之美,恐叙事直笔,华峤已然,故但称己之序论而已。惟华歆破壁牵伏后,华峤必不肯载。孔融临死,二子围棋,此事出吴人《曹瞒传》耳。

陈承祚《三国志》,前人讥之,谓不应以魏为正统,清人为之回护。余不谓然。桓、灵之恶,甚于桀、纣,曹操代汉,政治修明。虽其初起时,孔融之徒有不满之意,谓之正统,亦何不可?然司马温公谓刘备出于中山靖王后者,实亦如南唐之自称出于吴王恪,则未必然。刘备之自称宗室,若为诡说,曹氏应加反驳。曹氏不反驳,其为公认无疑。此盖与光武为长沙靖王之后相同。惟光武世系明晰,中山靖王至刘备则不能数耳。然必云正统,义有未安。桓、灵之当认为帝王与否?实为问题。而刘备之兴,又与光武不同。光武名号官制,必复汉家之旧,谓之正统可也。刘备何尝如此?故陈书三国鼎立,立意未尝不公。然于吴、蜀尚有分别,称蜀主死曰殂,称吴大帝之死曰薨。吴夫人立为皇后,而称之曰夫人,于蜀则称曰后。此实不合史法,使后人为之,即成笑柄矣。

四史之后,人以《南》、《北史》最佳。宋、齐、梁、陈诸史繁简不当,《魏书》又有秽史之目。惟《北史》是非最为公正。唐人心理,以北朝为正统,以唐承隋,隋承周故。然《南》、《北史》并立,南方帝王死,《北史》书之曰殂,北方帝王死,《南史》书之曰崩,此其病也。

唐人所修，前有《晋书》，后有《隋书》，其他尚有《梁书》、《陈书》等。《隋书》以志见称，以其皆为专家所作也。《史通》云，撰纪传者颜师古、孔颖达，撰志者于志宁、李淳风、韦安仁、李延寿、令狐德棻，皆一时之选也。《晋书》专记逸闻，体近小说，然后人亦有称之者。盖自《史》、《汉》以下，可于列传之中看出其人性质产地者，首推《晋书》。观《史记·司马相如传》，可知其为四川人，观《屈原传》，可知其为两湖人。至于《晋书》列传，各人之性质风度，无不栩栩欲活，安得以轻薄而少之？

《旧唐书》、《旧五代史》体例本不甚佳，刘昫、薛居正伴食宰相耳，与雅擅文名之欧阳永叔、宋子京相较，宁止天渊？然吴缜作《新唐书纠谬》，驳正四百馀事，真所谓百孔千疮矣。案子京《新唐书》文省于前，事增于后。唐人小说悉以为载笔之资，实则小说悠谬之词，何足信赖？何如《旧唐书》之一依官书为可信哉？是以司马温公修《通鉴》采《旧唐书》多，采《新唐书》少。于《五代史》亦然。夫历代史籍皆由官修，独《新五代史》为私家著作。私家采访，必不能普及，故至于清代，两旧史仍列入正史。《新唐书》竭力摹拟昌黎，《新五代史》竭力摹拟《史记》、《春秋》。目标愈高，笔力愈不易到。论其事实，旧史实胜于新史。即以《新五代史》《职方考》、《司天考》而论，当十国错乱之际，职方固甚重要，司天亦何用哉？

其后《金史》有元遗山手稿，尚足称道。《宋史》繁琐，凡宰相必列传，官位稍高亦无不列传，甚至一人两传，何其芜杂也？《元史》仅修一年，蒙古人名氏易混，一人两传，尚不足怪。短中取长，惟《辽史》耳。

《明史》大半取诸万季野《明史稿》。今万氏原稿不可见，闻但有列传，而无表志。近朱逖先买得原稿，其为真伪不可知。惟列传多于今之《明史》。又王鸿绪《明史稿》传后无赞，今通行本每一传后有赞，事实与原本无异，恐亦如范蔚宗之书原本于华峤也。《明史稿》所以优于《明史》者，福王、唐王、桂王事为之特叙。《明史》则附于《三王宗室传》中，先后倒置，眉目不清，此其一也；《明史稿》于府县设置之沿革，备著年月，甚见清楚。重修《明史》皆删去之，此其二也。

今之《清史》，袁金铠、金梁等不知而妄作，更多著无关重要之事，体例至不纯粹。且清室遗老秉笔修史，是非必不公允。即如皇太后下嫁一事，证据确凿，无可讳饰，今一概未杀，何以传信？最大之病在不列世纪，纪清太祖之初起，壹似草泽英雄，有乖实录甚矣。然则《清史》非重修不可。今以《清史稿》开罪闻人，禁不发行，不知史之错误有二：小节出入，错误之微末者也，不难加以修正；大体乖违，则错误之深重者也，非更张不可。如以努尔哈赤写作草泽英雄，焉可以信今而传后哉？要之《清史》较《宋史》、《元史》稍优，不致有一人两传之误，然比《明史》尚不逮。余谓今人修史，如文章欲力追秦、汉，则古今人不相及，无论《史》、《汉》，即范、陈亦不易及。前人称《南》、《北史》为优，其实《隋书》、《明史》亦尚可观。如能与方驾，已为上乘。读史不必问文章之优劣，但须问事实之确否。至于议论，各人有其特见，正不必以人之议论为己之议论也。

三、读史之宜忌

读史之士学力不同，识见亦异。高者知社会之变迁，方略之当否，如观棋谱，知其运用，读史之效可施于政治，此其上也。其次考制度，明沿革，备行政之采择。正史所载，未必完备。典章制度，不得不参考《通典》、《通考》诸书，譬如地理、职官二门。职官需明权限之异同，不得但据其名。地理应知交争之形势，道里之远近。要知历史上之地理，不与今之地质学、地文学相同。今人讲地理，建置沿革尚能通晓，惟有一说疑不能明。《汉书》述诸夏区域东西一万三千馀里，南北九千馀里。历代相沿此说不变。宋土逼窄，尤作此语。汉尺短，用清营造尺比汉尺，则汉一尺得清营造尺七寸四分。汉一万里为清七千四百里。今自蒙古至琼州只六千里，焉得有九千里？明尺即今木尺，一尺等于营造尺九寸，则万里当有九千里，数亦与今不符。汉人之言，尤可诿之测量未精，故有是误。晋裴秀为司空，作《禹贡地域图》十八篇，已知测量之法矣。六朝时遵用之，唐贾耽则有《禹迹图》、《华夷图》，刘豫刻之西安，今存西安府学，观其里数亦觉过大。盖当时虽知测量，仍不知北极测地之法也。《周礼》职方氏所云九州之内东西南北相去七千里，其外相去一万里。以汉尺七四计，尚得五千一百八十里。本部南北相去断无此远，古今人皆以为疑。近人廖季平乃谓职方氏是指全地球而言。实则自汉至明，里数总不确实，凡为测量未精不知北极测地之法故也。

职官之学有《职官沿革表》可供参考，然有名同而实异者，不可不加审辨。如唐之六部与《周礼》六官不同，此前人已知之。《周官》冢宰乃唐之尚书令，非唐之六部也。《周礼》天官大宗伯在汉为九卿，至清大理、太常、太仆则虚名耳。明太仆寺尚需养马，清则无其事矣。光禄寺不知起于何时，清光禄勋本郎官，不知何以变为庖厨之职？汉之鸿胪如后之理藩院。此皆名同而实不同者。古今职官名实相同者仅有县令，清之知县犹是汉之县令也。以知府比太守，即已不符。顾亭林谓太守如督抚，此语良然，以其有兵权也。日本人译西洋官制之名，于台湾、朝鲜则曰总督，称印度、香港之最高长官即曰太守，不知是否西洋文之本意如此？抑故意作此译名也？实则守之大小，本无规定。明代总兵镇守边陲，亦称曰守。以故印度总督可比太守，香港只可比巡检司而已。汉之太守与后之知府，不但名不同，实亦不同。故研究职官不应但取其名，务须稽核其实。古今官制，屡改不一改矣，决非但见其名相同即可谓是同一职掌也。

他如古今度量衡之变迁沿革，亦不易知。要之考制度以裨有政，乃读史第二等事，其效已次于识方略知运用也。

读史所最忌者，妄论古人之是非是已。宋人往往好以当时之是非衡量古人，实则古人之安危利害，不应以后人之目光判断之。后人所应纠正古人者，乃如华歆，魏晋人均赞扬之，魏之代汉，歆颜色不悦，曰"我本汉臣"。此之矫揉造作，而曹子建信之，何也？又如古称扬雄，几于圣人，司马温公尚然，而后人訾之。以余观之，雄不过常人而已。

复次，借古事以论今事，所谓借题发挥者，亦读史所忌。王船山《读通鉴论》，于范文正贬官，欧阳修、尹师鲁、余靖与之同去，以为好名，后之朋党，即由此起。实则宋之朋党起于神宗时，范、欧四贤何尝有此心哉？明怀宗时流寇猖獗，朝臣多议南迁，光时亨曰国君死社稷，以此而止。船山于时亨不加訾议，乃力斥李纲，以金人来侵，纲力主迎战，与时亨同也。不知南宋迁亦亡，不迁亦亡。其时宗泽尚在河北，所以不能成功者，以黄潜善等沮之也。如船山之言，南迁而守东都，东都亦岂易保哉？船山史论常以宋事影射明事,后之读史者往往以此矜夸。夫作诗有寄托,发感慨,原无不可,然非所语于读史也。读史当论大体,以为判案,岂可逞臆而断也!

原载《制言》月刊第五十三期(一九三九)

小学略说

太炎先生讲

王乘六、诸祖耿记

小学二字，说解歧异。汉儒指文字之学为小学。《汉书·艺文志》："古者八岁入小学。"《周官·保氏》："掌养国子，教之六书、九数。"六书者，象形、象事、象意、象声、转注、假借也。而宋人往往以洒扫、应对、进退为小学。段玉裁深通音训，幼时读朱子《小学》，其文集中尝言："小学宜举全体，文字仅其一端。洒扫、应对、进退，未尝不可谓之小学。"案《大戴礼·保傅篇》："古者八岁出就外舍，学小艺焉，履小节焉；束发而就大学，学大艺焉，履大节焉。"小艺指文字而言，小节指洒扫、应对、进退而言；大艺即《诗》、《书》、《礼》、《乐》，大节乃大学之道也。由是言之，小学固宜该小艺、小节而称之。

保氏所教六书，即文字之学。九数则《汉书·律历志》所云"数者，一十百千万"是也。学习书数，宜于髫龀；至于射御，非体力稍强不能习。故《内则》言"十岁学书计，成童学射御"，《汉书·食货志》言"八岁入小学，学六甲、五方、书计之事"。《内则》亦言六岁教之数与方名，郑注以东西释方名，盖即地理学与文字学矣。而苏林之注《汉书》，谓方名者四方之名，此殊不足为训。童蒙稚呆，岂有不教本国文字，而反先学外国文字哉？故师古以臣瓚之说为是也。

汉人所谓六艺，与《周礼·保氏》不同。汉儒以六经为六艺，《保氏》以礼、乐、射、御、书、数为六艺。六经者，大艺也；礼、乐、射、御、书、数者，小艺也。语似分歧，实无二致。古人先识文字，后究大学之道。后代则垂髫而讽六经；篆籀古文，反以当时罕习，致白首而不能通。盖字体递变，后人于真楷中认点画，自不暇再修旧文也。

是正文字之小学，括形声义三者而其义始全。古代撰次文字之书，于周为《史籀篇》，秦汉为《仓颉篇》，后复有《急就章》出。童蒙所课，弗外乎此。周兴嗣之《千字文》，《隋书·经籍志》入小学类。古人对于文字，形声义三者，同一重视。宋人读音尚正，义亦不敢妄谈。明以后则不然。清初讲小学者，止知形而不知声义，偏而不全，不过为篆刻用耳。迨乾嘉诸儒，始究心音读训诂，但又误以《说文》、《尔雅》为一类。段氏玉裁诋《汉志》入《尔雅》于《孝经》类，入《仓颉篇》于小学类，谓分类不当。殊不知字书有字必录，周秦之《史》、《仓》，后来之《说文》，无一不然。至《尔雅》乃运用文字之学。《尔雅》功用在解释经典，经典所无之字，《尔雅》自亦不具。是故字书为体，《尔雅》为用。譬之算术，凡可计数，无一不包。测天步历，特运用之一途耳。清人混称天算，其误与混《尔雅》字书为一者相同。《尔雅》之后，有《方言》，有《广雅》，皆为训诂之书，文字亦多不具。故求文字之义，乃当参《尔雅》、《方言》；论音读，更须参韵书。如此，文字之学乃备。

乾嘉以后，人人知习小学，识字胜于明人。或谓讲《说文》即讲篆文，此实谬误。王壬秋主讲四川尊经书院，学生持《说文》指字叩音,王谓尔曹喻义已足,何必读音?王氏不明反语,故为是言。依是言之,《说文》一书,止可以教聋哑学生耳。

今人喜据钟鼎驳《说文》。此风起于同、光间,至今约六七十年。夫《说文》所录,古文三百馀。古文原不止此,今洛阳出土之三体石经,古文多出《说文》之外。于是诡谲者流,以为求古文于《说文》,不如求之钟鼎。然钟鼎刻文,究为何体,始终不能确知。《集古斋钟鼎款识》释文,探究来历,不知所出,于是诿之曰昔人。自清递推而上,至宋之欧阳修《集古录》。欧得铜器,不识其文,询之杨南仲、章友直(杨工篆书,嘉祐石经为杨之手笔;章则当时书学博士也)。杨、章止识《说文》之古文,其他固不识也。欧强之使识,乃不得不妄称以应之。《集古录》成,宋人踵起者多,要皆以意测度,难逭妄断之讥。须知文字之学,口耳相受,不可间断。设数百年来,字无人识,后人断无能识之理。譬如"天地玄黄",非经先生口授,何能明其音读?先生受之于师,师又受之于师,如此数千年,口耳相受,故能认识。或有难识之字,字书具在。但明反切,即知其音。若未注反切,如何能识之哉?今之学外国文者,必先认识字母,再求拼音,断无不教而识之理。宋人妄指某形为某字者,不几如不识字母而诵外国文乎?

宋人、清人,讲释钟鼎,病根相同,病态不同。宋人之病,在望气而知,如观油画,但求形似,不问笔画。清人知其不然,乃皮傅六书,曲为分剖,此则倒果为因,可谓巨谬。夫古人先识字形,继求字义,后乃据六书以分析之。非先以六书分析,再识字形也。未识字形,先以六书分析,则一字为甲为乙,何所施而不可?不但形声、会意之字,可以随意妄断,即象形之字,亦不妨指鹿为马。盖象形之字,并不纤悉工似,不过粗具轮廓,或举其一端而已。如 𠤏 字略象人形之侧，其他固不及也。若本不认识，强指为象别形，何不可哉？倒果为因，则甲以为乙，乙以为丙，聚讼纷纷，所得皆妄。如只摹其笔意，赏其姿态，而阙其所不知，一如欧人观华剧然，但赏音调，不问字句，此中亦自有乐地，何必为扣槃、扪烛之举哉！

宋人持望气而知之态度以讲钟鼎，清人则强以六书分析之。然则以钟鼎而驳《说文》，其失不止偏闰夺正而已。尝谓钟鼎款识，不得阑入小学；若与法帖图象，并列艺苑，斯为得耳。"四库书"列入艺术一类，甚见精卓。其可勉强归入小学类者，惟有研究汉碑之书，如洪氏《隶释》、《隶续》之类而已。文字之学，宜该形声义三者。专讲《说文》，尚嫌取形遗声；又何况邈不可知之钟鼎款识哉！盖文字之赖以传者，全在于形。论其根本，实先有义，后有声，然后有形。缘吾人先有意想，后有语言，最后乃有笔画也（文字为语言代表，语言为意想之代表）。故不求声义而专讲字形，以资篆刻则可，谓通小学则不可。三者兼明，庶得谓之通小学耳。《说文》以形为主，《尔雅》、《方言》以义为主，《广韵》之类以声为主。今人与唐宋人读音不同，又不得不分别古今。治小学者，既知今音，又宜明了古音。大徐《说文》，常言某字非声，此不明五代音与古音不同故也。欲治小学，不可不知声音通转之理。段注《说文》，每字下有古音在第几部字样，此即示人以古今音读之不同。音理通，而义之转变乃明。大徐《说文》，每字下注明孙愐反切，此唐宋音，而非汉人声读。但由此以窥古音，亦初学之阶梯也。要之，形为字之官体，声义为字之精神，必三者具而文字之学始具。

许君之言曰："惟初太极，道立于一。""一"之为字，属指事。

盖人类思想，由简单以至繁复，苦结绳之不足致治，乃有点画以作识记，则六书次第，以"指事"居首为最合，指事之次为"象形"。《说文》之界说曰："指事者，视而可识，察而见意，上下（⌣⌢）是也。""象形者，画成其物，随体诘屈，日月（☉〗）是也。"此皆独体之文，继后有形声、会意，则孳乳而为合体之字。故"形声"之界说曰："以事为名，取譬相成，江河是也。""会意"之界说曰："比类合谊，以见指撝，武信是也。"指事、象形在前，形声、会意在后，四者具而犹恐不足，则益之以转注，广之以假借。如是，则书契之道毕，宪象之理彰。

指事之异于象形者，形象一物，事晐众物。以上下为例，上下所晐者多，而日月则仅表一物。上下二字，视之察之，可知其在上在下。此指事之最易明白者，故许君举以为例。

指事之字，除上下外，计数之字，自一至十，古人皆以为指事。但卅字从入从八，已属会意。四字象形，尚非指事，惟籀文作亖，确系指事。按：莽布六七八九作丅兀兀兀，或为最初之古文，极合于"察而见意"之例。若卞仈两篆，殊不能"察而见意"也。

六书中之指事，后人多不了然。段氏《说文注》言指事者极少。王筦友《释例》《句读》，凡属指事之字，悉以为会意。要知两意相合，方得谓之会意。若一字而增损点画，于增损中见意义者，胥指事也。指事有独体、合体之别，上下一二，独体指事也。合体指事，例如下列诸字：

本，以木下一表根。未，以木上一表颠。不，象形兼指事，一以表天，下为鸟形，鸟飞上翔，不下来也。至，一以表地，上为鸟形，鸟飞从高，下至地也。此皆无形可象，故以一表之。又有屈曲其形以见意者，为𦰩象人形，侧其左曰𠆢，侧其右曰𠤎，交其两足则为𡗗，曲其右足则为𠁼。𦰩𠆢𡗗𠁼均从大而略变者也，均指事也。更如屈木之颠曰𣏂，木之曲头，止不能上也。木中加一曰𣎵，赤心木也。赤心不可象，以一识之也。牟，牛鸣也，从牛，𠃌象其声气从口出。羋，羊鸣也，从羊，象气上出。系豕足曰𧱔，绊马足曰𩡙。凡此皆不别造字，即于木、牛、羊、豕、马本字之上，加以标帜者也。

指事有减省笔画以见意者。如𠂂，暮也，从月半见。𡭔，伐骨之残也，从半𡭔；𡭔，义为剔肉置骨，𡭔而得半，其残可知。𣎵，木之馀，断木之首以见意。𠁥有相背之象。𠃋，上象鸟首，下为双翅，张其翅，以表飞翔之状，而迅疾之𠂇，从飞而羽不见，疾飞则羽毛不能详审，故略去羽毛。今山水家画远鸟多作十字形，意亦同也。以上皆损笔见意之指事。又有以相反为指事者。如反正为𠃲，正乏即算术之正负，乏即负耳。反人为𠤎，相与比叙也。倒人为𠤋，变也，人死则化矣。反𣱩为𣲙，永为水长，𣲙为分支，分支则水流长矣。屮象草出于地，倒屮为𣎴，周也，川楚间有阴沉木者，山崩木倒，枝叶入地而仍生，岭南榕树亦反倒入地而生，此皆可见蒙密周匝之意。推予谓之𠬪，倒予谓之𠬸，以骗术诈惑人而取其财，斯为幻矣。止象人足，反止为𡳿，蹈也。此皆以相反见意也。故指事有三例：一增一省一相反。今粤人减有字二画为冇，音如毛，意为无有，此俗字之属于指事者也。

指事不兼会意，而会意有兼指事。盖虽为会意，仍有指事之意在。𠈌从二人相背，𦣞从二臣相违，相背相违，亦有指事之意。两或颠倒而成𤕦，悖也；两止相背而成𣥠，足剌𣥠也：亦兼指事之意。指事之例甚广,而段氏乃以为指事甚少,此亦未之思耳。但段氏犹知指事、会意,不容厕杂;而王篆友则直以指事为会意矣。要知会意之会,乃会合之会,非领会之会也。

造字之朔,象形居先,而指事更在象形之前。盖指事亦象形之类,惟象空阔之形,不若象形之表示个体耳。许君举日月二文为象形例,⊙象日中有黑子,⊃象日形之半,此乃独体象形,之类均是。至合体象形:果,⊞象果实,下从木;象蹦葶,下从木;象阡陌之状,而小篆作暷;豪,古文作,小篆加衣为裘,中象毛皮之形,皆合体象形也。母从女加一一为两乳形;儿从儿,象小儿头囟未合,亦合体象形也。自独体象形衍而为合体象形,亦有不得不然之势。否则无女之一一,无儿之,孰从而识其为母为儿乎?

象形之字,《说文》所录甚多,然犹不止此数,如钟鼎之,即为《说文》所未录者(钟鼎文字,原不可妄说,但连环之,可由上下文义而知其决然为环,经昔人谨慎考定,当可置信)。

造字之初,不过指事、象形两例。指事尚有状词、动词之别,而象形多为名词。综《说文》所录,象形、指事,不过二三百字。虽先民言语简单,恐亦非此二三百字所能达意。于是有以声为训之法,如:马兼武义;火兼毁义;水有平准之义,而以水代准(古音水准相近);齐有集中之义,斋戒之斋,即假齐以行。夫书契之作,所以济结绳之穷。若一字数义,仍不能收分理别异之功,同一马也,或作马义,或作武义;同一水也,或作水义,或作准义:依是则饰伪萌生,治丝而益棼矣。于是形声、会意之作乃起。

形声之声,有与字义无关者,如江之工、河之可,不过取工、可二音,与江、河相近。此乃纯粹形声,与字义毫无关系者也。

劦部之㒼劦劦皆有同心合力之意，则声而兼义矣。盖形声之字，大都以形为主，而声为客。而亦有以声为主者，《说文》中此类甚多，如某字从某，某亦声，此种字皆形声而兼会意者也。王荆公《字说》，凡形声悉认为会意，遂成古今之大谬。故理董文字，切不可迂曲诠释。一涉迂曲，未有不认形声为会意者。初造文字时，决不尔也。

许君举武、信为会意之例。夫人言为信，惟信乃得谓之人言，否则与鸡鸣犬吠何异？此易明者。止戈为武，解之者率本楚庄王禁暴戢兵之意，谓止人之戈。但《大雅》："履帝武敏。"《传》曰："武，迹也。"则足迹亦谓之武。按《牧誓》："不愆于六步、七步。""不愆于四伐、五伐。"步伐整齐，则军令森严，此则谓之武耳。余意止者步省，戈者伐省，取步伐之义，似较优长。但楚庄之说，亦不可废。若解止戈为不用干戈，则未免为不抵抗主义之信徒矣。

会意之字，《说文》所录甚少，五百四十部以形声字为最多。《说文》而后，字书所收，字日以多，自《玉篇》、《类篇》以至《正字通》、《康熙字典》，无不后来居上。《类篇》所收，有五万字。至《康熙字典》则俗体寖多于前矣。

后人造形声之字，尚无大谬，造会意则不免贻笑，若造象形、指事，必为通人所嗤。如"丢"，去上加一，示一去不返，即觉伧俗可笑。今人造牠、她二字，以牠为泛指一切，她则专指女人。实则自称曰我，称第三者曰他，区别已明，何必为此骈枝？依是而言，将书俄属男，写娥属女，而泛指之我，当别造一牥字以代之。若"我师败绩"、"伐我北鄙"等语，我悉改书为牥，不将笑绝冠缨耶？

　　转注之说，解者纷繁。或谓同部之字，笔画增损，而互为训释，斯为转注。实则未见其然。《说文》所载各字，皆隶属部首。亦有从部首省者：羴部有羘、有羳，羘与羳，非纯从羴，从羴省也；爨部有釁、有爨，但取爨之头而不全从爨也；畫部有晝，瘳部有寐，有瘳，有癑，晝为畫省，瘳、寐、癑，皆非全部从瘳。且羘，羴牛尾也；羳，强曲毛也，与羴牛非同意相受。釁所以支鬲；爨，血祭：亦非同意。晝，介也；畫，日之出入，与夜为介：意亦相歧。寐，卧也，虽与瘳义较近，而瘳则寐觉而有言，适与相反。谓生关系则可，谓同意相受则不可。不特此也，《说文》之字，固以部首为统属，亦有特别之字虽同在一部而不从部首者。乌部有焉、有舄，与部首全不相关，意亦不复相近；羴、爨、畫、瘳四部，尚可强谓与考老同例，此则截然不相关矣。准此，应言建类一首，同意不相受。而江声、曾国藩辈，坚主同部之说，何耶？

　　或谓建类一首者，头必相同，如禽头与兕头同是也。余谓以此说"一首"犹可，顾"同意相受"之义犹未明。且《说文》所载，虎足与人足同，燕尾与鱼尾同。如言禽头与兕头同为建类一首，则此复应言建类一尾或建类一足矣。况禽头与兕头同在《说文》象形中，字本无多，仅为象形之一种。故知此说琐屑，亦无当也。

　　戴东原谓《说文》"考，老也"、"老，考也"，转相训释，即所谓"同意相受"。"建类一首"者，谓义必同耳。《尔雅》："初、哉、首、基、肇、祖、元、胎、俶、落、权舆，始也。"此转注之例也。余谓此说太泛，亦未全合。《尔雅》十二字，虽均有始义，然造字之时，初为裁衣之始；哉（即才字）为草木之初。始义虽同，所指各异。首为生人之初，基为筑室初。虽后世混用，造字时亦各有各义，决不可混用也。若《尔雅》所释，同一训者，皆可谓同意相受，无乃太广泛矣乎？

于是许瀚出而补戴之阙，谓：戴氏言同训即转注，固当；然就文字而论，必也二义相同，又复同部，方得谓之转注。此说较戴氏为精，然意犹未足。何以故？因五百四十部非必不可增损故，如乌、舄、焉三字，立乌部以统之，若归入鸟部，说从鸟省，亦何不可？况《说文》有瓠部，瓠部有瓢字，瓢从瓠省，实则瓠从瓜，瓢亦从瓜，均可归入瓜部，不必更立一部也。且古籀篆字形不同，有篆可入此部，而古籀可入彼部者，是究应入何部乎？鸥，小篆从隹；雕，籀文从鸟：应入鸟部乎？隹部乎？未易决也。转注通古籀篆而为言，非专指小篆。六书之名，先于《说文》，贯通古籀篆三，如同部云云，但依《说文》而言，则与古籀违戾。故许氏之说，虽精于戴，亦未可从也。

刘台拱不以小学名，而文集中《论六书》一文，识见甚卓。谓所谓转注者，不但义同，音亦相近。此语较戴氏为有范围。转注云者，当兼声讲，不仅以形义言。所谓"同意相受"者，义相近也。所谓"建类一首"者，同一语原之谓也。同一语原，出生二字，考与老，二字同训，声复叠韵。古来语言不齐，因地转变，此方称老，彼处曰考；此方造老，彼处造考，故有考老二文。造字之初，本各地同时并举，太史采集异文，各地兼收，欲通四方之语，故立转注一项。是可知转注之义，实与方言有关。《说文》同部之字，固有转注；异部之字，亦有转注，不得以同部为限也。

《说文》于义同、音同、部首同者，必联绵属缀，此许君之微意也。余著《国故论衡》，曾举四十馀字作证。今略言之，艸部：蕙、莒也，莒、蕙也；蒋、苽也，苽、蒋也。交互为训，绵联相属，即示转注之意。所以分二字者，许君之书，非由己创，亦参考古书而成。

蕾、蕾、蓨、苗，《尔雅》已分，故《说文》依之也。又如祖、裼、裸、裎：祖，许书作"但"；裼，古音如鬃。但、裼古双声，皆在透母。裸，但也；裎，但也。裎今舌上音，古人作舌头音，读如听，亦在透母。裸在今来母，于古亦双声。此皆各地读音不同，故生异文。由今论之，古人之文，较今为简。亦有繁于今者。《孟子》："虽祖裼裸裎于我侧，尔焉能浼我哉？"实则但言"祖于我侧"可矣。又古人自称曰我、曰吾、曰卬、曰言。我、吾、卬、言，初造字时，实不相关，语言转变，遂皆成"我"义。低卬之"卬"，言语之"言"，岂为自称而造？因各地读音转变而假用耳。又，古人对人称尔，称女，称戎，称若，称而。《说文》爾作尒，即造尒为对人之称，其馀皆因读音转变而孳生之字。女即借用男女之女，戎即借用戎狄之戎，若即借用择菜之若，而即借用须髯之而。古无弹舌音，女、戎、若、而，皆入泥母。以今音准之，你音未变，戎读为奴、为侬，而读为奈，皆入泥母。今苏沪江浙一带，或称奈，或称你，或称奴，或称侬，则古今音无甚异也。又汪、潢、湖、汙四字，音转义同。小池为汙，《左传》："周氏之汙。"汙训池，亦称为潢，今匣母，转而为汙潢。《汉书》："盗弄陛下之兵于潢池中耳。"《左传》亦称潢汙行潦。汪今影母，音变为湖。汙湖阴声，无鼻音；汪潢阳声，有鼻音。阴阳对转，乃言语转变之枢纽。言与我，吾与卬，亦阴阳对转也。语言不同，一字变成多字。古来列国分立，字由各地自造，音亦彼此互异，前已言之。今南方一县之隔，音声即异，况古代分裂时哉！然音虽不同，而有通转之理。《周礼·大行人》："属瞽史谕书名，听声音。"瞽不能书，审音则准。史者史官，职主记载。"谕书名"者，汙潢彼此不同，谕以通彼此之意也。"听声音"者，听其异而知其同也。汪、汙、潢、湖，声虽不同，而有转变之理，说明其理，在先解声音耳。如此，则四方之语可晓；否则，逾一地、越一国，非徒音不相同，字亦不能识矣。六书之有转注，义即在此。不然，袓裼裸裎、汪汪潢湖，彼此焉能通晓？下三字与上一字，音既相同，义亦不异。此所谓"建类一首、同意相受"也。古者方国不同，意犹相通。

造字之初，非一人一地所专，各地各造，仓颉采而为之总裁。后之史籀、李斯，亦汇集各处之字，成其《史籀篇》、《仓颉篇》。秦以后字书亦然，非仓颉、史籀、李斯之外，别无造字之人也。庶事日繁，文字遂多。《说文》之后，《玉篇》收两万字，《类篇》收五万字，皆各人各造而编书者汇集之。后人如此，古人亦然。许书九千字，岂叔重一人所造？亦采前人已造者耳。荀子云："好书者众矣，而仓颉独传者，一也。"斯明证矣。是故，转注在文字中乃重要之关键。使全国语言彼此相喻，不统一而自统一，转注之功也。今人称欧洲语同出罗马，而各国音亦小异。此亦有转注之理在。有转注尚有不相喻处，故孔子曰："吾犹及史之阙文也……今亡矣夫！"盖当时列国赴告，均用己国通用之字，彼此未能全喻，史官或有不识之字，则阙以存疑。周全盛时，虽诸侯分立，中央政府犹有史官可以通喻；及衰，列国依然自造文字，而史官不能喻。其初不喻者阙之，其后则指不识以为识。"今无矣夫"者，伤之也。华夏一统，中国语言，彼此犹有不同，幸有字书可以检查。是故，不但许君有功，即野王、温公辈，亦未始无功。又字有义有音，义为训诂，音为反切。韵书最古者推《广韵》，则陆法言辈亦何尝无功哉！古有谕书名、听音声之事，其书不传，后人采取其意而为音韵之书。为统一文字计，转注决不可少，音韵亦不得不讲也。

假借之与转注，正如算术中之正负数。有转注，文字乃多；有假借，文字乃少。一义可造多字，字即多，转注之谓也；本无其字，依声托事，如令、长是，假借之类也。令之本义为号令，发号令者谓之令，古之令尹、后之县令，皆称为令，此由本义而引申者。长本长短之长，引申而为长幼之长。成人较小孩为长，故可引申，再引申而为官长之长，以长者在幼者之上，亦犹官长在人民之上也。所谓假借，引申之谓耳。或者不察，妄谓同声通用为假借。夫同声通用，别字之异名耳。例如前后之前，许书作𠝣，今乃作翦。翦，剪刀之剪也。汉以后，凡𠝣均作前。三体石经犹不作前。夫妄写别字，汉以后往往有之，则汉以前亦安见其必无？周公、孔子，偶或误书，后人尊而为之讳言，于是美其名曰假借。实则别字自别字，假借自假借，乌可混为一谈？六书中之假借，乃引申之义。如同声通用曰假借，则造拼音字足矣。夫中国语之特质为单音，外国语之特质为复音。如中土造拼音字，则此名与彼名同为一音，不易分辨，故拼音之字不适于华夏。仓颉为黄帝史官，黄帝恐亦如刘裕一流，难免不写别字耳。是故同声通用，非《说文》所谓假借。《说文》所谓假借，乃引申之义，非别字之谓也。否则，许君何不谓"本有其字，写成别字，假借是也"乎？"本无其字"者，有号令之令，无县令之令；有长短之长，无令长之长：故曰无也。造一令字，包命令、县令二义。造一长字，包长短、长幼、官长三义，此之谓假借。

外此，假借复有一例。唐、虞、夏、商、周五字，除夏与本义犹相近外，唐为大义，非地名；虞为驺虞义，非地名；商为商量义、周为周密义，均非地名。此亦本无其字，依声托事也。如别造一字，唐旁加邑为鄌，虞、商、周亦各加邑其旁，亦何不可？今则不然,但作唐、虞、商、周,非依声托事而何？此与令长意别,无引申之义,仅借作符号而已。

外此,复有一例。如重言之联语,双声之联语,叠韵之联语。凡与本义不相关者,皆是也。《尔雅》:"懋懋、慔慔,勉也。""佌佌、琐琐,小也。""悠悠、洋洋,思也。""烝烝、遂遂,作也。"此重言之联语,有此义无此字,亦本无其字,依声托事之假借也。参差(双声之联语,参与不齐无关);辗转(双声而兼叠韵。辗,《说文》作輾。輾与知恋反之转不相关);侜张(双声,侜或作侜,与幻义不相关),皆以双声为形容也。消摇(消者消耗、摇者摇动,皆无自在义);须臾(须,颊毛也。臾,曳也。皆无顷刻义),皆以叠韵为形容也。有看似有义,实则无义者。如抢攘,《说文》无抢,作枪;攘作儴:二字合而形容乱义。要之,联词或一有义,或均无义,皆本无其字,依声托事也,皆假借也。是故不但令长可为假借之例,唐、虞、商、周,懋懋、慔慔,参差,抢攘,均可作假借之例。由此可知假借之例有三:一引申,二符号,三重言双声叠韵之形容,皆本无其字,依声托事也。乌得以同声通用当之哉(同声通用,治小学者亦不得不讲。惟同声通用乃小学之用,非六书造字之旨耳)!

引申、符号、形容,有此三者,文字可不必尽造,此文字之所以简而其用普也。要之,《说文》只九千字,《仓颉篇》殆不过三千字,周秦间文化已启,何以三千字已足?盖虽字仅三千,其用则不仅三千。一字包多义,斯不啻增加三四倍矣。

以故,转注、假借,就字关联而言;指事、象形、会意、形声,就字个体而言。虽一讲个体,一讲关联,要皆与造字有关。如戴氏所言,则与造字无关,乌得厕六书之列哉?余作此说,则六书事事不可少;而于造字原则,件件皆当,似较前人为胜。

造字之始于仓颉，一见于《世本》，再见于《荀子》，三见于《韩非子》，而《说文序》推至伏羲画卦者，盖初文之作，不无与卦画有关，如䷜即坎卦是已。若汉人书坤作《《，《经典释文》亦然；宋人妄说坤为六断，实则坤与川古音相近，《《川相衍，义或近是。《尔雅·释水》："水中可居者曰洲。"大地抟抟，水绕其旁，胥谓之州。故邹衍有大九州之说。释典有海中可居者四大洲之言。㴸者《《之重也。气字作气，与☰卦近似。天本积气，义亦相合。此三卦与初文皆有关系。言造字而推至画卦，义盖在是。

《序》又言："见鸟兽蹄远之迹，知分理之可相别异，初造书契。"此义汉儒未有所阐。案《抱朴子》：八卦象鹰隼之翮。其言当有所受。《易·系》言："古者庖犧氏之王天下也，仰则观象于天，俯则观法于地，观鸟兽之文与地之宜。"所谓鸟兽之文者，鹰隼之翮当居其一。鹰翮左右各三。象其全则为☰，去其身则为☳，此推至八卦之又一说也。

造字之后，经五帝三王之世，改易殊体，则文以寖多，字乃渐备。初文局于象形、指事，不给于用。《尧典》一篇，即非初文所可写定。自仓颉至史籀作大篆时，历年二千。其间字体，必甚复杂。史籀所以作大籀者，欲收整齐画一之功也。故为之厘订结体，增益点画，以期不致淆乱。今观籀文，笔画繁重，结体方正：本作山旁者，重之而作屾旁；本作《旁者，重之而作㴱旁。较钟鼎所作踦斜不整者，为有别矣。此史籀之苦心也。惜书成未尽颁行，即遇犬戎之祸。王畿之外，未收推行之效。故汉代发见之孔子壁中经，仍为古文。魏初邯郸淳亦以相传之古文书三体石经（北宋苏望得三体石经，刻之于洛阳，见洪氏《隶续》，民十一洛阳出土石经存二千馀字）。至周代所遗之钟鼎，无论属于西周或属于东周,亦大抵古文多而籀文少。此因周宣初元至幽王十一年,相去仅五十馀年。史籀成书,仅行关中,未曾推行关外故也。秦兼天下,李斯奏同文字,罢其不与秦文合者,作《仓颉》等三篇。取史籀大篆,或颇省改,后世谓之小篆。今观《说文》所录重文,古文有三百馀字,而籀文不及二百。此因小篆本合籀文。籀文繁重,李斯略为改省。大篆小篆,犹世言大写小写矣。

秦时发卒兴戍,官狱繁多,程邈作隶,以趣约易。施用日广,于是古文几绝。秦隶今不可见,顾蔼吉《隶辨》言秦隶之遗于今者,若秦量、秦权、秦诏版等。文虽无多,尚可见其大意。大概比篆书略加省改,而笔意仍为篆书。即西汉之吉金石刻,虽为隶体,亦多用篆笔书写,与后世之挑剔作势者不同。东汉时,相传有王次仲者,造作八分,于是隶法渐变,即今日所称之汉隶也。今所见之汉碑,多起于东汉中叶以后。东汉初年之《三公山碑》,尚带篆意;《石门颂》亦然;裴岑《纪功碑》虽隶而仍兼篆笔,盖为秦隶之遗。桓、灵时之碑刻,多作八分,蔡邕之熹平石经亦八分也。八分与隶书之别,在一有挑剔,一无挑剔,譬之颜、欧作楷,笔势稍异耳。《说文序》又言:"汉兴有草书。"卫恒言:"草书不知作者姓名。"今案:草书之传世者,以史游《急就篇》为最先,而赵壹亦谓起秦之末。但《论语》有"裨谌草创"之语;《屈原传》亦有"屈平属草稿未定"语。此所谓草,是否属稿之际,作字草率牵连,或未定之稿曰草稿,均不可知。东周乙亥鼎文,阮元以为草篆,后人颇以为非。余谓凡笔画本不相连,而忽牵连以书者,即可认为草书之起源。如二十并作廿,四十并作卅是矣。又古文 𦮼 或作 𦭖,𦮼 从 屮 从 乀,可以六书解说。𦭖 为 𦳊 之上半,应作 𦭖,而今作 𦭖,不能以六书解,或古人之所谓草乎?要之,此所谓草，与汉后从隶变者不同，必从大篆来也。

《说文序》言秦烧灭经书，古文由此绝。绝者不通行之谓，非真绝也。秦石刻之乁字，即古文及字，又秦碑犾字，亦系古文（小篆作㹜）。而廿字秦碑中亦有之。盖秦时通行篆隶，古文易乱，不过施诸碑版，一如今世通行行楷，而篆盖墓碑，多镂刻篆文耳。

秦汉之际，识古文者犹多。鲁恭王坏孔子宅，得《尚书》、《礼记》、《春秋》、《论语》、《孝经》数十篇。《史记·儒林传》："孔氏有古文《尚书》，而安国以今文读之，因以起其家。"汉初传《尚书》者有伏生二十九篇，而孔壁所得多十六篇。夫汉景末年，去焚书时已七十年，若非时人多识古文也，何能籀读知其多十六篇哉？可见汉初犹多识古文也。《礼经》五十六篇，亦壁中经。中有十七篇与高堂生所传相应，馀三十九篇，两汉尚未亡佚。观郑康成注，常引逸《礼》，康成当有所受。知汉时识古文者多矣。又，《论语》亦壁中经，本系古文，而《鲁论》、《齐论》，均自古文出，虽文字略异，而大旨相同。试问当时何以能识？无非景、武之间，仍有识古文者，孔安国得问之耳。又，北平侯张苍献《春秋左氏传》。张之献书，当在高后、文帝时。张以之传贾谊，贾作训诂，以授赵人贯公。贾由大中大夫出为太傅，在都不过一年期。时张为达官，传授之际，盖略诏大意而已，岂真以一十九万字，手指口授，字字课贾生哉！则贾之素识古文可知。又《封禅书》言：武帝有古铜器，李少君识之，谓齐桓公十年陈于柏寝。案之果然。《太史公自序》："年十岁则诵古文。"凡此种种，均可见古文传授，秦以后未尝断绝。至汉景、武间，识古文者犹多也。且也，《老》、《庄》、《荀子》，无今古文之别，其书简帛者，为古文无疑（作《吕览》时，尚无小篆）。秦焚书时，当亦藏之屋壁。迨发壁后，人多能读。不识古文，焉能为此？河间献王得古文先秦旧书《孟子》、《老子》之属。《孟子》亦为古文书之，馀可知矣。今人多以汉高、项王为不识字。其实不读书则有之，不识字则未然。项籍少时，学书不成，项梁教之兵法；沛公壮试为吏，皆非目不识丁者所能为。张良受《太公兵法》于黄石公；萧何引《逸周书》以对高祖；楚元王与申公受诗于浮丘伯；张耳、陈馀雅好儒术；贾山之祖贾祛，故魏王时博士弟子，山受学于祛，涉猎书记。凡此皆能识古文之人。汉文时，得魏文侯乐人窦公，年百八十，其书即《周礼·太司乐》章。窦公目盲，其书盖未盲时所受，定系古文。然一献而人能识之，可证当时识者尚多。至东汉许君之时，识古文者渐少。盖汉以经术取士，经典一立学官，人人沿习时制，其书皆变古而为隶矣。若伏生之二十九篇，当初本为古文，其后辗转迻写，遂成隶书。高堂生传《礼》，最初为篆为隶，盖不可知。《诗》则成诵于口，与焚书无关，故他书字形或有舛谬，而齐、鲁、毛、韩四家，并无因字体相近而致误者。《易》以卜筮独存，民间所传，自田何以至施、孟、梁丘，皆渐由古文而转变为隶。《左传》本系古文，当时学者鲜见。《公羊》初凭口受，至胡毋生始著竹帛，为隶书无疑。大抵当时利禄之途已开，士人识隶已足，无须进研古、籀。许君去汉武时已三百馀年，历年既久，识古文者自渐寥落。而一二古文大师，得壁中经后，师弟相传，辗转录副以藏。以不立学官，故在民间自相传授，寖成专家。此三体石经之古文所由来也。夫认识文字，端在师弟相传。《说文》所录古文，不过三百馀字。今三体石经尚有异体，缘壁经古文，结体凌乱，有不能以六书解者，许君不愿穿凿，因即屏去不录。如《穆天子传》八骏之名，今亦不能尽识也。

汉时通行载籍,沿用隶书,取其便于诵习,而授受弟子,则参用古文。《后汉书·贾逵传》:章帝令逵自选诸生高才者二十人,教以《左氏》,人与简纸经传各一通。盖简载古文,而纸则隶写。至郑康成犹然。康成《戒子书》云:"所好群书,率多腐敝,不得于礼堂写定,传与其人。"所谓"腐敝"者,古文本也。

马、郑《尚书》,字遵汉隶;而三体石经之古文,则邯郸淳自有所受。若今世所行之伪古文《尚书》,《正义》言为郑冲所作。由魏至晋,正三体石经成立之时,郑冲即依石经增改数篇,以传弟子。东晋元帝时,梅赜献之于朝。人见马、郑本皆隶书而此多古字,遽信以为真古文孔《传》,遂开数千年聚讼之端。今日本所谓足利本隶古定《尚书》,宋薛季宣《书古文训》,字形瑰怪,大体与石经相应。敦煌石室所出《经典释文》残卷,亦与之相应。郭忠恕《汗简》,征引古文七十一家,中有古《尚书》,亦与足利本及《书古文训》相应。盖此二书乃东晋时之《尚书》,虽非孔壁之旧,而多存古字,亦足宝矣。

唐人不识古文,所作篆书,劣等字匠。唐高宗时之《碧落碑》,有真古文,亦有自造之字。北宋以还,钟鼎渐渐发现。宋人释钟鼎文者,大都如望气而知。清人则附会六书,强为解释。夫以钟鼎为古物,以资欣赏,无所不可;若欲以钟鼎刻镂,校订字书,则适得其反耳。至如今人哗传之龟甲文字,器无征信,语多矫诬,皇古占卜,蓍龟而外,不见其他。《淮南子》云:"牛蹄彘颅,亦骨也,而世弗灼;必问吉凶于龟者,以其历岁久矣。"可见古人稽疑,灵龟而外,不事骨卜。今乃兽骨龟厌,纷然杂陈,稽之典籍,何足信赖?要知骨卜一事,古惟夷貊用之,中土无有也。《庄子》言宋元君得大龟,七十二钻而无遗策。唐李华有《废卜论》,

可见龟卜之法，唐代犹存。开元时孟诜作《食疗本草》，宋苏颂《图经》及《日华本草》，皆言已卜之龟，必有钻孔，名之曰"漏天机"。虽绝小之龟，亦可以钻十孔。钻孔多则谓之败龟板也。夫灼龟之典，载于《周礼》。凿孔以灼，因以观兆。无孔则空气不通，不能施燋，无以观兆。今所得者，累然成贯，而为孔甚少，不可灼卜。或者方士之流，伪作欺人，一如《河图》、《洛书》之傅合《周易》乎？其文字约略与金文相似。盖造之者亦抚摹钟鼎而异其钩画耳。夫钟鼎文字，尚有半数可认，亦如二王之草书笺帖，十有六七可识。馀则难以尽知，不妨阙疑存信。若彼龟甲文者，果可信耶？否耶？

贵州有《红崖碑》，摩崖巨刻，足壮观瞻。惟文字为苗为华，讫不可知。邹汉勋强为训释，真可谓器真而解之者妄。又如古人刀布，不可识者甚多。周景王大钱，上勒𤔲、乀二文，解之者或谓宝货，或以为燕货。钱文类此者多，学者只可存而不论。大抵钟鼎文之可识者，十可七八，刀布则十得五六，至于龟甲，则矫诬之器、荒忽之文而已。

古昔器物，近代出土愈多，而作伪者则异其心理。大抵轻而易举者，为数必众。钟鼎重器，铸造非易，故伪者尚少；刀布之类，聚铜熔淬，亦非钜资不办。至于龟甲，则刚玉刻画，顷刻可成。出土日众，亦奚怪哉！

是故，居今而研文字，当以召陵正书为归；外此则求古文于三体石经，亦属信而有征。至于籀文，则有石鼓文在。如是而一轨于正，庶不至误入歧途矣。

语言不凭虚而起，文字附语言而作。象形象声，神旨攸寄；

表德表业，因喻兼综。是则研讨文字，莫先审音。字音有韵有纽：发声曰纽，收声曰韵。兹先述韵学大概。韵分古音、今音，可区别为五期，悉以经籍韵文为准。自《尧典》、《皋陶谟》，以至周秦汉初为一期；汉武以后至三国为一期；两晋南北朝又为一期；隋唐至宋亦为一期；元后至清更成一期。泛论古音，大概六朝以前多为古音。今兹所谓古音，则指两汉以前。泛论今音，可举元明清三代，今则以隋为今音。此何以故？因今之韵书俱以《广韵》为准，而言古音则当以《诗经》用韵为准故。

《广韵》之先为《切韵》。隋开皇初，陆法言与刘臻等八人共论音韵，略记纲纪，后定为《切韵》五卷。唐孙愐勒为《唐韵》，至宋陈彭年等又增修为《广韵》。古今音之源流分合，悉具于是。

泛论古音有吴才老之《韵补》，虽界限凌乱，而能由《广韵》以推《诗经》用韵分部，实由此起，至今音则每杂有方音。《广韵》二百六韵，即以平声五十七韵加入声三十四韵，亦有九十一韵。以音理论，口齿中能发者不过二十馀韵，何以《广韵》多至此数？此因《广韵》虽以长安音为主，亦兼各处方音，且又以古今沿革分韵故也。

汉人用韵甚简，而六朝渐繁。即汉前人用韵亦比汉朝为繁。如孔子赞《易》，老子著《道德经》，皆协韵成文。至汉人之诗，用韵尚谨严，赋已不甚谨严；若焦氏《易林》，用韵亦复随意；他若《太史公自序》之叙目，及《汉书》之述赞，用韵更不严矣。宋郑庠分古音为六部，后人言郑之分部止合于汉人用韵，且亦仅合于《易林》、述赞之类，不合于赋，更不合于诗。

顾亭林之《唐韵正》、《古音表》析为十部，律以汉诗用韵，未尽密合。江慎修改为十三部，虽较为繁密，仍嫌不足。戴东原

《声类表》分平声十六韵，入声九韵。平声阴阳各半，而闭口韵有阳无阴，入声仅系假设，所以实得十有六韵。古音至戴氏渐臻完密。段懋堂《音韵表》分十七部，孔巽轩《诗声类》分十八部，王怀祖分二十一部，与郑氏之说相较，相差甚远。然王氏之二十一部，尚有可增可减之处。

自唐以来，以今音读古之辞赋，一有不谐，便谓叶韵。陆德明见《诗》"燕燕于飞"以南与音、心为韵，以为古人韵缓，不烦改字。要知音、心属侵，南属覃，晋人尚不分部，陆氏生于陈时，已不甚明古音。自叶韵之说出，而古人正音渐晦。借"叶"之一字，以该千百字之变，天下岂有此易简之理哉！清高宗作诗，至无韵可押，强以其字作他音协之。自古至今，他人断无敢如此妄作者。明陈第言，凡今所称协韵，皆即古之本音，非随意改读，辗转迁就，如母必读米，马必读姥，京必读疆，福必读偪之类。历考诸篇，悉截然不紊。且不独《诗经》为然，周秦人之韵文，无不皆然。且童谣及梦中歌谣，断不至有意为叶韵之事。若《左》昭二十五年传载《鸜鹆歌》，野读墅，马读姥；哀十七年传，卫侯梦浑良夫被发之呼，瓜音为姑是也。自此说出，而韵学大明。清人皆信古本音之说，惟张成孙不信之，谓古人与我相隔二千年，不能起而与之对语，吾人何由知其本音正读如此乎？然以反切定韵，最为有据。如等字一多肯切，一多改切；莽字一模朗切，一莫补切。等本与待相通借，多改切之等即出于待；莫补切之莽，古书中不乏其例。《离骚》莽与序、暮为韵，又莽何罗即马何罗（汉武帝时，马何罗与弟马通谋反伏诛。通之后为马援，援女为明德皇后，恶其先人叛逆，耻与同宗，改称之曰莽）。马，汉音读姥，莽、马同声，此古本音之极有凭证者也。

《集韵》所收古音，比《广韵》为多。《经典释文》所无之字音，《集韵》时有之。如天，一音他前切，一音铁因切。马，一音莫下切，一音满补切。下，一音胡雅切，一音后五切。在唐以前之韵书都无此音。意者丁度等撰《集韵》时，已于《诗经》、《楚辞》中悟得此理，故本音之说，虽发自陈第，而《广韵》、《集韵》已作骅骝之开道。是故求古韵，须知其音读原本如此，非随意改读，牵强迁就。《易》、《诗》、《老子》、《楚辞》如此，后汉六朝之韵文亦如此。

唐杜、韩之诗，有意摹古，未必悉合《唐韵》。杜诗于入声韵每随意用之。韩则有意用古。其用韵或别有所本，亦未可知。古代韵书今仅存一《广韵》矣。魏晋六朝之韵书，如李登《声类》、吕静《韵集》，悉不可见。意者唐人摹古拟古诸作，乃就古人所用之韵而仿为之，必非《唐韵》亦如此也。自天宝以后，声音略有变动。白乐天用当时方音入诗，如《琵琶行》以住、部、妒、汙、数、度、故、妇为韵，上去不分，非古非今。此音晚唐长安之音，妇、亩、富等字，皆转入语、虞、姥、御、遇、暮诸韵，观慧琳《一切经音义》可知。

唐韵分合，晚唐人已不甚知，宋人更不知之。宋人作诗，入声随意混用，词则常以方音协之。北宋人词，侵、覃与真、寒不混，而南宋人词则混用不分矣。须知侵、覃闭口音，以半摩字收之；真、寒不闭口，以半那字收之。今交、广人尚能分别。此其故，当系金元入据中原之后，胡人发音不准，华人渐与同化，而交、广僻在岭南，尚能保存古音。今江河之域，三山二音不分，两广人闻之，必嗤为讹音，而在唐时或已有此等读法。是故唐人有嘲人语不正诗，以其因、阴混用，不分闭口不闭口也。

日人读我国之音,有吴音、汉音之别。吴音指金陵音,汉音指长安音。听其所读汉音,实与山西西部、陕西东部略近。吾人今读江与阳通,江西人读江为龚,发声时口腔穹窿,与东音相近。阳韵日本汉音读阳若遥,章读如宵,张读如敲,正与山、陕人方音相似。此盖唐人音读本如此也。

欲明音韵,今音当以《广韵》为主;古韵以《诗经》为主,其次则《易》赞、《楚辞》以及周秦人之韵文。顾亭林初欲明古音以读《诗经》,其结果反以《诗经》明古音。诗即歌曲,被之管弦,用韵自不能不正,故最为可据。陈第《毛诗考》未分部,顾氏分十部,仍以《广韵》之目为韵标。因《广韵》虽系一时之音,尚有酌古准今之功。有今韵合而古韵分者,《广韵》亦分之;有今韵分而古韵合者,《广韵》亦分之。如支脂之为一类,唐后不分,而六朝人分之。东冬锺江为一类,江韵古音与东冬锺相同,所以归为一类。然冬韵古音,昔人皆认为与东相近。孔巽轩则以为冬古音与东锺大殊,而与侵最近;严铁桥更谓冬即侵也,不应分为二类。要之,冬侵相近,其说是也。至于取《广韵》部目以标古韵,本无不合。亦有人不喜用《广韵》部目者,如张成孙《说文谐声谱》,以《诗》中先出之字建首是也。要知用一字标韵,原不过取其声势大概如此,今不用《广韵》标目而用他字,其所以为愈者何在?阮芸台元不知韵学,以为张氏之书,一扫千古之障,其实韵目只取其收声耳。戴东原深知此理,故《声类表》取喉音字标目,如东以翁、阳以央,则颇合音理矣。是故废《广韵》之谱而自立韵标,只有戴法可取。

戴氏不但明韵学,且明于音理。欲明韵学,当以《诗经》之用韵仔细比勘,视其今古分合之理。欲明音理,当知分韵虽如此之多,而彼此有衔接关系。古人用韵,并非各部绝不相通,于相通处可悟其衔接。吾人若细以口齿辨之,识其衔接之故,则可悟阴阳对转之理、弇侈旁通之法矣。对转之理,戴氏发明之,孔氏完成之。前之顾氏,后之段氏,皆长于韵学,短于音理。江氏颇知音理,戴氏最深,孔氏继之。段氏于《诗经》、楚《骚》、周秦汉魏韵文中,发现支脂之三韵,古人分别甚严,而仍不识其所以分别之理,晚年询之江有诰,有得闻其故死而无憾之言。江虽于音理较深,亦未能阐明其故。盖音理之微,本非仓卒所能豁然贯通也。如不知音理而妄谈韵学,则必如苗仙麓之读《关雎》,鸠、洲、仇入《广韵》萧、豪韵矣。顾亭林音理不深,但不肯矫揉造作,是以不如苗病之多。如歌麻二字,古人读麻长音,读歌短音,当时争论甚多,顾不能决,此即不明音理故也。居今日而欲明音韵之学,已入门者,宜求音理;未入门者,先讲韵学。韵学之道,一从《诗经》入手,一从《广韵》入手。多识古韵,自能明其分合之故。至求音理,则非下痛切工夫不可。

今人字母之称,实不通之论也。西域文字以数十字辗转相拼,连读二音为一音,拼书二字为一字,故有字母之制。我国只有《说文》部首,可以称为字母。《唐韵》言纽以双声叠韵,此以二音譬况一音,与梵书之以十四字母贯一切音者大异。唐末五代时,神珙、守温辈依附《华严》、《涅槃》作三十六字母。至宋沈括、郑樵诸人,始盛道之。然在唐宋以前,反语久已盛行。南北朝人好为体语,即以双声字相调侃。《洛阳伽蓝记》载李元谦过郭文远宅,见其门阀华美,乃曰:"是谁第宅?"郭婢春风出曰:"郭冠军家。"元谦曰:"彼婢双声。"春风曰:"狞奴慢骂。"元谦服婢之能。盖双声之理从古已具也。

今之三十六字母排次亦不整齐,如喉音、牙音均可归喉,半齿、弹舌应归舌头,故当改为:

喉音	(深)	影	晓	匣	喻
	(浅)	见	溪	群	疑
舌音	(舌头)	端透	定	泥来	日
	(舌上)	知	彻	澄	娘
齿音	(正齿)	照	穿床	审	禅
	(齿头)	精	清从	心	邪
唇音	(重)	帮	滂	並	明
	(轻)	非	敷	奉	微

疑应读如皑而齐齿呼之,泥应读你平声,从音广东呼之最清。非、敷二组,今人不易分别。江慎修言,非发声宜微开唇缝轻呼之,敷送气重呼之,使敷音为奉之清,则二母辨矣。如芳字为敷纽,敷方切。方字为非纽,府良切。微音惟江浙人呼之最为分明,粤人读入明纽,北音读入喻纽。知、彻、澄,南音往往混入照、穿、床,闽人读知如低,则舌上归于舌头矣。钱竹汀言古音无舌头舌上之分,知、彻、澄三组,古音与端、透、定无异,则闽语尚得古音之遗。又轻唇之字,古读重唇。非、敷、奉古读入帮、滂、明,直至唐人犹然。钱氏发明此理,引证甚多。《广韵》每卷后附类隔更音和切。类隔者,谓切语上字与所切之字非同母同位同等也;音和则皆同。钱氏谓类隔之说不可信,今音舌上,古音皆舌头;今音轻唇,古音皆重唇也。且不独知、彻、澄古读入端、透、定,即娘、日二组,古并归泥。泥今音读你之平声,尼读入娘母,而古读则尼与泥无异。仲尼之母祷于尼丘,生而首上圩顶,因名

曰丘,字曰仲尼。《尔雅·释丘》:"水潦所止:泥丘。"《说文》:"屔,反顶受水丘也。从泥省,泥亦声。"汉碑仲尼有作仲泥者,《颜氏家训》言"仲尼居"三字,《三苍》尼旁益丘。可见古音尼、泥同读。娘,金陵人读之似良,混入来纽。而来、日古亦读入泥纽。如:戎,今读日纽,古音如农。若,古读女六切。如,古读奴。尔,古读你。《诗·民劳》:"戎虽小子。"《笺》云:"戎犹汝也。"今江浙滨海之人,尚谓汝为戎。古人称人之词曰乃、尔、戎、若,皆一声之转。仍,今在日纽,古人读仍与乃通。《尔雅》"仍孙",《汉书·惠帝纪》"内外公孙、耳孙",师古曰:"仍、耳声相近,盖一号也。"仍从乃得声。则仍、耳古皆在泥纽矣。由是言之,知、彻、澄古归入端、透、定。非、敷、奉、微,古读如帮、滂、並、明。娘、日并归泥。是三十六纽减去其九,仅存二十有七耳。陈兰甫据《广韵》切语上字,以为喻、照、穿、床、审五纽,俱应分而为二。因加于、庄、初、神、山五纽,而明、微则不别,合成四十纽。但齿音加四而唇吻不能尽宣。喻分为于,同为撮口,纽音亦无大殊。陈说似未当也。然如江慎修视若神圣,以为不可增减,亦嫌未谛。如收声之纽,多浊音,无清音,泥、娘、来、日皆是。然粘本读泥纽,今读娘纽而入清音,则多一纽矣。来纽浊音,今有拎字,则为来纽清音,则又多一纽。声音之道,本由简而繁,古人只能发浊音,而今人能发清音,则声纽自有可增者在。

清浊之分,本不甚难。坚清乾浊,见清健浊,洁清竭浊,检清俭浊。今人习言之阴阳平,即平声之清浊也。上去入亦皆可分清浊,惟黄河流域只能分平声清浊,上去入多发浊音,故有阴阳上去入之说,大约起于金元之间。南方上去入亦能各分清浊。上声较难,惟浙西人能分别较然。故言音韵者,常有五声、七声之辨。兹重定声组清浊发送收列表于下：

影	晓	匣	喻	见	溪	群	疑	端
清	清	浊	浊	清	清	浊	浊	清
发声	送气	送气	收声	发声	送气	送气	收声	发声

透	定	泥	来	知	彻	澄	娘	日
清	浊	浊	浊	清	清	浊	浊	浊
送气	送气	收声	收声之馀	发声	送气	送气	收声	收声之馀

照	穿	床	审	禅	精	清	从	心
清	清	浊	清	浊	清	清	浊	清
发声	送气	送气	发声	送气	发声	送气	送气	发声

邪	帮	滂	並	明	非	敷	奉	微
浊	清	清	浊	浊	清	清	浊	浊
送气	发声	送气	送气	收声	发声	送气	送气	收声

　　音呼分等，有开合之分，《切韵指掌图》首列为图。图为宋人所作，世称司马温公所撰，似未必是。开合之音，各有洪细。开口洪音为开口，细音为齐齿。合口洪音为合口，细音为撮口。可举例以明之，如见纽见为齐齿，干为开口，观为合口，卷为撮口。音呼应以四等为则，今之讲等韵者，每谓开合各有四等，此则虚列等位，唇吻所不能宣，吾人所未敢深信也。

　　古人分韵，初无一定规则。有合撮为一类，开齐为一类者。

有开齐合撮同归一类者。亦有开齐分为两类者。此在《广韵》中可细自求之。古韵歌与羁、姑与居同部，今韵歌、支、模、鱼各为一韵。论古韵昔人意见各有不同。段懋堂以为真与谆、侯与幽均宜异部，戴东原则以为可不分。实则分之固善，合之亦无不可。侯、幽二韵，《诗经》本不同用，真、谆之应分合，一时亦难论定。盖以开齐合撮分韵，古人亦未斠若画一也。

孙愐撰《唐韵》，已在天宝之末。其先唐玄宗自作《韵英》，分四百馀韵，颁行学官。后其书不传。唐人据《韵英》而言者亦甚少。大概严格分别，或须四百馀韵，或竟不止此数。据音理而论，确宜如此。今《广韵》二百六韵，多有不合音理者。然部居分合之故，作者未能详言，吾人亦不能专以分等之说细为推求。其大要则不可不知。

四声之说，起于齐、梁。而双声、叠韵，由来已久。至反切始于何时，载籍皆无确证。古人有读如、读若之例，即直音也。直音之道，有时而穷。盖九州风土，刚柔有殊，轻重清浊，发音不齐。更有字止一音，别无他读，非由面授，莫能矢口。于是反切之法，应运而起。《颜氏家训》以为反语始于孙叔然作《尔雅音义》，说殊未谛。盖《汉书音义》已载服虔、应劭反切。不过释经用反语，或始于叔然耳。反语之行，大约去孙不远。《家训》言汉末人独知反语，魏世大行。高贵乡公不解反语，以为怪异。王肃《周易音》据《经典释文》所录，用反语者十馀条。肃与孙炎说经互相攻驳。假令叔然首创反语，肃肯承用之乎？服、应与郑康成同时，应行辈略后。康成注经只用读若之例，则反语尚未大行。顾亭林谓经传中早有反语，如不律为笔，蔽膝为鞸，终葵为椎，蒺藜为茨。然此可谓反语之萌芽，不可谓其时已有反切之法。否则许氏撰《说文》，何不采用之乎？《说文》成于汉安帝时，服、应在灵帝时，去许已六七十年，此六七十年中，不知何人首创反语，可谓一大发明。今《说文》所录九千馀字，吾人得以尽识，无非赖反切之流传耳。

远西文字表韵常用喉音，我国则不然。因当时创造之人未立一定规律，所以反切第二字随意用之。今欲明反切之道，须知上一字当与所切之字同组，即所谓双声也；下一字当与所切之字同韵，即所谓叠韵也。定清浊在上一字，分等呼在下一字。如：东，德红切，东德双声，东红叠韵，东德均为清音，东红均为合口呼。学者能于三十六字组发声不误，开齐合撮分别较然，则于音韵之道思过半矣。

学者有志治经，不可不明故训，则《尔雅》尚已。《尔雅》一书，《汉志》入《孝经》类，今入小学类。张晏曰："尔，近也；雅，正也。"《论语》："子所雅言。"孔安国亦训雅言为正言。《尔雅》者，厘正故训，纲维群籍之书也，昔人谓为周公所作，魏张揖《上〈广雅〉表》言：周公著《尔雅》一篇，"今俗所传三篇，或言仲尼所增，或言子夏所益，或言叔孙通所补，或言沛郡梁文所考。"朱文公不信《尔雅》，以为后人掇拾诸家传注而成。但《尔雅》之名见于《大戴礼·小辩篇》："鲁哀欲学小辩，孔子曰：小辩破言，小言破义，尔雅以观于古，足以辩言矣。夫弈固十棋之变，由不可既也，而况天下之言乎？"（哀公所欲学之小辩，恐即后来坚白同异之类。哀公与墨子相接，《墨子》经、说，即坚白同异之滥觞。《庄子·骈拇篇》："骈于辩者，累瓦结绳，窜句游心于坚白同异之间，而敝跬誉无用之言。非乎？而杨、墨是已。"是杨朱亦持小辩。

杨、墨去鲁哀不及百年,则春秋之末已有存雄无术之风,殆与晋人之好清谈无异。)张揖又言:"叔孙通撰置礼记,言不违古。"则叔孙通自深于雅训。赵邠卿《孟子题辞》言:"孝文皇帝欲广游学之路,《论语》、《孝经》、《孟子》、《尔雅》皆置博士。"可见《尔雅》一书,在汉初早已传布。朱文公谓为掇拾传注而成,则试问鲁哀公时已有传注否乎?伏生在文帝时始作《尚书大传》,《大传》亦非训诂之书,《诗》齐鲁韩三家,初只鲁《诗》有申公训故。申公与楚元王同受《诗》于浮丘伯,是与叔孙通同时之人。张揖既称叔孙通补益《尔雅》,则掇拾之说何由成立哉!

谓《尔雅》成书之后代有增益,其义尚允。此如医家方书,葛洪撰《肘后方》,陶宏景广之为《百一方》。又如萧何定律,本于《法经》。陈群言李悝作《法经》六篇,萧何定加三篇。假令汉律而在,其科条名例,学者初不能辩其孰为悝作,孰为萧益。又如《九章算术》,周公所制,今所见者为张苍所删补,人亦孰从而分别此为原文,彼为后出乎?读《尔雅》者当作如是观。

《尔雅》中诠诂《诗经》者,容有后人增补。即如"郁陶,喜也",乃释《孟子》;"卷施拔心不死",则见于《离骚》。又如《释地》、《释山》、《释丘》、《释水》诸篇,多杂后人之文。《释地》中九州与《禹贡》所记不同。其"从《释地》以下至九河,皆禹所名也"二语,或为周公故训耳。

以《尔雅》释经,最是《诗》、《书》。毛《传》用《尔雅》者十得七八。《汉志》言:《尚书》古文,读应《尔雅》。则解诂《尚书》亦非用《尔雅》不可。然《毛传》有与《尔雅》立异处,如"履帝武敏",武,迹也。敏,拇也。三家《诗》多从《尔雅》,毛则训敏为疾,意谓敏训拇,则必改为"履帝敏武",于义方顺。又如,"篷篠"

"戚施"，《尔雅》以籧篨为口柔，戚施为面柔，夸毗为体柔；《毛传》则谓籧篨不能俯者，戚施不能仰者。此据《晋语》籧篨不可使俯、戚施不可使仰为训。义本不同，未可强合。而郑《笺》则曰："籧篨口柔，常观人颜色而为之辞，故不能俯也；戚施面柔，下人以色，故不能仰也。"强为傅合，遂致两伤。《经义述闻》云：岂有卫宣一人而兼此二疾者乎？然王氏父子亦未多见病人，固有鸡胸龟背之人，既不能俯、亦不能仰者。谓为身兼二疾，亦无不可。《毛传》又有改《尔雅》而义反弗如者。如《尔雅》："式微式微，微乎微者也。"毛训式为用，用微于义难通。又《尔雅》："岂弟，发也。"《载驱》："齐子岂弟"，毛训乐易，则与前章"齐子发夕"不相应矣。

　　古文《尚书》，读应《尔雅》。自史迁、马、郑以及伪孔，俱依《尔雅》作训。或以为依《尔雅》释《尚书》，当可谦然理解，而至今仍有不可解者，何也？此以《尔雅》一字数训，解者拘泥一训，遂致扞格难通也。如康有五训：安也、虚也、苛也、蛊也，又五达谓之康。《诗·宾之初筵》："酌彼康爵。"郑《笺》云："康，虚也。"《书·无逸》："文王卑服，即康功田功。"伪孔训为安人之功。不知此康字当取五达之训。康功田功即路功田功也。《西伯戡黎》："故天弃我，不与康食。"伪孔训为不有安食于天下。义虽可通，而一人不能安食，亦不至为天所弃。如解为糟糠之糠，则于义较长。故依《尔雅》解《尚书》当可十得七八，要在引用得当耳。然世之依《尔雅》作训者，多取《释诂》、《释言》、《释训》三篇，其馀十六篇不甚置意，遂至五达之康一训，熟视无睹，迂回难通，职是故耳。

　　《经义述闻·春秋名字解诂》：郑公孙侨字子产，既举《尔雅·释乐》之训，大管谓之簥，大箫谓之产；复言侨与产皆长大之意。实则侨借为簥而已。《离骚》："吾令蹇修以为理。"理即行理之理，使也。蹇修，王逸以为伏羲氏之臣，然《汉书·古今人表》中无蹇修之名，此殆王逸臆度之言。按《尔雅·释乐》：徒鼓钟谓之修；徒鼓磬谓之蹇。以蹇修为理者，彼此不能相见，乃以钟鼓致意耳。司马相如以琴心挑之，即此意也。是知《尔雅》所释者广，故书雅训悉具于是，学者欲明训诂，不能不以《尔雅》为宗。《尔雅》所不具者，有《方言》、《广雅》诸书足以补阙。《方言》成于西汉，故训尚多。《广雅》三国时人所作，多后起之训，不足以释经。《诗·商颂》"受小球大球"，"受小共大共"。《毛传》以球为玉，以共为法，深合古训。《经义述闻》以为解球为玉，与共殊义，应依《广雅》作训，拱、球，法也。改字解经，尊信《广雅》太过矣。要知训诂之道，须谨守家法，亦应兼顾事实。按《吕氏春秋》：夏之将亡，太史终古抱其图法奔商。汤之所受小共大共，即夏太史终古所抱之图法也。《书序》"汤伐三朡，俘厥宝玉，谊伯、仲伯作典宝"，即汤所受之大球小球也。古人视玉最重，玉者，所以班瑞于群后。《周礼·大宗伯》："以玉作六瑞，以等邦国。王执镇圭，公执桓圭，侯执信圭，伯执躬圭，子执谷璧，男执蒲璧。"一如后世之玺印，所以别天子、诸侯之等级也。汤受法受玉，而后可以发施政令，为下国缀旒。依《广雅》作训，于义未安。

　　宋人释经，不信《尔雅》。岂知古书训诂不可逞臆妄造。此如迻译西土文字，必依据原文，不差累黍，遇有未莹，则必勤检辞书，求其详审。若凿空悬解，望文生训，鲜不为通人所笑。《尔雅》："绳绳，戒也。"《诗·螽斯》："宜尔子孙绳绳兮。"《毛传》："绳绳，戒慎也。"朱文公以为绳有继续之义，即解为不绝貌。《尔雅》：“缉熙，光也。”《毛传》：“缉熙，光明也。”（“缉熙”《诗经》凡四见）朱以缉纑之缉，因解为继续也。按：《敬之》篇“学有缉熙于光明”者，即言光明更光明。于与乎通，与微乎微之语意相同。又《书·盘庚》：“今汝聒聒。”《说文》：“聒，拒善自用之意也。”马、郑、王肃所解略同，蔡沈乃解为聒聒多言。实则古训并无多言之意。是故，吾人释经，应有一定规则，解诂字义，先求《尔雅》、《方言》有无此训。一如引律断狱，不能于刑律之外强科人罪。故说经而不守雅训，凿空悬解，谓之门外汉。

古人训诂之书，自《尔雅》而下，《方言》、《说文》、《广雅》以及《毛传》，汉儒训诂，可称完备。而今之讲汉学者，时复不满旧注，争欲补苴罅漏，则以一字数训，昔人运用尚有遗憾之故。此如士卒精良，而运筹者或千虑一失，后起之人，苟能调遣得法，即可制胜。又如用药，药性温凉，全载《本草》，用药者不能越《本草》之外，其成功与否，悉视运用如何而已。

训诂之学，善用之如李光弼入郭子仪军，壁垒一新；不善用之，如逢蒙学射，尽羿之道，于是杀羿。总之诠释旧文，不宜离已有之训诂，而臆造新解。至运用之方，全在于我。清儒之能昌明汉学、卓越前代者，不外乎此。

经学略说

经之训常，乃后起之义。《韩非·内外储》首冠经名，其意殆如后之目录，并无常义。今人书册用纸，贯之以线。古代无纸，以青丝绳贯竹简为之。用绳贯穿，故谓之经。经者，今所谓线装书矣。《仪礼·聘礼》："百名以上书于策，不及百名书于方。"《礼记·中庸》云："文武之政，布在方策。"盖字少者书于方，字多者编简而书之。方不贯以绳，而简则贯以绳。以其用绳故曰编，以其用竹故曰篇。方，版牍也。古者师徒讲习，亦用方誊写。《尔雅》："大版谓之业。"故曰肄业、受业矣。《管子》云："修业不息版。"修业云者，修习其版上之所书也。竹简繁重，非别版书写，不易肄习。二尺四寸之简（《后汉书·周磐传》：编二尺四寸简写《尧典》），据刘向校古文《尚书》，每简或二十五字，或二十二字，知一字约占简一寸。二十五自乘为六百二十五。令简策纵横皆二十四寸，仅得六百二十五字。《尚书》每篇字数无几，多者不及千馀。《周礼》六篇，每篇少则二三千，多至五千。《仪礼·乡射》有六千字，《大射仪》有六千八百字。如横布《大射》、《乡射》之简于地，占地须二丈四尺，合之今尺，一丈六尺，倘师徒十馀人对面讲诵，便非一室所能容。由是可知讲授时决不用原书，必也移书于版，然后便捷。故称肄业、受业，而不曰肄策、受策也。帛，绢也，古时少用。《汉书·艺文志》六艺略、诸子略、诗赋略、兵书略，每书皆云篇；数术、方技，则皆称卷。数术、方技，乃秦汉时书,古代所无。六艺、诸子、诗赋、兵书,汉人亦有作。所以不称卷者,以刘向叙录,皆用竹简杀青缮写,数术、方技,或不用竹简也。惟图不称篇而称卷,盖帛书矣(《孙子兵法》皆附图)。由今观之,篇繁重而卷简便,然古代质厚,用简者多。《庄子》云:"惠施多方,其书五车。"五车之书,如为帛书,乃可称多;如非帛书,而为竹简,则亦未可云多。秦皇衡石程书,一日须尽一石。如为帛书,则一石之数太多,非一人一日之力所能尽(古一石当今三十斤,如为帛书,准之于今,当亦有一二百本)。古称奏牍,牍即方版,故一日一石不为多耳。

周代《诗》、《书》、《礼》、《乐》皆官书。《春秋》史官所掌,《易》藏太卜,亦官书。官书用二尺四寸之简书之。郑康成谓六经二尺四寸,《孝经》半之,《论语》又半之是也。《汉书》称律曰"三尺法",又曰"二尺四寸之律"。律亦经类,故亦用二尺四寸之简。惟六经为周之官书,汉律乃汉之官书耳。寻常之书,非经又非律者,《论衡》谓之短书。此所谓短,非理之短,乃策之短也。西汉用竹简者尚多,东汉以后即不用。《后汉书》称董卓移都之乱,缣帛图书,大则连为帷盖,小乃制为縢囊,可知东汉官书已非竹简本矣。帛书可卷可舒,较之竹简,自然轻易,然犹不及今之用纸。纸之起源,人皆谓始于蔡伦。然《汉书·外戚传》已称赫蹏,则西汉时已有纸,但不通用耳。正惟古人之不用纸,作书不易;北地少竹,得之甚难;代以缣帛,价值又贵,故非熟读强记不为功也。竹简书之以漆,刘向校书可证;方版亦然。至于缣帛,则不可漆书,必当用墨。《庄子》云:宋元君将画图,众史舐笔和墨。则此所谓图,当是缣素。又《仪礼》铭旌用帛,《论语》子张书绅,绅以帛为之,皆非用帛不能书。惟经典皆用漆书简,学生讲习,则用版以求方便耳。以上论经之形式及质料。

《庄子·天下篇》:"《诗》以道志,《书》以道事,《礼》以道行,《乐》以道和,《易》以道阴阳,《春秋》以道名分。"列举六经,而不称之曰"经"。然则六经之名,孰定之耶?曰:孔子耳。孔子之前,《诗》《书》《礼》《乐》已备。学校教授,即此四种。孔子教人,亦曰:"兴于《诗》,立于《礼》,成于《乐》。"又曰:"《诗》《书》执礼,皆雅言也。"可见《诗》《书》《礼》《乐》,乃周代通行之课本。至于《春秋》,国史秘密,非可公布;《易》为卜筮之书,事异恒常,非当务之急,故均不以教人。自孔子赞《周易》、修《春秋》,然后《易》与《春秋》同列六经。以是知六经之名,定于孔子也。

五礼著吉、凶、宾、军、嘉之称,今《仪礼》十七篇,只有吉、凶、宾、嘉,而不及军礼。不但十七篇无军礼,即《汉书》所谓五十六篇古经者亦无之。《艺文志》以《司马法》二百馀篇入《礼》类(今残本不多),此军礼之遗,而不在六经之内。孔子曰:"军旅之事,未之学也。"盖孔子不喜言兵,故无取焉。又古律亦官书,汉以来有《汉律》。汉以前据《周礼》所称,五刑有二千五百条,《吕刑》则云三千条。当时必著简册,然孔子不编入六经,至今无只字之遗。盖律者,在官之人所当共知,不必以之教士。若谓古人尚德不尚刑,语涉迂阔,无有是处。且《周礼·地官》之属,州长、党正,有读法之举,是百姓均须知律。孔子不以入六经者,当以刑律代有改变,不可为典要故尔。

六经今存五经,《乐经》汉时已亡。其实,六经须作六类经书解,非六部之经书也。礼,今存《周礼》、《仪礼》。或谓《周礼》与礼不同,名曰《周官》,疑非礼类。然《孝经》称"安上治民莫善于礼",《左传》亦云"礼,经国家、定社稷、序人民、利后嗣"。由《孝经》、《左传》之言观之,则《周官》之设官分职、体国经野,正是礼类。安得谓与礼不同哉?春秋时人引《逸周书》皆称《周书》,《艺文志》称《逸周书》乃孔子所删百篇之馀。因为孔子所删,故不入六经。又《连山》、《归藏》,汉时尚存(桓谭《新论》云:或藏兰台),与《周易》本为同类。以孔子不赞,故亦不入六经。实则《逸周书》与《书》为一类,三《易》同为一类,均宜称之曰经也。

今所传之十三经,其中《礼记》、《左传》、《公羊》、《穀梁》均传记也。《论语》、《孝经》,《艺文志》与《诗》、《书》、《易》、《礼》、《春秋》同入六艺,实亦传记耳。《孟子》应入子部,《尔雅》乃当时释经之书,亦不与经同。严格论之,六经无十三部也。

史部本与六经同类。《艺文志》春秋家列《战国策》、《太史公书》。太史公亦自言继续《春秋》。后人以史部太多,故别为一类。荀勗《中经簿》始立经、史、子、集四部,区经、史为二,后世仍之。然乙部有《皇览》。《皇览》者,当时之类书也,与史部不类。王俭仿《七略》作《七志》(《七略》本仅六种:一、六艺;二、诸子;三、诗赋;四、兵书;五、数术;六、方技),增图谱一门,称六艺略曰经典志,中分六艺、小学、史记、杂传四门,有心复古,颇见卓识。又有《汉志》不收而今亦归入经部者,纬书是也。纬书对经书而称,后人虽不信,犹不得不以入经部。独王俭以数术略改为阴阳志,而收入纬书,以纬书与阴阳家、形法家同列,不入经典,亦王氏之卓识也。自《隋书·经籍志》后,人皆依荀勗四部之目,以史多于经,为便宜计,不得不尔。明知纬书非经之比,无可奈何,亦录入经部,此皆权宜之计也。

兵书在《汉志》本与诸子分列。《孙子兵法》入兵书,不入诸子。《七志》亦分兵书曰军书,而阮孝绪《七录》(依王俭为七部,不分经、史、子、集）以子书、兵书合曰子兵，未免谬误。盖当代之兵书，应秘而不宣；古代之兵书，可人人省览。《孙子》十三篇，空论行军之理，与当时号令编制之法绝异，不似今参谋部之书，禁人窥览者也。是故当代之兵书，不得与子部并录。

向、歆校书之时，史部书少，故可归入《春秋》。其后史部渐多，非别立一类不可，亦犹《汉志》别立诗赋一类，不归入《诗经》类耳。后人侈言复古，如章实斋《校雠通义》，独斷斷于此，亦徒为高论而已。顾源流不得不明，纬与经本应分类，史与经本不应分，此乃治经之枢纽，不可不知者也。

汉人治经，有古文、今文二派。伏生时纬书未出，尚无怪诞之言。至东汉时，则今文家多附会纬书者矣。古文家言历史而不信纬书，史部入经，乃古文家之主张；纬书入经，则今文家之主张也。

古文家间引纬书，则非纯古文学，郑康成一流是也。王肃以贾、马之学，反对康成。贾虽不信纬书，然亦有附会处（《后汉书》可证），马则绝不附会矣（马书今存者少）。

至三国时人治经，则与汉人途径相反。东汉今文说盛行之时，说经多采纬书，谓孔子为玄圣之子，称其述作曰为汉制法。今观孔林中所存汉碑，《史晨》、《乙瑛》、《韩敕》，皆录当时奏议文告，并用纬书之说。及黄初元年，封孔羡为宗圣侯，立碑庙堂，陈思王撰文，录文帝诏书，其中无一语引纬书者。非惟不引纬书，即今文家，亦所不采。以此知东汉与魏，治经之法，截然不同。今人皆谓汉代经学最盛，三国已衰，然魏文廓清谶纬之功，岂可少哉！文帝虽好为文，似词章家一流，所作《典论》，《隋志》归入儒家。纬书非儒家言，乃阴阳家言，故文帝诏书未引一语。

岂可仅以词章家目之。

自汉武立五经博士，至东汉有十四博士（五经本仅五博士，后分派众多，故有十四博士）。《易》则施、孟、梁丘、京，《书》则欧阳、大小夏侯，《诗》则齐、鲁、韩，《礼》则大、小戴，《春秋》则严、颜（皆《公羊》家），皆今文家也。孔安国之古文《尚书》，后世不传。汉末，马、郑之书，不立学官。《毛诗》亦未立学官。古文《礼》传之者少。《春秋》则《左氏》亦未立学官。至三国时，古文《尚书》、《毛诗》、《左氏春秋》，皆立学官，此魏文帝之卓见也。汉熹平石经，隶书一字，是乃今文。魏正始时立三体石经，则用古文。当时古文《礼》不传，《尚书》、《春秋》皆用古文。《易》用费氏，以费《易》为古文也（传费《易》者，汉末最盛，皆未入学官。马、郑、荀爽、刘表、王弼皆费氏《易》）。《周礼》则本为古文。三国之学官，与汉末不同如此。故曰魏文廓清之功不可少也。

清人治经，以汉学为名。其实汉学有古文、今文之别。信今文则非，守古文即是。三国时渐知尊信古文。故魏、晋两代，说经之作，虽精到不及汉儒，论其大体，实后胜于前。故汉学二字，不足为治经之正轨。昔高邮王氏，称其父熟于汉学之门径，而不囿于汉学之藩篱。此但就训诂言耳。其实，论事迹、论义理，均当如是。魏、晋人说经之作，岂可废哉！以上论经典源流及古今文大概。

欲明今古文之分，须先明经典之来源。所谓孔子删《诗》、《书》，定《礼》、《乐》，赞《周易》，修《春秋》者，《汉书·艺文志》云：礼、乐，"周衰俱坏，乐尤微眇"，"又为郑、卫所乱，故无遗法"。又云："及周之衰，诸侯将逾法度，恶其害己，皆灭去其籍，自孔子时而不具。"是孔子时《礼》、《乐》已阙，惟《诗》、《书》被删则俱有明证。《左传》：韩宣子适鲁，"观书于太史氏，见《易象》与鲁《春秋》，曰：'周礼尽在鲁矣。'"可见别国所传《易象》，与鲁不尽同。孔子所赞，盖鲁之《周易》也。《春秋》本鲁国之史，当时各国皆有春秋，而皆以副本藏于王室。故太史公谓孔子西观周室，论史记旧闻而修《春秋》，盖六经之来历如此。

《礼记·礼器》云："经礼三百，曲礼三千。"郑康成注：经礼谓《周礼》，曲礼即《仪礼》。《中庸》云："礼仪三百，威仪三千。"孔颖达疏：礼仪三百即《周礼》，威仪三千即《仪礼》。今《仪礼》十七篇，约五万六千字，均分之，每篇得三千三百字。汉时，高堂生传《士礼》十七篇，合淹中所得，凡五十六篇，较今《仪礼》三倍。若以平均三千三百字一篇计之，则五十六篇当有十七万字，恐孔子时经不过如此。以字数之多，故当时儒者不能尽学，孟子所谓"诸侯之礼，吾未之学也"。至于《周礼》是否经孔子论定，无明文可见。孟子谓"诸侯恶其害己也，而皆去其籍"，是七国时《周礼》已不常见，故孟子论封建与《周礼》不同。

太史公谓古诗三千馀篇，孔子删为三百篇。或谓孔子前本仅三百篇，孔子自言"诗三百"是也。然《周礼》言九德、六诗之歌。九德者，《左传》所谓水、火、金、木、土、谷、正德、利用、厚生。九功之德皆可歌者，谓之九歌。六诗者，一曰风、二曰赋、三曰比、四曰兴、五曰雅、六曰颂。今《诗》但存风、雅、颂，而无赋、比、兴。盖不歌而诵谓之赋，例如后之《离骚》，篇幅冗长，宜于诵而不宜于歌，故孔子不取耳。九德、六诗合十五种，今《诗》仅存三种，已有三百篇之多，则十五种当有一千五百篇。风、雅、颂之逸篇为春秋时人所引者已不少，可见未删之前，太史公三千篇之说为不诬也。孔子所以删九德之歌者，盖水、火、金、木、土、谷，皆咏物之作，与道性情之旨不合，故删之也。季札观周乐，不及赋、比、兴，赋本不可歌，比、兴被删之故，则今不可知。墨子言诵诗三百、弦诗三百、歌诗三百、舞诗三百。夫可弦必可歌，舞虽有节奏，恐未必可歌，诵则不歌也。由此可知，诗不仅三百，依墨子之言，亦有千二百矣。要之诗不但取其意义，又必取其音节，故可存者少耳。

《书》之篇数，据扬子《法言》称：昔之说《书》者序以百。《艺文志》亦云凡百篇。百篇者，孔子所删定者也。其后，伏生传二十九篇（据《书序》则分为三十四篇）。壁中得四十八篇。由今观之，书在孔子删定之前已有亡佚者。楚灵王之左史，通《三坟》、《五典》、《八索》、《九丘》。今《三坟》不传，《五典》仅存其二。楚灵王时，孔子年已二十馀，至删书时而仅著《尧典》、《舜典》二篇，盖其馀本已佚矣。若依百篇计之，虞、夏、商、周凡四代，如商、周各四十篇，虞、夏亦当有二十篇。今夏书最少，《禹贡》犹不能谓为夏书。真为夏书者，仅《甘誓》、《五子之歌》、《胤征》三篇而已。《胤征》之后，《左传》载魏绛述后羿、寒浞事，伍员述少康中兴事，皆《尚书》所无。魏绛在孔子前，而伍员与孔子同时，二子何以知之？必当时别有记载，而本文则已亡也。此亦未删而已佚之证也。至如周代封国必有命（如近代之册命），封康叔有《康诰》，而封伯禽、封唐叔，左氏皆载其篇名，《书序》则不录。且鲁为孔子父母之邦，无不知其封诰之理。所以不录者，殆以周封诸侯甚多，不得篇篇而登之，亦惟择其要者耳。否则，将如私家谱牒所录诰命，人且厌观之矣。《康诰》事涉重要，故录之，其馀则不录，此删书之意也。

《逸周书》者，《艺文志》言，孔子所论百篇之馀。今《逸周书》有目者七十一篇。由此可知，孔子于书，删去不少。虽自有深意，然删去之书，今仍在者，亦不妨视为经书。今观《逸周书》与《尚书》性质相同，价值亦略相等。正史之外，犹存别史（《史》、《汉》无别史，《后汉书》外有袁宏《后汉纪》，其中所载事实、奏议，有与《后汉书》不同者，可备参考。《三国志》外有鱼豢之《魏略》、王沈之《魏书》，不可谓只《三国志》可信，馀即不可信也），安得皇古之书，可信如《逸周书》者，顾不重视乎？《诗》既删为三百篇，而删去之诗，如"巧笑倩兮，美目盼兮，素以为绚兮"一章，子夏犹以问孔子，孔子亦有"启予"之言。由此可见，逸诗仍有价值。逸书亦犹是矣。盖古书过多，或残缺，或不足重，人之目力有限，不能尽读，于是不得不删繁就简。故孔子删《诗》、《书》，使人易于持诵，删馀之书，仍自有其价值在也。崔东壁辈，以为经书以外均不足采，不知太史公三代本纪，固以《尚书》为本，《周本纪》即采《逸周书》《克殷解》、《度邑解》，此其卓识过人，洵非其馀诸儒所能及。

六经自秦火之后，《易》为卜筮，传者不绝。汉初北平侯张苍献《春秋左氏传》，经传俱全。《诗》由口授，非秦火所能焚，汉初有齐、鲁、毛、韩四家。惟毛有六笙诗（自秦焚书，至汉高祖破秦子婴，历时七年，人人熟习之歌，自当不亡）。礼则《仪礼》不易诵习，故高堂生仅传十七篇（高堂生必读熟方能传也）。《周礼》在孟子时已不传，而荀子则多引之（荀子学博远过孟子，故能引之），然全书不可见。至汉河间献王乃得全书，犹缺《冬官》一篇，以《考工记》补之。《尚书》本百篇，伏生壁藏之，乱后求得二十九篇，至鲁恭王坏孔子宅，又得五十八篇，孔安国传之，谓之古文。此秦火后六经重出之大概也。

经今古文之别有二：一、文字之不同；二、典章制度与事实之不同。何谓文字之不同？譬如《尚书》，古文篇数多，今文篇数少，今古文所同有者，文字又各殊异，其后愈说愈歧。此非伏生之过，由欧阳、大小夏侯三家立于学官，博士抱残守缺，强不知以为知，故愈说而愈歧也。《古文尚书》孔安国传之太史公，太史公以之参考他书，以故，不但文字不同，事实亦不同矣（今文家不肯参考他书，古文家不然，太史公采《逸周书》可证也）。何谓典章制度之不同？如《周礼》本无今文，一代典章制度，于是大备。可见七国以来传说之语，都可不信。如封建一事，《周礼》谓公五百里、侯四百里、伯三百里、子二百里、男百里。而孟子乃谓公侯皆方百里、伯七十里、子男五十里，与《周礼》不合。此当依《周礼》，不当依孟子，以孟子所称乃传闻之辞也。汉初人不知《周礼》，文帝时命博士撰《王制》，即用孟子之说，以未见《周礼》故。此典章制度之不同也。何谓事实之不同？如《春秋左传》为古文，《穀梁》、《公羊》为今文。《穀梁》称申公所传，《公羊》称胡毋生所传。二家皆师弟问答之语。《公羊》至胡毋生始著竹帛，《穀梁》则著录不知在何时。今三传不但经文有异，即事实亦不同，例亦不同。刘歆以为左氏亲见夫子，好恶与圣人同；而公羊、穀梁在七十子之后。传闻之与亲见之，其详略不同。以故，若论事实，自当信《左氏》，不当信《公》、《穀》也。《诗》无所谓今古文，口授至汉，书于竹帛，皆用当时习用之隶书。《毛诗》所以称古文者，以其所言事实与《左传》相应，典章制度与《周礼》相应故尔。《礼》，高堂生所传十七篇为今文；孔壁所得五十六篇为古文。古文、今文大义无殊，惟十七篇缺天子、诸侯之礼。于是，后苍推士礼致于天子（五十六篇中有天子、诸侯之礼）。后人不得不讲《礼记》，即以此故。以十七篇未备，故须《礼记》补之。《礼记》中本有《仪礼》正篇，如《奔丧》，小戴所有；《投壶》，大小戴俱有。大小戴皆传自后苍，皆知十七篇不足，故采《投壶》、《奔丧》二篇。二家之书，所以称《礼记》者，以其为七十子后学者所记，故谓之《礼记》。记，百三十一篇：大戴八十二篇，小戴四十九篇。今大戴存三十九篇，小戴四十九篇具在，合之得八十八篇。此八十八篇中，有并非采自百三十一篇之记者，如大戴有《孔子三朝记》七篇，《孔子三朝记》应入《论语》家（《艺文志》如此）。《三朝记》之外，《孔子闲居》、《仲尼燕居》、《哀公问》等，不在《三朝记》中，则应入《家语》一类。要之，乃《论语》家言，非《礼》家言也。大戴采《曾子》十篇，《曾子》本儒家书。又《中庸》、《缁衣》、《表记》、《坊记》四篇，在小戴记，皆子思作。子思书，《艺文志》录入儒家。若然，《孔子三朝记》以及曾子、子思所著，录入大小戴者，近三十篇。加以《月令》本属《吕氏春秋》（汉人称为《明堂月令》），亦不在百三十一篇中。又，《王制》一篇，汉文帝时博士所作。则八十八篇应去三十馀篇，所馀不及百三十一篇之半，恐犹有采他书者在。如言《礼记》不足据，则其中有百三十一篇之文在；如云可据，则其中有后人所作在。故《礼记》最难辨别，其中所记，是否为古代典章制度，乃成疑窦。若但据《礼记》以求之，未为得也。

《易》未遭秦火，汉兴，田何数传至施、孟、梁丘三家。或脱去"无咎"、"悔亡"，惟费氏不脱，与古文同。故后汉马融、荀爽、郑玄、刘表皆信费《易》。《易》专言理，惟变所适，不可为典要，故不可据以说《礼》。然汉人说《易》，往往与礼制相牵。如《五经异义》以"时乘六龙"谓天子驾六，此大谬也。又施、孟、梁丘之说，今无只字之存。施、孟与梁丘共事田生,孟喜自云:田生且死时,枕喜膝,独传喜;而梁丘曰:田生绝于龂手中,时喜归东海,安得此事!是当时已起争端。今孟喜之《易》,尚存一鳞一爪。臆造之说,未足信赖。焦延寿自称尝从孟喜问《易》,传之京房,喜死,房以延寿《易》即孟氏学,而孟喜之徒不肯,曰:"非也。"然则焦氏、京氏之《易》,都为难信。虞氏四传孟氏《易》,孟不可信,则虞说亦难信。此数家外,荀氏、郑氏传世最多,然《汉书》谓费本无书,以《彖》、《象》、《文言》释经,而荀氏据爻象承应阴阳变化之义解说经意,是否为费之正传,亦不可知。郑《易》较为简单,恐亦非费氏正传。今学《易》者多依王弼之注,弼本费《易》,以文字论,费《易》无脱文,当为可信。余谓论《易》,只可如此而已。

此外,《古论语》不可见,今所传者,古、齐、鲁杂糅。《孝经》但存今文。关于典章制度、事实之不同者,须依古文为准。至寻常修身之语,今古文无大差别,则《论语》、《孝经》之类,不必问其为古文或今文也。

十四博士皆今文,三国时始信古文。古文所以引起许多纠纷者,孔壁所得五十八篇之书,亡于汉末,西晋郑冲伪造二十五篇,今之孔氏《尚书》,即郑冲伪造之本。其中马、郑所本有者,未加窜改;所无者,即出郑冲伪造。又分虞书为《尧典》、《舜典》二篇,分《皋陶谟》为《益稷》。《大禹谟》、《五子之歌》、《胤征》已亡,则补作三篇。既是伪作,不足置信。至汉人传《易》,是否《易》之正本不可知,后则王弼一家为费氏书。宋陈希夷辈造先天八卦、河洛诸图,传之邵康节,此乃荒谬之说。东序河图,既无人见,孔子亦叹河不出图,则后世何由知其象也?先天八卦,以《说卦》方位本离南坎北者改为乾南坤北,则与观象、观法而造八卦之说不相应,此与《尚书》伪古文同不足信(伪古文参考阎氏《古文尚书疏证》,河洛参考胡氏《易图明辨》)。至今日治《书》而信伪古文;言《易》而及河洛、先天,则所谓门外汉矣。然汉人以误传之说(今文家)亦甚多。清儒用功较深,亦未入说经正轨,凡以其参杂今古文故也。近孙诒让专讲《周礼》,为纯古文家。惜此等著述,至清末方见萌芽,如群经皆如此疏释,斯可谓入正轨矣。

经之由来及今古文之大概既明,须进而分讲各经之源流。今先讲《易经》。

初造文字,取法兽蹄鸟迹;画卦亦然。《易·系辞》云:"古者庖牺氏之王天下也,仰则观象于天,俯则观法于地,观鸟兽之文与地之宜,近取诸身,远取诸物,于是始作八卦。"今观乾、坤二卦:乾作 ☰,坤作 ☷。《抱朴子》云:"八卦出于鹰隼之所被,六甲出于灵龟之所负。"盖鸟舒六翮,即成 ☰ 象;但取其翮而遗其身,即成 ☷ 象。于是或分或合,错而综之,则成八卦。此所以言观鸟兽之文也。《抱朴》之说,必有所受,然今无可考,施、孟、马、郑、荀爽皆未言之。

重卦出于何人,说者纷如。王弼以为伏羲,郑玄以为神农,孙盛以为夏禹,而太史公则以为文王。伏羲之说,由于《周礼》,太卜掌三易之法:一曰《连山》,二曰《归藏》,三曰《周易》。三易均六十四卦。杜子春谓《连山》,伏羲;《归藏》,黄帝。王弼据之,故云重卦出于伏羲。然伏羲作《连山》,黄帝作《归藏》,语无凭证,故郑玄不从之也。神农之说,由于《系辞》称"神农氏作,斫木为耜,揉木为耒,盖取诸《益》;日中为市,交易而退,盖取诸《噬嗑》"二语。以神农氏已有《益》、《噬嗑》，故知重卦出于神农。然《系辞》所谓盖取，皆想象之辞，乌可据为实事？夏禹之说，从郑玄之义蜕化而来。郑玄《易赞》及《易论》云：夏曰《连山》，殷曰《归藏》，周曰《周易》。孙盛取之，以为夏有《连山》，即兼山之艮，可见重卦始于夏禹。至文王之说，则太史公因"作《易》者其有忧患乎"一语而为是言。要之，上列诸说，虽不可确知其是非，以余观之，则重卦必不在夏禹之后，短中取长，则孙盛之说为可信耳。

至卦辞、爻辞之作，当是皆出文王。《系辞》云："《易》之兴也，当文王与纣之事耶？"又云："作《易》者，其有忧患乎？"太史公据此，谓"西伯拘而演《周易》"。故卦辞、爻辞并是文王被囚而作。或以为周公作爻辞，其说无据。如据韩宣子聘于鲁，见《易象》而称周公之德，以此知《易象》系于周公，故谓周公作爻辞。然韩宣子并及鲁之《春秋》，《春秋》岂周公作耶？如据"王用亨于岐山"及"箕子之明夷"及"东邻杀牛不如西邻之禴祭"诸文，以为岐山之王当是文王。文王被囚之时，犹未受命称王。箕子之被囚奴，在武王观兵之后，文王不宜预言明夷。东邻指纣，西邻指文王，纣尚南面，文王不宜自称己德。以此知爻辞非文王作，而为周公作。然《禹贡》"导岍及岐"，是岐为名山，远在夏后之世。古帝王必祭山川，安知文王以前，竟无王者享于岐山乎？箕子二字，本又读为荄滋（赵宾说）。且箕子被囚，在观兵以后，亦无实据。《彖》传"内文明而外柔顺，以蒙大难，文王以之；内难而能正其志，箕子以之"，并未明言箕子之被囚奴，且不必被囚然后谓之明夷也。东邻、西邻，不过随意称说，安见东邻之必为纣，西邻之必为文王哉？据此三条，固不能谓爻辞必周公作矣。且

《系辞》明言"殷之末世，周之盛德"，而不及周公之时。孔颖达乃谓文王被囚，固为忧患；周公流言，亦属忧患。此附会之语矣。余谓：据《左传》，纣囚文王七年，七年之时甚久，卦辞、爻辞，不过五千馀字，以七年之久，作五千馀字，亦未为多。故应依太史公说，谓为文王作，则与《系辞》相应。

文王作《易》之时，在官卜筮之书有《连山》、《归藏》，文王之《易》与之等列，未必视为独重。且《周易》亦不止一部。《艺文志·六艺略》首列《周易》十二篇；《数术略》蓍龟家又有《周易》三十八卷。且《左传》所载筮辞，不与《周易》同者甚多。成季将生，筮得《大有》之《乾》曰："同复于父，敬如君所。"秦缪伐晋，筮遇《蛊》曰："千乘三去，三去之馀，获其雄狐。"皆今《周易》所无，解之者疑为《连山》、《归藏》。然《左传》明言以《周易》筮之，则非《连山》、《归藏》也。余谓此不足疑，三十八卷中或有此耳。今《周易》六十四卦、三百八十四爻，而焦延寿作《易林》，以六十四自乘，得四千九十六条。安知周代无《易林》一类之书，别存于《周易》之外乎？盖《连山》、《归藏》、《周易》，初同为卜筮之书；上下二篇之《周易》与三十八卷之《周易》，性质相同，亦无高下之分。至孔子赞《易》，乃专取文王所演者耳。

《易》何以称《易》，与夫《连山》、《归藏》，何以称《连山》、《归藏》，此颇费解。郑玄注《周礼》曰：《连山》似山出内气变也；《归藏》者，万物莫不归而藏于中也。皆无可奈何，强为之辞。盖此二名本不可解。"周易"二字，周为代名，不必深论；易之名，《连山》、《归藏》、《周易》之所共。《周礼》：太卜掌三易之法。《连山》、《归藏》均称为《易》。然易之义不可解。郑玄谓易有三义：易简，一也；变易，二也；不易，三也。易简之说，颇近牵强，然古人说《易》，多以易简为言。《左传》：南蒯将叛，以《周易》占之，子服惠伯曰："《易》不可以占险。"则易有平易之意，且直读为易（去声）矣。"易者变动不居，周流六虚，不可为典要，唯变所适"，则变易之义，最为易之确诂。惟不易之义，恐为附会，既曰易，如何又谓之不易哉？又《系辞》云：生生之谓易。此义在变易、易简之外，然与字义不甚相关。故今日说《易》，但取变易、易简二义，至当时究何所取义而称之曰《易》，则不可知矣。

孔子赞《易》之前，人皆以《易》为卜筮之书。卜筮之书，后多有之，如东方朔《灵棋经》之类是。古人之视《周易》，亦如后人之视《灵棋经》耳。赞《易》之后，《易》之范围益大，而价值亦高。《系辞》曰："夫《易》何为者也？夫《易》开物成务，冒天下之大道，如斯而已者也。"孔子之言如此。盖发展社会、创造事业，俱为《易》义所包矣。此孔子之独识也。文王作《易》，付之太卜一流。卜筮之徒，不知文王深意，至高子乃视为穷高极远，于是《周易》遂为六经之一。秦皇焚书，以《易》为卜筮之书，未之焚也。故自孔子传商瞿之后，直至田何，中间未尝断绝；不如《尚书》经孔子删定之后传授不明，至伏生，突然以传《书》著称；亦不如《诗经》删定之后，传授不明，至辕固生、韩婴等突然以传《诗》著称也——《鲁诗》虽云浮丘伯受于荀卿，而荀卿之前不可知；《毛诗》虽云传自子夏，然其事不见于《艺文志》，亦不见于《汉书·儒林传》。唯《易》之传授最为清楚：自商瞿一传至桥庇子庸；二传至馯臂子弓，三传至周醜子家，四传至孙虞子乘，五传而至田何。其历史明白如此，篇章亦未有阙脱（《艺文志》：《周易》十二篇，施、孟、梁丘三家）。向来说经者，往往据此疑彼，惟《易》一无可疑。以秦本未焚，汉仍完整也。欧阳修经学疏浅，首疑《系辞》非孔子作，以为《系辞》中有子曰字，决非孔子自道。然《史记》自称太史公曰，太史公下腐刑时，已非太史令矣，而《报任少卿书》犹自称太史公；即欧阳修作《秋声赋》亦自称欧阳子，安得谓《史记》非太史公作、《秋声赋》非欧阳修作哉？商瞿受《易》之时，或与孔子问答，退而题子曰字，事未可知，安得径谓非孔子作哉？欧阳修无谓之疑，犹不足怪，后人亦无尊信之者。近皮锡瑞经学颇有功夫，亦疑《易》非文王作，以为卦辞、爻辞皆孔子作，夫以卦辞、爻辞为孔子作，则《系辞》当非孔子作矣。然则《系辞》谁作之哉？皮氏于此未能明言。夫《易》自商瞿至田何，十二篇师师相传，并未有人增损。晋人发冢，得《周易》上下经，无"十翼"。此不足怪，或当时但录经文，不录"十翼"耳。《系辞》明言："易之兴也，其当殷之末世，周之盛德邪？当文王与纣之事邪？"如上下经为孔子作，则不得不推翻此二语。且田何所传，已有《系辞》，田何上去孔子，不及三百年，亦如今之去顾亭林耳。人纵疏于考证，必不至误认顾亭林书为唐宋人书也。又，"文言"二字，亦有异解。梁武帝谓《文言》者，文王之言也。今按："元者，善之长也；亨者，嘉之会也；利者，义之和也；贞者，事之干也。君子体仁足以长人；嘉会足以合礼；利物足以和义；贞固足以干事"，此五十字为穆姜语，唯体仁作体信略异。穆姜在孔子前，故梁武帝谓为文王之言。然文王既作卦辞曰"元、亨、利、贞"，而又自作《文言》以解之，恐涉词费。由今思之，或文王以后，孔子以前说《易》者发为是言，而孔子采之耳。所以题曰《文言》者，盖解释文王之言。

《史记·孔子世家》："孔子晚而喜《易》，读《易》韦编三绝。"

如孔子以前,但有六十四卦之名,亦何须数数披览、至于韦编三绝耶?必已有五千馀字,孔子披览之勤,故韦编三绝也。陈希夷辈意欲超过孔子,创先天八卦之说,不知八卦成列由观象于天、观法于地而来,其方位见于《说卦》传(即陈希夷辈所谓后天八卦)。当时所观之天,为全世界共见之天;所观之地,则中国之地也。今以全地球言之,中国位东半球之东部,八卦方位,就中国所见而定。乾在西北者,中国之西北也;坤在西南者,中国之西南也。古人以北极标天,以昆仑标地。就中国之地而观之,北极在中国西北,故乾位西北。昆仑在中国西南,故坤位西南。正南之离为火,即赤道;正北之坎为水,即翰海。观象、观法,以中国之地为本,故八卦方位如此。后之先天八卦,乾在南而坤在北,与天文、地理全不相应。作先天八卦者,但知乾为高明之象,以之标阳;坤为沉潜之象,以之标阴。遂谓坤应在北,乾应在南。不知仰观俯察,非言阴阳,乃言方位耳。《周礼》:"圜丘祭天,方泽祭地。"郑玄注:祭天谓祭北极,祭地谓祭昆仑。人以北极、昆仑分标天地,于此可见先天八卦为无知妄作矣。

《汉书·五行志》刘歆曰:"伏羲氏继天而王,受《河图》而则画之,八卦是也;禹治洪水,赐《洛书》,法而陈之,《洪范》是也。"然不知所谓《图》、《书》者何物也。至宋刘牧以《乾凿度》九宫之法为《河图》,又以生数、就成数依五方图之,以为《洛书》,更有《洞极经》亦言《河图》、《洛书》,则如刘牧之说而互易之,以五方者为图,九宫者为书。然郑氏、虞氏说《易》,并不以九宫、五方为图、书。桓谭《新论》曰:"河图、洛书,但有朕兆而不可知。"是汉人虽说《河图》、《洛书》,却未言图、书为何象;宋人说《易》,创为河洛及先天八卦图。朱晦庵《易本义》亦列此图。其实先天图书荒唐悠谬,要当以左道视之,等之天师一流可矣。

其馀说《易》者,汉儒主象数,王弼入清谈。拘牵象数,固非至当;流入清谈,亦非了义(《乾》、《坤》二卦,以及《既济》、《未济》,以清谈释之,说亦可通。然其他六十卦,恐非清谈所能了也)。《系辞》云:"夫《易》开物成务,冒天下之道。"谓"冒天下之道",则佛法自亦在内。李鼎祚《集解序》云:"权舆三教,钤键九流。"详李氏此说,非但佛法在内,墨、道、名、法,均入《易》之范围矣。然李氏虽作此说,亦不能有所发明。孔颖达云:"《易》理难穷。虽复玄之又玄,至于垂范作则,便是有而教有,若论住内、住外之空,就能、就所之说,斯乃义涉于释氏,非为教于孔门。"然《正义》依王、韩为说,往往杂以清谈。后之解者,因清谈而入佛法。虽为孔氏所不取,然《易》理亦自包含佛法。论说经之正,则非但佛法不可引用,即《老子》"玄之又玄"之语,亦不应取。如欲穷究《易》理,则不但应取老、庄,即佛亦不得不取。其他九流之说,固无妨并采之矣!

《礼记·经解》曰:"《易》之失,贼。"此至言也。尚清谈者,犹不致贼。如以施之人事,则必用机械之心,用机械之心太过,即不自觉为贼矣!盖作《易》者本有忧患,故曰"其辞危"。危者使平,易者使倾,若之何其不贼也。若蔡泽以亢龙说范雎,取范雎之位而代之,此真可谓贼矣。夫蔡泽犹浅言之耳。当文王被囚七年,使四友献宝,纣见宝而喜,曰:谮西伯者,乃崇侯虎也。则文王亦何尝讳贼哉!论其大者、远者,所谓"开物成务,冒天下之道"是矣。"冒天下之道"者,权舆三教也;"开物成务"者,钤键九流也。然不用权谋,则不能开物成务;不极玄妙,则不能冒天下之道。管辂谓善《易》者不言《易》。然则真传《易》者,正恐不肯轻道阴阳也。以上讲《周易》大概。

《尚书》分六段讲：一、命名；二、孔子删《书》；三、秦焚《书》；四、汉今古文之分；五、东晋古文；六、明清人说《尚书》者。

一、命名。周秦之《书》，但称曰《书》，无称《尚书》者。《尚书》之名，见于《史记·五帝本纪》、《三代世表》及《儒林传》。《儒林传》云：伏生以二十九篇"教于齐、鲁之间，学者由是颇能言《尚书》"。又云："孔氏有古文《尚书》。"则今古文皆称《尚书》也。何以称之曰《尚书》？伪孔《尚书序》云："以其上古之书，谓之《尚书》。"此言不始于伪孔，马融亦谓上古有虞氏之书，故曰《尚书》，而郑玄则以为孔子尊而命之曰《尚书》。然孔子既命之曰《尚书》，何以孔子之后，伏生之前，传记子书无言《尚书》者？恐《尚书》非孔子名之，汉人名之耳。何以汉人名之曰《尚书》？盖仅一书字不能成名，故为此累言尔。《书》包虞、夏、商、周四代文告，马融独称虞者，因《书》以《尧典》、《舜典》开端，故据以为名，亦犹《仪礼》汉人称《士礼》耳（《仪礼》不皆士礼，亦有诸侯、大夫礼，所以称《士礼》者，以其首篇为《士冠礼》也）。哀、平以后，纬书渐出，有所谓《中候》者（汉儒谓孔子定《书》一百二十篇，百两篇为《尚书》，十八篇为《中候》）。"中候"，官名。以"中候"对"尚书"，则以尚书为官名矣（汉尚书令不过千石，分曹尚书六百石，位秩虽卑，权任实大。北军中候六百石，掌监五营。汉人以为文吏位小而权大者尚书，武臣位小而权大者中候，故以为匹）。此荒谬之说，不足具论。要之，《尚书》命名，以马融说为最当。

二、删书。孔子删《书》，以何为凭？曰：以《书序》为凭。

《书序》所有，皆孔子所录也。然何以知孔子删《书》而为百篇？焉知非本是百篇而孔子依次录耶？曰：有《逸周书》在，可证《尚书》本不止百篇也。且《左传》载封伯禽、封唐叔皆有诰。今《书》无之，是必为孔子所删矣。至于《书》之有序，与《易》之有《序卦》同。《序卦》孔子所作，故汉人亦以《书序》为孔子作。他且勿论，但观《史记·孔子世家》曰："孔子序《书传》，上纪唐、虞之际，下至秦缪，编次其事。"是太史公已以《书序》为孔子作矣（《夏本纪》多采《书序》之文）。《汉书·艺文志》本向、歆《七略》，亦曰："《书》之所起远矣，至孔子纂焉，上断于尧，下讫于秦，凡百篇，而为之序。"是刘氏父子亦以《书序》为孔子作矣。汉人说经，于此并无异词。然古文《尚书》自当有序，今文则当无序，而今熹平石经残石，《书》亦有序，甚可疑也。或者今人伪造之耳。何以疑今文《尚书序》伪也？刘歆欲立古文时，今文家诸博士不肯，谓《尚书》唯有二十八篇，不信本有百篇，如有《书序》，则不至以《尚书》为备矣。《书序》有数篇同序，亦有一篇一序者。《尧典》、《舜典》，一篇一序也。《大禹谟》、《皋陶》、《益稷》三篇同序也。数篇同序者，《书序》所习见。然扬子《法言》曰：昔之说《书》者序以百，而《酒诰》之篇俄空焉。盖《康诰》、《酒诰》、《梓材》三篇同序，而扬子以为仅《康诰》有序，《酒诰》无序。或者《尚书》真有无序之篇，以《酒诰》为无序，则《梓材》亦无序。今观《康诰》曰："周公咸勤，乃洪大诰治。王若曰'孟侯，朕其弟，小子封'。"王者，周公代王自称之词，故曰"孟侯，朕其弟"矣。《酒诰》称"（成）王若曰：'明大命于妹邦'"，今文如此，古文马、郑、王本亦然。马融之意，以为成字后录者加之。然康叔始封而作《康诰》，与成王即政而作《酒诰》，年代相去甚久，不当并为一序。

故扬子以为《酒诰》之篇俄空焉。不但《酒诰》之序俄空，即《梓材》亦不能确知为何人之语也。

汉时古文家皆以《书序》为孔子作，唐人作五经《正义》时，并无异词，宋初亦无异词。朱晦庵出，忽然生疑。蔡沈作《集传》，遂屏《书序》而不载。晦庵说经本多荒谬之言，于《诗》不信小序，于《尚书》亦不信有序。《后汉书》称卫宏作《诗序》。卫宏之序，是否即小序，今不可知，晦庵以此为疑，犹可说也。《书序》向来无疑之者，乃据《康诰》"王若曰'孟侯、朕其弟'"一语而疑之，以为如王为成王，则不应称康叔为弟；如为周公，则周公不应称王；心拟武王，而《书序》明言"成王既伐管叔、蔡叔，以殷馀民封康叔"，知其事必在武康叛灭之后，决非武王时事。无可奈何，乃云《书序》伪造。不知古今殊世，后世一切官职，皆可代理，惟王不可代；古人视王亦如官吏，未尝不可代。生于后世，不能再见古人。如生民国，见内阁摄政，而布告署大总统令，则可释然于周公之事矣。《诗》是文言，必须有序，乃可知作诗之旨；《书》本叙事，似不必有序，然《尚书》有无头无尾之语，如《甘誓》"大战于甘，乃召六卿"，未明言谁与谁大战；又称"王曰'嗟六事之人，予誓告汝，有扈氏威侮五行，怠弃三正'"，亦不明言王之为谁。如无《书序》"启与有扈战于甘之野"一语，真似冥冥长夜，终古不晓矣（孔子未作《书序》之前，王字当有异论。其后《墨子》所引《甘誓》以王为禹）。《商书序》称王必举其名，本文亦然。《周书》与《夏书》相似，王之为谁，皆不可知。《吕刑》穆王时作，本文但言王享国百年，序始明言穆王。如不读序，从何知为穆王哉？是故，《书》无序亦不可解。自虞、夏至孔子时，《书》虽未有序，亦必有目录之类，历古相传，故孔子得据以为去取。否则，孔子将何以删《书》也？《书序》文义古奥，不若《诗序》之平易，决非汉人所能伪造。自《史记》已录《书序》原文，太史公受古文于孔安国，安国得之壁中，则壁中《书》已有序矣。然自宋至明，读《尚书》者，皆不重《书序》。梅鷟首发伪古文之覆，亦以《书序》为疑。习非胜是，虽贤者亦不能免。不有清儒，则《书序》之疑，至今仍如冥冥长夜尔。

孔子删《书》，传之何人，未见明文。《易》与《春秋》三传，为说不同，其传授源流皆可考。《诗》、《书》、《礼》则不可知（子夏传《诗》，未可信据）。盖《诗》、《书》、《礼》、《乐》，古人以之教士，民间明习者众，孔子删《书》之时，习《书》者世多有之，故不必明言传于何人。《周易》、《春秋》，特明言传授者，《易》本卜筮之书，《春秋》为国之大典，其事秘密，不以教士（此犹近代实录，不许示人）。而孔子独以为教，故须明言为传授也。伏生《尚书》何从受之，不可知。孔壁古文既出，孔安国读之而能通。安国本受《尚书》于申公（此事在伏生之后），申公但有传《诗》、传《穀梁》之说，其传《尚书》事，不载本传，何所受学，亦不可知。盖七国时通《尚书》者尚多，故无须特为标榜耳。

孔子删《书》百篇之馀为《逸周书》，今考《汉书·律历志》所引《武成》，与《逸周书·世俘解》词句相近。疑《世俘解》即《武成篇》。又《箕子》一篇，录入《逸周书》，今不可见，疑即今之《洪范》。逸书与百篇之书文字出入，并非篇篇不同。盖《尚书》过多，以之教士，恐人未能毕读，不得不加以删节，亦如后之作史者，不能将前人实录字字录之也。删《书》之故，不过如此。虽云《书》以道事，然以其为孔子所删，而谓篇篇皆是大经大法，可以为后世模楷，正未必然。即实论之，《尚书》不过片断之史料而已。

三、秦焚书。秦之焚书，《尚书》受厄最甚。揆秦之意，何尝不欲全灭六经。无如《诗》乃口诵，易于流传；《礼》在当时，已不甚行，不须严令焚之。故禁令独重《诗》、《书》，而不及《礼》（李斯奏言："有敢藏《诗》、《书》、百家语者，悉诣守、尉杂烧之；有敢偶语《诗》、《书》，弃市"）。盖《诗》、《书》所载，皆前代史迹，可作以古非今之资，《礼》、《乐》，都不甚相关。《春秋》事迹最近，最为所忌，特以柱下史张苍藏《左传》，故全书无缺。《公羊传》如今之讲义，师弟问答，未著竹帛，无以烧之。《穀梁》与《公羊》相似，至申公乃有传授。《易》本卜筮，不禁。惟《尚书》文义古奥，不易熟读，故焚后传者少也。伏生所藏，究有若干篇，今不可知，所能读者，二十九篇耳。孔壁序虽百篇，所藏只五十八篇。知《书》在秦时，已不全读，如其全读，何不全数藏之？盖自荀卿隆礼义而杀《诗》、《书》，百篇之书，全读者已少，故壁中《书》止藏五十八篇也。此犹《诗》在汉初虽未缺，而治之者，或为《雅》，或为《颂》，鲜有理全经者。又《毛传》、《鲁诗》，皆以《国风》、大、小《雅》、《颂》为四始，而《齐诗》以水、木、火、金为四始。其言卯、酉、午、戌、亥五际，亦但取《小雅》、《大雅》而不及《颂》。盖杀《诗》、《书》之影响如此。然则百篇之《书》，自孔壁已不具。近人好生异论，盖导原于郑樵。郑樵之意，以为秦之焚书，但焚民间之书，不焚博士官所藏。其实郑樵误读《史记》文句，故有此说。《史记》载李斯奏云："臣请：史官，非秦记皆烧之；非博士官所职，天下敢有藏《诗》、《书》、百家语者，悉诣守、尉杂烧之。"此文本应读"天下敢有藏《诗》、《书》、百家语非博士官所职者"，何以知之？以李斯之请烧书，本为反对博士淳于越，岂有民间不许藏《诗》、《书》而博士反得藏之之理？《叔孙通传》："陈胜起山东，二世召博士诸生问曰：'楚戍卒攻蕲入陈，于公如何？'博士诸生三十馀人前曰：'人臣无将，将即反，罪死无赦，愿陛下急发兵击之。'二世怒，作色。叔孙通前曰：'诸生言皆非也。明主在其上，法令具于下，人人奉职，四方辐辏，安敢有反者。此特群盗鼠窃狗盗耳。'二世喜曰：'善。'令御史案诸生言反者下吏，曰：'非所宜言。'"今案："人臣无将"二语，见《公羊传》，于时《公羊》尚未著竹帛，然犹以"非所宜言"得罪，假如称引《诗》、《书》，其罪不更重哉！李斯明言："有敢偶语《诗》、《书》者弃市。"如何博士而可藏《诗》、《书》哉（李斯虽奏偶语《诗》、《书》者弃市，然其谏二世有曰："放弃《诗》、《书》，极意声色，祖伊所以惧也。"此李斯前后相背处）！郑樵误读李斯奏语，乃为妄说，以归罪于项羽。近康有为之流，采郑说而发挥之，遂谓秦时六经本未烧尽，博士可藏《诗》、《书》，伏生为秦博士，传《尚书》二十九篇。以《尚书》本只有二十九篇故（《新学伪经考》主意即此），二十九篇之外，皆刘歆所伪造。余谓《书序》本有《汤诰》，壁中亦有《汤诰》原文，载《殷本纪》中。如谓二十九篇之外，皆是刘歆所造，则太史公焉得先采之？于是崔适谓《史记》所载不合二十九篇者，皆后人所加（《史记探源》如此说）。由此说推之，凡古书不合己说者，无一不可云伪造。即谓尧舜是孔子所伪造，孔子是汉人所伪造，秦皇焚书之案，亦汉人所伪造，迁、固之流，皆后人所伪造，何所不可？充类至尽，则凡非目见而在百年以外者，皆不可信。凡引经典以古非今者，不必焚其书而其书自废。呜呼！孰料秦火之后，更有灭学之祸什佰于秦火者耶？

四、汉今古文之分。汉人传《书》者，伏生为今文，孔安国为古文,此人人所共知。《史记·儒林传》云:"伏生故为秦博士,孝文时,欲求能治《尚书》者,天下无有,乃闻伏生能治,欲召之。时伏生年九十馀,老不能行,于是乃诏太常使掌故朝错往受之。秦时禁书,伏生壁藏之。其后,兵大起,流亡。汉定,伏生求其书,亡数十篇,独得二十九篇,即以教于齐鲁之间。"其叙《尚书》源流彰明如此,可知伏生所藏,原系古文,无所谓今文也。且所藏不止二十九篇,其馀散失不可见耳。朝错本法吏,不习古文,伏生之徒张生、欧阳生辈,恐亦非卓绝之流,但能以隶书迻写而已,以故二十九篇变而为今文也。其后刘向以中古文校伏生之《书》,《酒诰》脱简一,《召诰》脱简二,文字异者七百有馀。文字之异,或由于张生、欧阳生等传写有误,脱简则当由壁藏断烂,然据此可知郑樵、康有为辈以为秦火不焚博士之书之谬。如博士之书可以不焚,伏生何必壁藏之耶?

《儒林传》称伏生得二十九篇,而刘歆《移让太常博士》云:"《泰誓》后得,博士而赞之。"又,《论衡·正说篇》云:"孝宣皇帝时,河内女子发老屋,得逸《易》、《礼》、《尚书》各一篇,奏之。宣帝下示博士,然后《易》、《礼》、《尚书》各益一篇。而《尚书》二十九篇始定。"然则,伏生所得本二十九篇乎?抑二十八篇乎?余谓太史公已明言二十九篇,则二十九篇当可信。今观《尚书大传》有引《泰誓》语,《周本纪》、《齐世家》亦有之。武帝时董仲舒、司马相如、终军辈,均太初以前人,亦引《泰誓》,由此可知,伏生本有二十九篇,不待武帝末与宣帝时始为二十九篇也。意者,伏生所传之《泰誓》,或脱烂不全,至河内女子发屋,才得全本。今观汉、唐人所引,颇有出《尚书大传》外者,可见以河内女子本补之,《泰誓》始全也。马融辈以为《左传》、《国语》、《孟子》所引,皆非今之《泰誓》。《泰誓》称白鱼跃入王舟、火流为乌,语近神怪,以此疑今之《泰誓》。然如以今之《泰誓》为伏生所伪造,则非也。河内女子所得者,秦以前所藏,亦非伪造。以余观之,今之《泰誓》,盖当时解释《泰誓》者之言。《周语》有《泰誓故》,疑伏生所述,即《泰誓故》也。不得《泰誓》,以《泰誓故》补之,亦犹《考工记》之补《冬官》矣。然《泰誓》之文,确有可疑者。所称八百诸侯,不召自来、不期同时、不谋同辞,何其诞也?武王伐纣,如有征调,当先下令。不征调而自来,不令而同时俱至,事越常理,振古希闻。据《乐记》孔子与宾牟贾论《大武》之言曰:"久立于缀,以待诸侯之至也。"可见诸侯毕会,亦非易事。焉得八百诸侯,同时自来之事耶?此殆解释《泰誓》者张大其辞,以耸人听闻耳。据《牧誓》,武王伐纣,虽有友邦冢君,然誓曰:"逖矣,西土之人!"可知非西土之人,武王所不用也。又曰庸、蜀、羌、髳、微、卢、彭、濮人。庸、蜀、羌、髳、微、卢、彭、濮,均在周之南部,武王但用此南部之人,而不用诸侯之师者,以庸、蜀之师本在西方,亲加训练,而东方诸侯之师,非其训练者也。所以召东方诸侯者,不过壮声势、扬威武而已(此条马融疑之,余亦以为可疑)。又,观兵之说,亦不可信。岂有诸侯既会,皆曰可伐,而武王必待天命,忽然还师之理乎?是故,伏生《泰誓》不可信。若以《泰誓故》视之,亦如《三国志》注采《魏略》、《曹瞒传》之类,未始不可为参考之助也。《泰誓》亦有今古文之别。"流为乌",郑注:古文乌为雕。盖古文者河内女子所发,今文者伏生所传也(此古文非孔壁所得)。伏生发藏之后,张生、欧阳生传之。据《史记·娄敬传》,高帝时,娄敬已引八百诸侯之语。又,《陆贾传》称陆生时时前称说《诗》、《书》,可见汉初尚有人知《尚书》者。盖娄敬、陆贾早岁诵习而晚失其书,故《儒林传》云"孝文时求为《尚书》者,天下无有"。"无有"者,无其书耳。然《贾谊传》称谊年十八,以能诵《诗》属《书》闻于郡中。其时在文帝之前。《诗》本讽诵在口,《尚书》则必在篇籍矣。可知当时传《书》者不仅伏生一人,特伏生为秦博士,故著名尔。

《尚书》在景帝以前,流传者皆今文。武帝初,鲁恭王坏孔子宅,得古文《尚书》,孔安国献之(据《史记》、《汉书》及《说文序》所引,所得不止《尚书》一种)。孔安国何以能通古文《尚书》?以其本治《尚书》也。伏生传《书》之后,未得壁经之前,《史记》称鲁周霸、孔安国、洛阳贾嘉颇能言《尚书》事(孔安国、周霸,皆申公弟子。申公之治《尚书》于此可见。贾谊本诵《诗》、《书》,故其孙嘉亦能治《尚书》),孔安国为博士,以书教授。倪宽初受业于欧阳生,后又受业于安国。所以然者,以欧阳生本与孔安国本不同耳。倪宽之徒,为欧阳高,大小夏侯。欧阳、大小夏侯三家本之倪宽,而倪宽本之孔安国。孔安国非本之伏生,则汉之所谓今文《尚书》者,名为伏生所传,实非伏生所传也。三家《尚书》亦有孔安国说。今谓三家悉本伏生,未尽当也。

今文《尚书》之名见称于世,始于三国,而非始于汉人。人皆据《史记·儒林传》"孔氏有古文《尚书》,而安国以今文读之"一语,谓孔安国以今文《尚书》翻译古文。此实不然。《汉书》称"孔安国以今文字读之",谓以隶书读古文耳。孔安国所得者为五十八篇,较伏生二十九篇分为三十四篇者,实多二十四篇。二十四篇中《九共》九篇,故汉人通称为十六篇。孔安国既以今文字读之,而《史记》又谓《逸周书》得十馀篇,《尚书》兹多于是。可知孔安国非以伏生之《书》读古文也。盖汉初人识古文者犹多，本不须伏生之《书》对勘也。

孔安国之《书》授都尉朝，都尉朝授胶东庸生，庸生授胡常，常授徐敖，敖授王璜、涂恽。自孔至王、涂凡五传。王、涂至王莽时，古文《尚书》立于学官。涂传东汉贾徽。太史公从孔安国问，《汉书》称迁书载《尧典》、《禹贡》、《洪范》、《微子》、《金縢》诸篇多古文说。然太史公所传者，不以伏生为限。故《汤诰》一篇，《殷本纪》载之。

哀帝时刘歆欲以古文《尚书》立学官，博士不肯（博士抱残守缺，亦如今之教授己不能讲，不愿人讲也）。歆移书让之。王莽时，乃立于学官。莽败，说虽不传，《书》则具存。盖古文本为竹简，经莽乱而散失，其存者惟传钞本耳。东汉杜林，于西州（天水郡，今甘肃秦州）得漆书一篇，林宝爱之，以传卫宏、徐巡（杜林所得必为王莽乱后流传至天水郡者。其后，马、郑犹能知逸《书》篇数，郑玄、许慎亦能引之者，盖传写犹可见，而真本则已亡矣），后汉讲古文者自此始（杜林非由孔安国直接传授，早岁学于张敞之孙张竦。林之好古文，盖渊源于张氏）。其后，马融、郑玄注《尚书》，但注伏生所有，不注伏生所无，于孔安国五十八篇不全治。马融受之何人不可知，惟贾逵受《书》于父徽，逵弟子许慎作《说文解字》。是故，《说文》所称古文《尚书》，当较马、郑为可信，然其中亦有异同。今欲求安国正传，惟《史记》耳。《汉书》云迁书《尧典》五篇为古文说，然《五帝本纪》所载《尧典》与后人所说不同。所以然者，杜林所读与孔安国本不甚同也。《说文》"圛"下称："《尚书》曰：'圛圛升云，半有半无。'"据郑玄注称古文《尚书》以弟为圛，而《宋微子世家》引《洪范》"曰雨、曰济、曰涕"，字作涕。是太史公承孔安国正传，孔安国作涕，而东汉人读之为圉,恐是承用今文,非古文也。自清以来,治《尚书》者皆以马、郑为宗,段玉裁作《古文尚书撰异》,以为马、郑是真古文,太史公是今文。不知太史公之治古文,《汉书》具有明文。以马、郑异读,故生异说耳。

古文家所读,时亦谓之古文。此义为余所摘发。治古文者,不可不知。盖古文家传经,必依原本抄写一通,马融本当犹近真,郑玄本则多改字。古文真本,今不可见,唯有三体石经,尚见一斑。三体石经为邯郸淳所书,淳师度尚,尚治古文《尚书》。邯郸淳之本,实由度尚而来。据卫恒《四体书势》称,魏世传古文者,唯邯郸淳一人。何以仅得邯郸淳一人,而郑玄之徒无有传者?盖郑玄晚年,书多腐敝,不得于礼堂写定传与其人。故传古文者,仅一邯郸淳也。今观三体石经残石,上一字为古文,中一字为篆文,下一字为隶书。篆书往往与上一字古文不同。盖篆书即古文家所读之字矣。例始三体石经《无逸篇》"中宗之中",上一字为中,下一字为仲,此即古文家读"中,仲也"。考华山碑,亦称宣帝为中宗。欧阳修疑为好奇,实则汉人本读中为仲也。

今文为欧阳、大小夏侯为三家,传至三国而绝。然蔡邕熹平石经犹依今文。今欲研究今文,只可求之《汉书》、《后汉书》及汉碑所引。然汉碑所引,恐亦有古文在。

五、东晋古文。今之《尚书》,乃东晋之伪古文(据《尚书正义》引《晋书》,定为郑冲所作),以马、郑所有者分《尧典》为《舜典》(《舜典》,《书序》中本有),更分《皋陶谟》为《益稷》,又改作《泰誓》,此外又伪造二十五篇。不但伪造经,且伪造传(亦称孔传)。自西晋开始伪造以后,更四十馀年,至东晋梅赜始献之。字体以古文作隶书,名曰隶古定。人以其多古字,且与三体石经相近，遂信以为真孔氏之传，于是，众皆传之。甚至孔颖达作《尚书正义》，亦以马、郑为今文矣。

梅赜献书之时，缺《舜典》一篇，分《尧典》"慎徽五典"以下为《舜典》之首。至齐建武四年姚方兴献《舜典》，于"慎徽五典"之上加"曰若稽古，帝舜"等十二字，而梁武帝时为博士，议曰："孔序称伏生误合五篇，皆文相承接，所以致误。《舜典》首有'曰若稽古'，伏生虽昏耄，何容合之?"遂不行用。然其后江南皆信梅书，惟北朝犹用郑本耳。隋一天下，采南朝经说，乃纯用东晋古文，即姚方兴十二字本也。其后又不知如何增为二十八字，今注疏本是已。

东晋古文，又有今文、古文之分，以隶古定传授不易，故改用今文写之，传之者有范宁等。唐玄宗时，卫包以古文本改为今文，用隶书写之，唐石经即依是本，然《经典释文》犹未改也（宋开宝初始改）。唐宋间亦多有引古文《尚书》者，如颜师古之《匡谬正俗》，玄应之《一切经音义》，郭忠恕之《汗简》，徐锴之《说文系传》皆是。宋仁宗时，宋次道得古文《尚书》，传至南宋，薛季宣据以作训，而段玉裁以为宋人假造。然以校《汗简》及足利本《尚书》，均符合。要之，真正古文，惟三体石经可据。东晋古文则以薛季宣本、敦煌本、足利本为可据耳。

六、明清人说《尚书》者。明正德时，梅鷟时攻东晋古文之伪。梅鷟之前，吴棫、朱熹，亦尝疑之，以为岂有古文反较今文易读之理？至梅鷟出，证据乃备（梅鷟不信孔安国得古文《尚书》，以为东晋古文即成帝时张霸伪造之百两篇，然校《汉书》原文，可知其误。张霸之百两篇，分析众篇，略加首尾而已。东晋古文，非从二十九篇分出，自非张霸本也。此梅鷟之误）。清康熙时，阎若璩作《古文尚书疏证》，始知郑康成《尚书》为真本。阎氏谓《孟子》引父母使舜完廪一段为《舜典》之文，此说当确。惠栋《古文尚书考》，较阎氏为简要。其弟子江声（艮庭）作《尚书集注音疏》，于今文、古文不加分别。古文"钦明文思安安"，今文作"钦明文塞宴宴"，东晋古文犹作"钦明文思安安"，江氏不信东晋古文，宁改为"文塞宴宴"，于是王鸣盛（西庄）作《尚书后案》，一以郑康成为主。所不同者，概行驳斥。虽较江为可信，亦非治经之道。至孙星衍作《尚书今古文注疏》，古文采马、郑本，今文采两《汉书》所引，虽优于王之墨守，然其所疏释，于本文未能联贯。盖孙氏学力有馀，而识见不足，故有此病。今人以为孙书完备，此亦短中取长耳。要之，清儒之治《尚书》者，均不足取也。今文家以陈寿祺、乔枞父子为优。凡汉人《书》说，皆入网罗，并不全篇下注，亦不问其上下文义合与不合。所考今文，尚无大谬。其后魏源（默深）作《书古微》，最为荒谬。魏源于陈氏父子之书，恐未全见，自以为采辑今文，其实亦不尽合。源本非经学专家，晚年始以治经为名，犹不足怪。近皮锡瑞所著，采陈氏书甚多。陈氏并无今古是否之论，其意在网罗散失而已。皮氏则以为今文皆是，古文皆非。其最荒谬者，《史记》明引《汤诰》（在伏生二十九篇之外），太史公亦明言"年十岁，诵古文"，而皮氏以为此所谓古文，乃汉以前之书，非古文《尚书》也。此诚不知而妄作矣。古文残阙，三体石经存字无几，其他引马、郑之言，亦已无多，然犹有马、郑之绪馀在。今日治《书》，且当依薛季宣《古文训》及日本足利本古文，删去伪孔所造二十五篇，则本文已足。至训释一事，当以"古文《尚书》读应《尔雅》"一言为准。以《尔雅》释《书》，十可得其七八，斯亦可矣。王引之《经义述闻》，解《尚书》

者近百条；近孙诒让作《尚书骈枝》，亦有六七十条。义均明确。犹有不合处，余有《古文尚书拾遗》，自觉较江、王、孙三家略胜。然全书总未能通释，此有待后贤之研讨矣。

古人有言："昔吾有先正，其言明且清。"训诂之道，虽有古今之异，然造语行文，无甚差池，古人决不至故作不可解之语。故今日治《书》，当先求通文理。如文理不通，而高谈微言大义，失之远矣。不但治经如此，读古书无不如此也。

《虞书》曰："诗言志，歌永言，声依永，律和声。"先有志而后有诗。诗者，志之所发也。然有志亦可发为文。诗之异于文者，以其可歌也。所谓歌永言，即诗与文不同之处。永者，延长其音也。延长其音，而有高下洪纤之别，遂生宫、商、角、徵、羽之名。律者，所以定声音也。既须永言，又须依永，于是不得不有韵（急语无收声，收声即有韵，前后句收声相同即韵也）。诗之有韵，即由歌永言来。

《虞书》载"元首明哉！股肱良哉！庶事康哉！""元首丛脞哉！股肱惰哉！万事堕哉！"二歌。可见尧、舜时已有诗。《尚书大传》有《卿云之歌》。汉初人语未必可信。《乐记》云："舜作五弦之琴以歌南风。"今所传《南风歌》出王肃《家语》，他无所见，亦不可信。唐、虞之诗，要以二《典》所载为可信耳。郑康成《诗谱序》云："有夏承之，篇章泯弃，靡有孑遗。"而今《尚书》载《五子之歌》，可知其为晋人伪造也。《诗谱序》又云："降及商王，不风不雅。"此谓商但有《颂》，《风》《雅》不可见矣。《周礼·太师》："教六诗：曰风、曰赋、曰比、曰兴、曰雅、曰颂。"赋、比、兴与风、雅、颂并列，则为诗体无疑。今《毛传》言兴者甚多，恐非赋、比、兴之兴耳。赋体后世盛行。《毛传》以升高能赋为九能之一，谓之德音。周末屈原、荀卿俱有赋。赋既在风、雅、颂之外，比、兴当亦若是。惟孔子删诗，存风、雅、颂而去赋、比、兴。《郑志》答张逸问，赋、比、兴，吴札观诗已不歌。盖不歌而诵谓之赋。赋不可歌，与风、雅、颂异，故季札不得闻也（比、兴不知如何）。赋、比、兴之外，又有《九德之歌》，《左传》郤缺曰：九功之德，皆可歌也，谓之九歌。六府三事，谓之九功。水、火、金、木、土、谷，谓之六府；正德、利用、厚生，谓之三事，合之为十五种。今《诗》仅存风、雅、颂三种。

《诗大序》："风，风也"，"雅，正也"，"颂者，美盛德之形容，以其成功告于神明者也。"风有讽谕之义，雅之训正，读若《尔雅》之雅，然风、雅、颂之雅，恐本不训正。《说文》："疋，古文以为《诗·大雅》字。"一曰，疋即今疏字。然则诗之称疋，纪事之谓，亦犹后世称杜工部诗曰诗史。故大雅、小雅无非纪事之诗，或谓雅即雅乌。孔子曰："乌，盱呼也。"李斯《谏逐客书》："击瓮叩缶，弹筝搏髀，而歌呼呜呜快耳者，真秦之声也。"杨恽《报孙会宗书》："家本秦也，能为秦声"，"仰天抚缶而呼呜呜"。秦本周地，故大、小《雅》皆以雅名（所谓乌乌秦声者，即今之梆子腔也）。此亦可备一说。余意《说文》训疋为记，乃雅之正义，以其性质言也；雅、乌可为雅之别一义，以其声调言也。至正之一训，乃后起之义。盖以雅为正调，故释之曰正耳。

诗以四言为主，取其可歌，然亦有二言、三言以至九言者，惟不多见耳。今按："肇禋"，二言也；"洞酌彼行潦挹彼注兹"，九言也。一言太短，不可以歌，故三百篇无一言之诗。然梁鸿《五噫》之歌曰："陟彼北芒兮，噫！顾览帝京兮，噫！宫室崔嵬兮，噫！

人之劬劳兮,噫!辽辽未央兮,噫!"则一言未始不可成句,或者三百篇中偶然无一言之句耳,非一言之句必不可歌也。

《诗经》而后,四言渐少。汉世五言盛行,唐则七言为多。八言、九言,偶一为之,三言惟汉《郊祀歌》用之。六言亦不多见。《汉书》所录汉人四言之作,有韦孟《谏诗》一首,《在邹诗》一首,韦玄成《自责诗》一首,《戒子孙诗》一首。西汉之作,传于世者,尽于此矣。魏武帝作《短歌》,犹用四言,虽格调有异《诗经》,然犹有霸气。至《文选》所录魏、晋间四言之作,语多迂腐。自是之后,四言衰歇,五言盛行。李白谓"兴寄深微,五言不如四言,七言尤其靡也"。然所作《雪谗诗》讥刺杨妃,有乖敦厚之义,或故为大言以欺人耳。又杂言一体,《诗经》所有。汉乐府往往用之,唐人歌行亦用之。夫抒写性情,贵在自由,不宜过于拘束,如必句句字数相同,或不能发挥尽致。故杂言之作,未为不可。今人创新体诗,以杂言为主可也,但无韵终不成诗耳。(以上论《诗》之大概。)

太史公谓古诗三千馀篇,盖合六诗、《九德之歌》言之。孔子删诗,仅取三百馀篇。盖以古诗过多,不能全读,故删之尔,或必其馀皆不足观也。或谓孔子删《诗》与昭明之作《文选》有异。余意不然,《文选》为总集,《诗经》亦总集,性质正复相似。所谓"自卫反鲁,然后乐正,《雅》、《颂》各得其所",决非未正以前,《雅》入《颂》、《颂》入《雅》也。《雅》主记事,篇幅舒长;《颂》主赞美,章节简短。但观形式,已易辨别。且其声调又不同,何至相乱,或次序颠倒,孔子更定之耳。

《风》、《雅》有正、变(盛周为正,衰周为变),《颂》无正、变。因《风》、《雅》有美有刺,《颂》则有美无刺也。《鲁语》闵马父之言曰：昔正考父校商之名颂十二篇于周太师，以《那》为首。今《商颂》仅存五篇，其馀七篇，或孔子时而已佚矣。据今《商颂》，有商初所作，亦有武丁时所作，而《周颂》皆成王时诗，后则无有。《孟子》曰："由汤至于武丁，贤圣之君六七作。"故颂声未息，周则成王以后无贤圣也。或以《鲁颂》为僭天子之礼，若然，孔子当屏而不录。孔子录之，将何以说？案《周官》：籥章吹豳诗以逆暑迎寒，吹豳雅以乐田畯，吹豳颂以息老物。同为《七月》之诗，而风、雅、颂异名者，歌诗之时，其声调三变尔。《豳风》非天子之诗，而可称颂，则《鲁颂》称颂而孔子录之，无可怪也。今观《泮水》、《閟宫》之属，体制近雅而不近颂，若以雅为称，则无可讥矣。

《史记·孔子世家》称："三百五篇，孔子皆弦歌之，以求合《韶》、《武》、《雅》、《颂》之音。"然则，今之《诗经》在孔子时无一不可歌也。《汉书·礼乐志》云：河间献王献雅乐，天子下大乐官常存肄之。是其乐谱尚在。后则可歌者，惟《鹿鸣》、《伐檀》等十二篇耳。近人以《鹿鸣》、《伐檀》等谱一字一声，无抑扬高下之音，疑为唐人所作。然一字一声，不但《诗经》为然，宋词亦然。姜夔、张炎之谱可证也。一字之谱多声，始于元曲，古人未必如是。孔子曰："放郑声。"又曰："恶郑声之乱雅乐。"汉儒解郑声以为烦手踯躅之声。张仲景《伤寒论》云："实则谵语，虚则郑声。郑声者，重语也。"可见汉人皆读郑为郑重之郑。郑声即一字而谱多声之谓。唐人所重十二诗之谱，一字一声，正是雅乐，无可致疑。（以上论《诗》之可歌。）

《诗》以口诵，至秦未焚。汉兴有齐、鲁、毛、韩四家。齐、鲁、韩三家无笙诗，为三百五篇。毛有笙诗为三百十一篇。笙诗有其义而亡其辞，则四家篇数本相同也（笙诗六篇，殆如今之乐曲，有声音节奏而无文词)。所不同者,《小雅》"彼都人士,狐裘黄黄。其容不改,出言有章。行归于周,万民所望"数句,三家所无,而毛独有,此其最著者也。其馀文字虽有异同,不如《尚书》今古文之甚。以《诗》为口诵,故无形近之讹耳。

《鲁诗》出自浮丘伯,申公传之。鲁人所传,故曰《鲁诗》。《齐诗》传自辕固生,齐人所传,故曰《齐诗》。《韩诗》传自韩婴,据姓为称,故曰《韩诗》。齐、韩二家,当汉景帝时,在《鲁诗》之后。《毛诗》者,毛公所传,故曰《毛诗》。相传毛公之学出自子夏,三国时吴徐整谓子夏授高行子,高行子授薛仓子,薛仓子授帛妙子,帛妙子授河间人大毛公,毛公为《诗故训传》于家,授赵人小毛公,小毛公为河间献王博士。而陆玑则谓子夏传曾申,申传魏人李克,李克传鲁人孟仲子,孟仲子传根牟子,根牟子传赵人孙卿子,孙卿子传鲁人大毛公。由徐整之说,则子夏五传而至大毛公;由陆玑之说,则子夏七传而至大毛公。所以参差者,二家之言,互有详略耳(大毛公名亨,小毛公名苌,今之《诗传》乃大毛公所作,当称《毛亨诗传》,而世皆误以为毛苌,不可不正也)。

《毛诗·丝衣序》引高子曰:"灵星之尸也。"《维天之命》传引孟仲子曰:"大哉天命之无极,而美周之礼也。"《閟宫》传引孟仲子曰:"是禖宫也。"高子、孟仲子并见《孟子》七篇中。或疑高子即高行子。高行子为子夏弟子,不当与孟子同时,然赵岐注云:高子年长,或高叟即高行子矣。赵注又云:孟仲子,孟子之从昆弟,学于孟子者也。然则孟子长于《诗》、《书》,故高子、孟仲子之说皆为毛公所引。

《汉书·艺文志》谓齐、鲁、韩三家,咸非《诗》之本义,与不得已,鲁最为近之。又云:毛公之学,自谓子夏所传。据此,知向、歆父子不信三家诗说。歆让太常博士，欲以《毛诗》立学官，而《七略》不称《毛诗》之优。今观四家之异同，其优劣可得而言。太史公言《关雎》之乱以为《风》始，《鹿鸣》为《小雅》始，《文王》为《大雅》始，《清庙》为《颂》始。其言与《诗大序》"《关雎》，风之始也"语同。《诗大序》但举《雅》、《颂》之名，而不言《鹿鸣》为《小雅》始，《文王》为《大雅》始，《清庙》为《颂》始，但云"是谓四始，《诗》之至也"者，盖由"《关雎》，《风》之始也"一语，可以类推其馀耳。郑康成云："始者，王道兴衰之所由。"余谓毛意同史公，史公所引，多本《鲁诗》，《毛诗》传至荀子，《鲁诗》亦传自荀子，此其所以符合也。

《齐诗》与《鲁》、《毛》全异，萧望之、翼奉、匡衡同事后苍，治《齐诗》。翼奉有五际、六情之语，不及四始。《诗纬·汎历枢》称四始有水、木、火、金之语。谓《大明》水始，《四牡》木始，《嘉鱼》火始，《鸿雁》金始，其言甚不可解，恐东汉人所造，非《齐诗》本义。匡衡上书称孔子论《诗》以《关雎》为始，此言与《毛传》相同，并无水、木、火、金之语。可知《汎历枢》为后人臆说也。衡奏议平正，奉则有怪诞之语，虽与衡同师，而别有发明矣。如以水、木、火、金说四始，则《齐诗》竟是神话。四始为《诗》之大义，而《齐诗》之说如此，以此知齐之不逮毛、鲁远也。然匡衡说《诗》，亦有胜于鲁、韩者。《鲁诗》说周道缺，诗人本之衽席，《关雎》作。《齐诗》亦谓周康王后佩玉晏鸣，《关雎》叹之。匡衡上书，乃谓《周南》、《召南》，被贤圣之化深，故笃于行，而廉于色，此非以《关雎》为刺诗矣。盖《齐诗》由辕固数传而至后苍。苍本传《礼》。《乡饮酒礼》："合乐《周南·关雎》、《葛覃》、《卷耳》。"《燕礼》："歌乡乐《周南·关雎》、《葛覃》、《卷耳》。"《仪礼》，周公所定，已有《周南·关雎》，知《关雎》非康王时所作。匡衡师事后苍，故其说《诗》，长于鲁、韩也。

齐、鲁、韩三家诗序不传，而毛序全存。如《左传》隐三年："卫庄公娶于齐东宫得臣之妹，曰庄姜，美而无子，卫人所为赋《硕人》也。"闵二年："郑人恶高克，使帅师次于河上，久而弗召，师溃而归，高克奔陈，郑人为之赋《清人》。"文六年："秦伯任好卒，以子车氏之三子奄息、仲行、鍼虎为殉，皆秦之良也，国人哀之，为之赋《黄鸟》。"《毛序》所云，皆与《左传》符合，此毛之优于三家者也。又三家诗，皆有怪诞之语，毛则无有。即如"履帝武敏歆"，《尔雅》已有"敏，拇也"之训，而三家说皆谓姜嫄出野见巨人迹，践之身动如孕，而生后稷。《毛传》则以疾训敏，以帝为高辛氏之帝，从于帝而见于天，将事齐敏，不信感生之说。又如"赫赫姜嫄，其德不回，上帝是依"，若用感生之说，必谓上帝依姜嫄之身，降之精气。而《传》则谓上帝依其子孙。又如："文王在上，於昭于天；文王陟降，在帝左右。"《毛传》之前，《墨子·明鬼》已引此诗，谓若鬼神无有，则文王既死，岂能在帝之左右哉！而《毛传》则谓文王在民上，文王升接天、下接人，一扫向来神怪之说。盖自荀子作《天论》，谓圣人不求知天，神话于是摧破。《毛诗》为荀卿所传，即此可征。

《大序》，相传子夏所作，《小序》，毛公所作。郑康成之意，谓《小序》发端句，子夏作，其下则后人所益，或毛公作也。今按，《序》引高子曰："灵星之尸也。"此语自当出子夏之后矣。《卫宏传》有"作诗序"语，故《释文》或云《小序》是东海卫敬仲所作。然卫宏先康成仅百年，如《小序》果为宏作，康成不容不知。由今思之，殆宏别为《毛诗序》，不与此同，而不传于后。或宏撰次诗序于每篇之首,亦通谓之作耳。汉人专说《毛诗》者,今存《郑笺》一种。马融《毛诗传》散佚已久,今可见者,惟《生民篇》《正义》所引言帝喾事为最详耳。(以上论三家诗与毛之不同。)

朱晦庵误解"郑声淫"一语,以为郑风皆淫。于是刺忽之诗,皆释为淫奔之作。陈止斋笑晦庵以彤管为行淫之具,城阙为偷期之所,今《集传》中无此语,盖晦庵自觉其非而删之矣。凡《小序》言刺者,晦庵一概目为淫人自道之词。自来淫人自道之词未尝无有,如六朝歌谣之类,恐未可以例《国风》。若郑风而为淫人自道之词,显背无邪之旨,孔子何以取之?昔昭明编辑《文选》,于六朝狎邪之诗,摈而不录。《高唐》、《神女》、《洛神》之属,别有托意,故录之(见《苕汉闲话》)。昭明作《陶渊明集序》,谓《闲情》一赋,白璧微瑕。昭明尚然,何况孔子?晦庵之言,亦无知而妄作尔。

自晦庵作《集传》,说《诗》之风大变。清陈启源作《毛诗稽古编》,反驳晦庵,其功不可没(吕东莱作《读诗记》,不以晦庵为然。晦庵好胜,谓东莱为毛、郑之佞臣)。后之治《毛诗》者,桐城马瑞辰作《毛诗传笺通释》,泾县胡承珙作《毛诗后笺》,长洲陈奂作《诗毛氏传疏》。马氏并重《传》、《笺》,胡氏从《传》而不甚从《笺》,陈氏则全依《毛传》。治三家诗者(《齐诗》亡于三国;《鲁诗》亡于永嘉之乱;《韩诗》唐代犹存,今但存《外传》而已。三家至宋全亡,如三家诗不亡,晦庵作《集传》当不至荒谬如此),王应麟后,清有陈寿祺、乔枞父子。乔枞好为牵附,谓《仪礼》引《诗》,皆《齐诗》说;又谓《尔雅》为《鲁诗》之学,恐皆未然。要之,陈氏父子,虽识见未足,然网罗放失之功,亦不可没。其后,魏源作《诗古微》,全主三家。三家无序,其说流传又少,合之不过三十篇,谓之《古微》,其实逞臆之谈耳。

今治《诗经》,不得不依《毛传》,以其序之完全无缺也。诗若无序,则作诗之本意已不明,更无可说。三家诗序存者无几,无从求其大义矣。戴东原作《毛郑诗考证》,东原长于训诂之学,而信服晦庵,故考证未能全备。东原之外,治诗者皆宗《毛传》,陈氏父子,不过网罗放失而已。

《孝经》曰:"安上治民,莫善于礼。"《左传》曰:"礼经国家、定社稷、序民人、利后嗣。"今案:《仪礼》与安上治民有关,《周礼》则经国家、定社稷之书也。《周礼》初出曰《周官经》,刘歆始改称《周礼》,然《七略》犹曰《周官》,《汉书·艺文志》仍之。马融训释之作,亦称《周官传》,至郑康成以《周礼》名之,合《仪礼》、《小戴记》为三礼。三礼之名,自郑氏始,今若以《大戴礼》合之,当称四礼。称三礼者,沿郑氏注也。

贾公彦《序周礼废兴》引马融传,称刘歆末年,知周公致太平之迹具在《周官》,然当时今文家不肯置信。林硕以为黩乱不验之书,何休以为战国阴谋之书。今观《周礼》,知刘歆之言不谬。惟其书非一时一人之作,盖如历代会典,屡有增损(《唐六典》以及明清之《会典》,皆拟《周礼》。《六典》全依《周官》,《会典》虽稍异,然行文多模仿之迹,此亦有关文体。不学《周礼》,则官制说不清楚。亦如后之律书必拟汉律也)。创始之功,首推周公;增损之笔,终于穆王耳。今《逸周书》有《职方篇》,为穆王时作,而其文见于《周礼·夏官》,知周公以后,穆王以前,《周礼》一书,时有修改。穆王以后,则未见修改之迹也。何以言之?曰:《周礼》司刑掌五刑之法,墨罪五百、劓罪五百、宫罪五百、刖罪五百、杀罪五百，合二千五百条；而穆王作《吕刑》称五刑之属三千，较《周礼》多五百条。《吕刑》别行，以此知穆王晚年，已不改《周礼》也。《左传》子革曰："昔穆王欲肆其心，周行天下，将皆必有车辙马迹焉。"今《穆天子传》真伪未可知。然穆王好大喜功，观《职方氏》一篇可知也。《职方氏》言中国疆域，东西南北相距万里。方千里曰王畿，其外方五百里曰侯服，又其外方五百里曰甸服，又其外方五百里曰男服，又其外方五百里曰采服，又其外方五百里曰卫服，又其外方五百里曰蛮服（又称要服），又其外方五百里曰夷服，又其外方五百里曰镇服，又其外方五百里曰藩服。依此推算，自王城至藩服之边，东西南北均五千里，为方万里，积一万万方里。蛮服以内为九州，以外为蕃国。九州以内，方七千里，积四千九百万方里。非穆王之好大，何以至此。《康诰》曰："周公初基，作新大邑于东国洛，四方民大和会，侯、甸、男、邦、采、卫。"是周公作洛时，无所谓要服。《康王之诰》称庶、邦、侯、甸、男、卫，亦无要服。不特此也，汉人迷信《王制》，《王制》曰："凡四海之内九州，州方千里。"郑注云："大界方三千里，三三而九，方千里者九也。其一为县内，馀八各立一州，此殷制也。"余谓夏制不可知，殷制则不止方三千里。《酒诰》曰："自成汤咸至于帝乙，越在外服，侯、甸、男、卫、邦伯，罔敢湎于酒。"是周初之制与商制无甚差异，皆侯、甸、男、采、卫五等，无所谓要服也。要服本为蛮服，不在九州之内。穆王好大喜功，故《职方》之言如此。《大行人》朝贡一节，与《职方氏》相应，当亦穆王所改。若巾车掌公车之政令，革路以封四卫，木路以封蕃国。可见周初疆域，至卫服而止，无所谓要服，此穆王所未改者也。夷、镇、藩三服，地域渺茫，叛服不常，安知其必为五百里？要服去王城三千五百里,东西七千里,九州之大,恐无此数。今中国本部,最北为独石口,当北纬四十一度半;极南至于琼州,当北纬十八度。其中南北相去二十三度半,为里四千九百。周尺今不可知,若以汉尺作准,汉尺存者有虑虒尺,虑虒尺一尺,合清营造尺七寸四分,尺度虽古今不同,里法则古今不异。古之五服六千里,以七四比之,当四千四百四十里,与今四千七百里不甚相远。穆王加要服为七千里,以今尺计之,则为五千一百八十里,较今长三四百里,此由今中国本部,北至独石口,而古者陕西北部之河套亦隶境内(今属绥远)。河套之地,于汉为朔方、九原、定襄(朔方正傍黄河,周时"城比朔方",此朔方与汉之朔方为近,非唐之朔方也),如并朔方计之,当有五千一百八十里。恐穆王时疆域亦未大于今日也。《汉书·地理志》:"郡县北至朔方,南至交趾(九真、日南即今安南)。"而云南北万三千三百六十八里。以今尺七四比之,有九千六百馀里。自朔方以至日南,亦无此数。自此以后,言地域者,皆称南北万里、东西九千里。其实中国本部并无此数,此后世粗疏,更甚于《周礼》也。测量之不精,自周至明,相差不远,惟周人不甚夸大,汉以后夸大耳。

测量之法,古人未精,西晋裴秀作官图,盖尝测量矣。所以不准者,以不知北极出地之法也。唐贾耽作《华夷图》及关中、陇右、山南、九州等图;至宋,略改郡县之名,刘豫阜昌七年刻之西安,一曰《禹迹图》,一曰《华夷图》,今尚完好。贾耽之作,亦由测量而来,然亦未准者——不知北极出地之法,一也;未免夸大,二也。北极出地之法,周人自未之知,因其不夸大,故所言里数与今相差不远耳。(以上言职方与周初疆域不同,明《周礼》非周公一时之作,周公之后屡有修改。)

　　管仲治齐，略变《周礼》之法，《小匡篇》及《齐语》并载桓公问为政之道，管子称："昔吾先王昭王、穆王，世法文、武之远绩，以成其名。"《周礼》至穆王乃定，此亦一证。又，《周礼》萍氏掌国之水禁，幾酒、谨酒，其法不甚严厉，其职殆如今卫生警察。如言《周礼》之作在周公时，则萍氏显违《酒诰》之文。《酒诰》曰："群饮，汝勿佚，尽执拘以归于周，予其杀！"不仅幾酒、谨酒而已！此亦可见《周礼》之屡有修改，盖百馀年中，不知修改若干次矣。

　　六官之制，古无异论。清金鹗作《求古录礼说》，言六官之制，实始于周。《曲礼》云："天子之五官，曰司徒、司马、司空、司士、司寇。"此与《周官》不同，当为殷制。又云：王者设官，所以代天官，故其制必法乎天。三光以法三公，五官以法五行。引《左传》云：五行之官，是谓五官。木正曰句芒，火正曰祝融，金正曰蓐收，水正曰玄冥，土正曰后土。明自少皞、颛顼以来皆五官。余谓少皞、颛顼之制，确为五官，前乎此则未可知。至商，恐已六官矣。《曲礼》之言，不知何据。郑注《礼记》，凡与《周礼》不合者，皆曰夏殷之制。其实五官是否确为殷制，不可知也。余谓，与其据《曲礼》，不如据《论语》。《论语》云："君薨，百官总己以听于冢宰三年。""何必高宗？古人之皆然。"此所谓冢宰，当如《周官》之冢宰，为六官之首。否则，百官何以听之？冢宰于《周礼》曰太宰。太宰之名，不见虞、夏之书，殆起于商。《说文》云："宰，罪人在屋下执事者；从宀从辛，辛，罪也。"具食之官，见于《左传》者曰宰夫，或曰膳宰。《汉书》有雍太宰，为五畤具食之官。宰本罪人之称，庖人具食，事近奴隶，故以宰为名。然太宰、小宰，位秩俱隆，而厖被宰名，当自伊尹始。《吕览·本味篇》称伊尹说汤以至味，极论水火调剂之事，周举天下鱼肉菜果之美，而结之曰：天子成则至味具。《史记·殷本纪》亦谓伊尹欲干汤而无由，乃为有莘氏媵臣，负鼎俎以滋味说汤，致于王道。二家之说与《孟子》"伊尹以割烹要汤"符合。据《文选》李善注引《鲁连子》曰："伊尹负鼎佩刀以干汤，得意，故尊宰舍。"盖伊尹参与帷幄之谋，权势虽尊，本职则卑。后以其功高，而尊宰舍，故有太宰、冢宰之名耳。又《商颂》称伊尹为阿衡，《周书》曰保衡。保阿，女师也。阿，《说文》作妸，在女子曰保阿，在男子亦曰阿衡、保衡，其为媵同也。伊尹为媵臣，故尊保阿；伊尹为庖人，故尊宰舍。此说虽为孟子所不信，然其为实事至明。周因殷礼，故设太宰之官。今观太宰所属之官，与清之内务府不远。惟司会掌邦之六典、八法、八则之贰，以逆邦国都鄙官府之治；太府掌九贡、九赋、九功之贰，以受其货贿之入，为与国计有关。自馀宫殿之官，如宫正之属；禁掖之官，如内宰之属；饮食之官，如膳夫之属；衣服之官，如司裘、掌皮之属，皆清内务府所掌也。周官三百六十，太宰所掌六十，位秩最崇，然治官之属，仅司会、大府为有关于国计者。以太宰本之殷制而来，其本职不过《周礼》膳夫、内宰二官。由饮食而兼司衣服，由禁掖而兼司宫殿。是故，周官太宰无所不掌，而属员仍冗官耳。后儒不明此理，谓周公防宦官用事，故立此制。不知宦官用事，必不在贵族执政之世。周公时贵族执政，断无防及刑馀擅权之理也（汉、唐、明三代，皆有刑馀擅权之事，六朝则无。何则？贵族执政阶级严明，非刑馀所得间也）。由此论之，天官冢宰，周袭殷制，后世未必可法。至春官宗伯主祭祀，非今之要职。地官司徒掌地方行政，兼司教育，如今内务、教育两部。夏官司马掌行军用兵，如今军政部。秋官司寇掌狱讼刑法，如今之司法部。皆立国要典，可资取法者也。（以上论六官之职。)

何以汉儒谓《周礼》为黩乱不验之书也？以汉初经师之说，与《周礼》不同，故排弃之耳。《马融传》云："秦自孝公以下，用商君之法，其政酷烈，与《周官》相反，故始皇禁挟书，特疾恶，欲绝灭之，搜求焚烧之独悉，是以隐藏百年。孝武帝始除挟书之律，开献书之路，既出于山岩屋壁，复入于秘府。五家之儒，莫得见焉。"案：马谓秦烧《周礼》独悉，其言太过。秦所最恶者为《诗》、《书》而不及《礼》。孟子曰："诸侯恶其害己也，而皆去其籍。"可见《周礼》自七国时已不甚传。虽以孟子之贤，犹未之见。故其言封建与《周礼》全异（孟子言："公、侯皆方百里，伯七十里，子、男五十里。"《周礼》谓公五百里，侯四百里，伯三百里，子二百里，男百里）。汉初儒者未见《周礼》，而孟之说流传已久，故深信不疑（景帝末年河间献王始得《周礼》，《周礼》未出时，汉儒言封建者皆宗孟子，文帝时作《王制》亦采《孟子》为说）。又以贾谊有众建诸侯之论，故虽见《周礼》，亦不敢明说。周之五百里，为今三百七十里，其封域不过江、浙之一道，川、云之一府。汉初王国之广，犹不止此。夏、商二代，封国狭小，故汤之始征，四方风靡；文王伐崇戡黎，为时亦暂。以四邻本非强大，故得指顾而定之也。《逸周书·世俘解》称武王翦商，灭国六百馀（孟子言灭国五十），若非小国寡民，安得数月之间灭国六百馀乎？周公有鉴于此，故大封宗室，取其均势，以为藩屏。其弊至于诸侯争霸，互相争伐，而天子不能禁。以视武丁朝诸侯、有天下，如运诸掌，本末之势，迥乎不同。由此可知，商代封国尚无五百里之制也。贾谊患诸侯王尾大不掉，故不肯明征《周礼》。惟太史公《汉兴以来诸侯年表》云："封伯禽、康叔于鲁、卫，地各四百里。"《汉书·韩安国传》，王恢与安国论辨，称秦缪公都雍地，方三百里，并与《周礼》相应。盖史公但论史事，王恢不知忌讳，故直举之耳。然孟子之言亦未为无据。周之封建，有功者，视其功之高下以为等级，无功则封地狭小。滕、薛皆侯国。滕，周所封；薛，夏所封。考其地不出今薛县一县，犹不及孟子所言之百里。齐、鲁、卫、燕，亦皆侯国，而封域不止四百里（齐，太公之后；鲁，周公之后；燕，召公之后。功业最高，故封地独大。卫包邶、鄘、卫三国，殷畿千里，皆为卫有）。盖于鲁、卫为褒有德，于齐、燕为尊勤劳。其地皆去周远，亦所以固吾圉也。以此知五百里、四百里之制，不过折衷言之，非不可斟酌损益也。明乎此义，则可知《周礼》非黩乱不验之书矣。至谓《周礼》为六国阴谋之书者，汉人信《孟子》，何休专讲《公羊》，故有此言耳。

后之论者，以王莽、王安石皆依《周礼》施政而败，故反对《周礼》。余谓二王致败之由在不知《周礼》本非事事可法，只可师其意，而不可袭其迹。西汉之末，家给人足，天下艾安。莽之变法，可谓庸人扰之。宋神宗时，国势虽衰，民犹安乐，安石乃以变风俗、立法度为急，而其法又主于聚敛，宜其败矣。宇文周时关陇残破，苏绰为六条诏书奏施行之：曰先治心，曰敦教化，曰尽地利，曰擢贤良，曰恤狱讼，曰均赋役。盖亦以《周礼》为本，终能斫雕为朴，变奢从俭。隋及唐初，胥蒙其福。贞观之治，基础于此。夫变法之道，乱世用之则治，治世用之则乱，况《周礼》不尽可为后世法乎？陈止斋、叶水心尊信《周礼》，当南宋残破之时而行《周礼》，或有可致治之理，然不可行之今日。何者？今外患虽烈，犹未成南宋之局，若再变法，正恐治丝而益棼耳。

《中庸》云："礼仪三百，威仪三千。"《礼器》云："经礼三百，曲礼三千。"礼仪、经礼谓《周礼》也。威仪、曲礼谓《仪礼》也。《仪礼》篇目不至有三千,故郑康成云:其中事仪三千。然《汉志》言礼自孔子时而不具,《杂记》言恤由之丧,哀公使孺悲之孔子学《士丧礼》,《士丧礼》于是乎书。然则在孔子时,《仪礼》早有亡失。三百三千云者,约举其大数云尔。

秦燔书后,汉兴,高堂生传《士礼》十七篇,又于孔壁得《礼古经》五十六篇,其十七篇与高堂生所传同;《记》百三十一篇,七十子后学者所记。以古礼仅存五十六篇,故学者无不重视《礼记》。今五十六篇又散佚矣。汉儒说经,为《仪礼》作注者绝少。马融但注《丧服》一篇,至康成乃注全经。自汉末以逮西晋,注《丧服》者,无虑二三十家,而注全经者,仅王肃一人而已。

今人见《仪礼》仅存十七篇,以为《礼古经》五十六篇,除十七篇外,悉已散佚。此不然也。案:小戴记《投壶》、《奔丧》二篇,郑《目录》云:实逸《曲礼》之正篇也。又,大戴记之《诸侯迁庙》、《诸侯衅庙》、《公冠》(《公冠》文简,是否全文,未可知,后附孝昭冠辞,文亦无多)三篇,皆当为逸礼之正篇。又郑注《内宰》,引《天子巡守礼》;注《司巫》、《月令》,引《中雷礼》,其文虽少,亦《礼古经》之正篇,当在五十六卷之数。依是数之,则十七篇外,今可知者又有七篇,合之得二十四篇。《礼经》之文,平易可读,汉儒所以不注者,或以其繁琐太甚,或以通习者不多(西汉习礼者有鲁国桓公,见刘歆《移让太常博士书》,其授受不可知)。盖汉人治经谨慎,非有师受,不敢妄说。康成但注十七篇者,亦以三十九篇先师未有讲说故耳。

礼书序次,大小戴及《别录》,彼此不同。其以《士冠》、《士昏》、《士相见》为次,则三家未有违异。郑氏次第,悉依《别录》。

其经文有今古文之异者，郑于字从今者，下注古文作某；从古者，下注今文作某。所谓今古文，非立说有异，不过文字之异耳。自汉以来，传《丧服》者独盛（马融而后，三国蒋琬亦作《丧服要记》一卷）。《小戴记》论丧服者十馀篇，《大戴记》亦有论丧服变除之言，见《通典》所引。古人三年之丧，未葬，服斩衰，居倚庐，寝苫枕块；既葬，齐衰，居垩室；小祥以后，衰裳练冠，居外寝；大祥则禫服素冠，出垩室，始居内寝（《檀弓》言祥而缟，盖缟冠素纰也。素即白绢。《诗·桧风》："素冠，刺不能三年也"）。禫服三月之后，则以墨经白纬为冠，得佩纷帨之属，寝有床，犹别内，始饮醴酒。逾月复吉，三年之礼乃成。此即所谓丧服变除。盖古人居丧，兼居处饮食言之，非专系于冠服也。汉人居丧尚合古法，故能精讲《丧服》。韩昌黎自比孟子，而言《仪礼》行于今者盖寡，沿袭不同，复之无由，考于今，诚无所用之。夫《仪礼》在后代可用者诚少，然昏礼至今尚用纳采、问名、纳吉、纳征、请期、亲迎之名，丧礼亦尚有古人遗意，冠礼至唐已废，乡饮酒礼六朝至唐仍沿用之。昌黎疏于礼，故为此言耳。《丧服》一篇，自汉末以至六朝，讲究精密，《通典》录其论议，多至二三十卷。其中疑难，约有数端。出妻之子为母期，而嫁母之有服、无服，《仪礼》未有明文。或以为应视出母，或以为嫁由自绝，与被出有异。又为人后者，议论纷繁。《传》曰："为人后者孰后？后大宗也。"大宗不可以绝，故族人以支子后大宗。汉代王侯往往以无子国除，此不行古代后大宗之礼也。否则，王侯传国四五代，必有近支可承，何至无子国除？迨元始时，始令诸侯王、公、列侯、关内侯无子而有孙若子同产子者，皆得以为嗣。师古曰："子同产子者，谓养昆弟之子为子者。"如诸葛亮以兄子为子，皇甫谧出后其叔，此皆非后大宗，与《仪礼》之为人后者不相应。《唐律》于此亦称养子。《开元礼》有为人后者，实即养子也。后人误以养子为即俗称之螟蛉子，因疑《唐律》既许养子，何以又有不许养异姓男一条。不知《唐律》所称养子是养同宗于昭穆相当者也。《仪礼》：为人后者，为其父母降为齐衰不杖期，盖持重于大宗者，降其小宗也。然魏晋六朝人于三年之内不得嫁娶，即子女嫁娶亦所不许。曹公为子整与袁谭结婚，裴松之曰："绍死至此，过周五月耳，谭虽出后其伯，不为绍服三年，而于再期之内以行吉礼，悖矣。"于此可见古人守礼之严。至今所谓养子者，魏时或为《四孤论》曰："遇兵饥馑有卖子者；有弃沟壑者；有生而父母亡，复无缌麻亲，其死必也者；有俗人以五月生子，妨忌不举者。有家无儿，收养教训成人。"则对于公姬育养者应有服否，三国、两晋论议甚多，或以为宜服齐衰周，方之继父同居者，此议斟酌尽善，可补《仪礼》之阙。《仪礼》制于宗法时代，秦汉而后，宗法渐衰，自有可斟酌损益之处。《开元礼》亦有与《仪礼》不同者，《仪礼》父在为母齐衰期，武后时，改为父在为母齐衰三年。《仪礼》为祖父母齐衰不杖期，为曾祖父母齐衰三月，高祖之服则无有（或以为古人婚晚，玄孙不及见，高祖故无服，其说非是。恐高祖以上概括在曾祖之内）。《开元礼》改为曾祖父母齐衰五月正服，为高祖父母齐衰三月加服。嫂叔本无服，盖推而远之也。唐太宗以同爨尚有缌麻之恩，增叔嫂小功五月义服。古人外亲之服皆缌，为外祖父母小功，以尊加也。为舅缌，从服也。母之姐妹曰从母，而舅不可称从父，故为从母小功，以名加也，此亦古人之执着。《开元礼》改为舅及从母小功正服。综此四条，悉当情理。六朝人天性独厚，守礼最笃，其视君臣之义，不若父子之恩，讲论《丧服》，多有精义。唐人议礼定服,亦尚有法,不似后世之枉戾失中也。服有降服、正服、义服。斩衰无降服,衰以缕之粗细为等,斩者不缉也。为父正服,为君义服;故为父斩衰三升,为君三升半:父子之恩固重于君臣之义也。魏太子会众宾百数十人,太子建议曰:"君父各有笃疾,有药一丸,可救一人,当救君耶? 父耶?"众人纷纭,或父或君。邴原在座,不与此论。太子咨之于原,原悖然对曰:"父也!"南朝二百七十馀年,国势虽不盛强,而维持人纪,为功特多。《丧服》一篇,师儒无不悉心探讨,以是团体固结,虽陵夷而不至澌灭。此所谓鲁秉周礼,未可取也。宋代理学家亦知讲求古礼,至明人而渐不能矣。今讲《仪礼》,自以《丧服》为最要。

　　《隋书·经籍志》云:"汉初,河间献王得仲尼弟子及后学者所记一百三十一篇献之。至刘向校书,检得一百三十篇,第而叙之。又得《明堂阴阳记》三十三篇、《孔子三朝记》七篇、《王氏史氏记》二十一篇、《乐记》二十三篇,凡五种,合二百十四篇。戴德删其烦重,合而记之,为八十五篇,谓之《大戴记》;而戴圣又删大戴之书为四十六篇,谓之《小戴记》。马融传小戴之学,又足《月令》一篇、《明堂位》一篇、《乐记》一篇,合四十九篇。"今《大戴记》存三十九篇,《小戴记》四十九篇。《投壶》、《哀公问》两篇,二戴所同,合得八十六篇。大戴亡佚篇目,今不可考。钱晓徵以为小戴实止四十六篇,今《曲礼》、《檀弓》、《杂记》俱分上下,故为四十九篇;以小戴四十六,合大戴八十五,即古记之百三十一篇也。其说殊未谛。《乐记》二十三篇,本不在古记之数。今《乐记》断取十一篇为一篇,以入《礼记》。《月令》与《明堂位》同属《明堂阴阳记》,大戴《盛德篇》亦应属《明堂阴阳记》。古记百三十一篇之数，决不如钱氏所举也。

又二戴所录，有非礼家之言。如大戴之《千乘》、《四代》、《虞戴德》、《诰志》、《小辩》、《用兵》、《少闲》七篇，采自《孔子三朝记》(唐人所引直称《三朝记》)。《汉志·儒家》:《子思》二十三篇;《曾子》十八篇。大戴录《曾子立事》以下十篇，而小戴之《中庸》、《坊记》、《表记》、《缁衣》四篇，当为子思之书。又大戴《武王践阼》录自《太公阴谋》,《汉志》以太公入道家。此皆二戴所采诸子之文，凡二十二篇。又小戴《王制》,乃孝文帝令博士所作，大戴《公冠》后附孝昭冠辞，并非古记旧有，更去其属于《明堂阴阳记》及《乐记》者，删其复重《投壶》、《哀公问》二篇，则二戴记中可说为古记之旧者，不及百三十一篇之半。又如通论之篇，若《儒行》、《大学》等，是否在百三十一篇中，尚难言也。

《礼记》一书，杂糅今古文之说。《王制》一篇为今文家言，其言封建，采用《孟子》,言养老不知所据。惟《丧礼》、《丧服》无今古文之异，《礼记》言此綦详。自明以来，读经所以应科举，以《丧礼》、《丧服》不在程试范围，则删节不读。其实读《礼记》以《丧礼》、《丧服》为最要。馀如《儒行》、《大学》、《表记》、《坊记》、《缁衣》等篇，皆言寻常修己治人之道，亦无今古文之异。凡此，皆《礼记》之可信者。若言典章制度，则宜从古文不从今文，古文无谬误，今文多纰漏也。

三礼郑注之后，孔贾之疏已为尽善。清人以贾疏尚有未尽，胡培翚作《仪礼正义》,孙诒让作《周礼正义》。由今观之，新疏自比贾疏更精。《礼记》孔疏理晰而词富，清儒无以复加，朱彬作《训纂》,不过比于补注而已。《大戴礼》自北魏卢辩作注，历千馀年，讹舛不可卒读，戴震校之，孔广森作《补注》,但阙佚已多耳。

说礼者皆称三礼,而屏弃大戴不道。其实,《大戴礼》亦多精义,应与小戴并举,而称四礼。理学家最重小戴,以《大学》、《中庸》并在其中故。独杨慈湖以为大戴多孔子遗言,所作《先圣大训》录《大戴记》特多。二戴《记》中《哀公问》、《儒行》、《仲尼燕居》、《孔子闲居》、《王言》诸篇,皆孔子一人之言,七十子后学者所记,《汉志》不入《论语》家,独《三朝记》入《论语》家,殆以《三朝》七篇,文理古奥,与馀篇不同,或是孔子手作,或是孔子口说、弟子笔录者尔。

关于《春秋》者,余所著《春秋左氏疑义答问》大旨略具,今所讲者,补其未备而已。

问《春秋》起于何时?曰:晋之《乘》、楚之《梼杌》、鲁之《春秋》,皆在孔子之前。《周官》外史"掌四方之志",郑注云:谓若晋之《乘》、楚之《梼杌》、鲁之《春秋》。是《春秋》起于周,非始于古代也。《左传》:"韩宣子适鲁,见《易象》与鲁《春秋》,曰:'周礼尽在鲁矣。吾乃今知周公之德与周之所以王也。'"孔疏云:鲁《春秋》遵周公之典以序时事,发凡言例,皆是周公制之。然韩宣子云周礼在鲁者,所以美周公之德耳,非谓《易象》、《春秋》是周公所作也。《春秋》备纪年、时、月、日,《尚书》往往有年有月有日而无时(惟"秋大获"一句纪时,其馀不见),其纪年月日又无定例。如《书序》:"惟十有一年,武王伐殷。"此所谓十有一年者,以文王受命起数,非武王之纪元也。纪年之法,苟且如此,即为未有《春秋》编年之法之故。今人以为古圣制礼作乐,必无不能纪年之理。其实,非惟周公未知纪年之法,即孔子亦何尝思及本纪、世家、列传哉!太史公《三代世表》谓"余读谍记,黄帝以来,皆有年数,稽其历谱牒终始五德之传,古文咸不同、乖异,夫子之弗论次其年月,岂虚哉!"可见史公所见周秦以前书不少,而纪年各不同。今观《竹书纪年》(七国时书),自黄帝以来,亦皆有年数,而与王孙满所称"鼎迁于商,载祀六百"违异。此为古无纪年之作,后人据历推之(战国时有六家历,《汉书·律历志》所云黄帝、颛顼、夏、殷、周及鲁历是也。《艺文志》春秋家有《太古以来年纪》二篇,当亦此类)。各家所推不同,故竹书所载与古语不符也。太史公不信谱牒,故于三代但作世表,共和以后,始著《十二诸侯年表》。《大戴礼·五帝德》称"宰予问于孔子曰:昔者,予闻诸荣伊令'黄帝三百年',请问黄帝者人耶?抑非人耶?何以至于三百年乎?"如当时有纪年之书,宰予何为发此问哉?刘歆作《三统历》以说《春秋》,班氏以为推法密要。然周以前不可推,以古人历疏,往往有日无月,不能以月日推也。

《十二诸侯年表》,始于共和元年,余意《春秋》之作,即在共和之后。盖宣王即位,补记共和时事而有《春秋》也。观《十二诸侯年表》,诸侯卒与即位均书年,可见《春秋》编年之法即在此时发明者。于时厉王出奔,宣王未立,元年者,谁之元年乎?《春秋》以道名分,故书共和元年也。《墨子·明鬼》历举周之《春秋》、燕之《春秋》、宋之《春秋》、齐之《春秋》,而始于杜伯射宣王事。前乎此者,但征及《诗》、《书》而已。可见宣王以前无《春秋》也。宣王中兴令主,不但武功昭著,即文化亦远迈前古。改古文为籀文,易纪事以编年,皆发明绝大者也。至列国之有《春秋》,则时有早晚,决非同时并作。《晋世家》记穆侯四年取齐女姜氏为夫人,当周宣王二十年,是晋于是始有《春秋》。其馀各国皆在宣王之后。鲁之《春秋》,始于隐公元年,当平王四十九年,上去共和元年历一百一十九年。其所以始于隐公者,汉儒罕言其故。杜元凯谓平王东周之始王,隐公让国之贤君,故托始于此。此殆未然。列国《春秋》,本非同时并作,鲁则隐公时始有《春秋》耳,非孔子有意托始于隐公也。后人以太史公世家首太伯,列传首夷、齐,推之《春秋》始于鲁隐,其意正同。其实太史公或有此意,孔子则未必然。隐公但有让桓之言,而无其实事。云"使营菟裘,吾将老焉"者,不过寻常酬酢语耳,何尝真以国让哉!

周之史官有辛甲、尹佚。尹佚即史佚,其书二篇,《艺文志》入墨家。《吕氏春秋·当染篇》云:"鲁惠公使宰让请郊庙之礼于天子,桓王(当作平王)使史角往,惠公止之。其后在于鲁,墨子学焉。"墨子之学,出于史角,由此可知史角即尹佚之后。鲁有《春秋》,殆自史角始矣。

《左传》所载五十凡例,杜氏以为周公之旧典,盖据传凡例谓之礼经,而谓此礼经为周公所制也。然时王之礼皆是礼经,岂必周公所制然后谓之礼经哉!余意五十凡例乃宣王始作《春秋》之时王朝特起之例。列国之史,其凡例由周室颁布抑列国自定,今不可知。要之,当时之礼即可谓之礼经,不必定是周公作也。

作史不得不有凡例,太史公、班孟坚之作有无凡例不可知。范蔚宗作《后汉书》则有之(《宋书·范晔传》云:"班氏任情无例,吾杂传论,皆有精意。纪传例为举其大略耳"),惟今不可见。唐修《晋书》,非一人之作,不得不立凡例以齐一之。宋修《新唐书》,吕夏卿有《唐书直笔新例》一卷(见《宋史·艺文志》)。《新唐书》本纪、志、表,皆欧阳修作;列传则宋祁作。二人分工,如出一手,凡例之效也。大抵一人之作,不愿以凡例自限,《春秋》本不定出一史官之手,无例则有前后错误之虞,故不得不立凡例。

惟《左传》所举五十凡例，不知为周史所遗抑鲁史自定之耳。

自来论孔子修《春秋》之故者，孟子曰："邪说暴行又作，臣弑其君者有之，子弑其父者有之，孔子惧，作《春秋》。"《公羊传》曰："君子曷为《春秋》？拨乱世，反诸正，莫近诸《春秋》。"公羊之论较孟子为简赅。然《春秋》者，史也。即在盛世，亦不可无史。《尚书》纪事，略无年月，或颇有而多阙，仅为片断之史料。《春秋》始有编年之法，史法于是一变，故不可谓《春秋》之作专为拨乱反正也。宋儒以为《春秋》贵王贱霸，此意适与《春秋》相反。《春秋》详述齐桓、晋文之事，尚霸之意显然。孟子、公羊，同然一辞。虽孟子论人，好论人心，以五霸为假。然假与不假，《春秋》所不论也。贵王贱霸之说，三传俱无，汉人偶亦及之，宋儒乃极言之耳。三传事迹不同，褒贬亦不同，而大旨则相近。所谓绌周、王鲁、为汉制法者，《公羊》固无其语，汉儒傅会以干人主，意在求售，非《春秋》之旨也。要之，立国不可无史，《春秋》之作，凡为述行事以存国性。以此为说，无可非难。今文化之国皆有史，惟不如中土详备。印度玄学之深，科学亦优，而其史则不可考。又如西域三十六国，徒以《汉书》有此一传，尚可据以知其大概，彼三十六国无史，至今不能自明其种类。中国之大，固不至如三十六国之泯焉无闻，然使堕入印度则易。此史之所以可贵，而《春秋》之所以作也。

问鲁之《春秋》，孔子何为修之？曰：鲁之《春秋》，一国之史也。欲以一国之《春秋》，包举列国之《春秋》，其事不易。当时之史，惟周之《春秋》最备，以列国纪载皆须上之周室（《史记·六国表》谓"秦既得志，烧天下《诗》、《书》，诸侯史记尤甚，为其所刺讥也。《诗》、《书》所以复见者，多藏人家，而史记独藏周室，以故灭"。可见七国时,列国之史犹藏周室)。孔子之作《春秋》,如欲包举列国之史,则非修周之《春秋》不为功。然周之《春秋》,孔子欲修之而不可得。鲁为父母之邦,故得修鲁之《春秋》耳。然鲁之《春秋》,局于一国,其于列国之事,或赴告不全,甚或有所隐讳,不能得其实事;既鲁史载笔,亦未必无误。如此则其纪载未必可信,不信则无从褒贬,不足传之后世。以故,孔子不得不观书于周史也。既窥百国之书,贯穿考覈,然后能笔削一经尔。

嘉庆时,袁蕙缠据《左传》从赴之言,以孔子未尝笔削。然此可以一言破之:鲁史以鲁为范围,不得逾越范围而窜易之,使同于王室之史。孔子之修《春秋》,殆如今大理院判案,不问当事者事实,但据下级法庭所叙,正其判断之合法与否而已。传曰:"非圣人谁能修之?"焉得谓孔子无治定旧史之事哉!乾隆时重修《明史》,一切依王鸿绪《明史稿》,略加论赞。孔子之修《春秋》,亦犹是也。所以必观书于周史者,《十二诸侯年表》云:"孔子西观周室,论史记旧闻,兴于鲁而次《春秋》。""七十子之徒口受其传指。为有所刺讥,褒讳挹损之文辞,不可以书见也。鲁君子左丘明,惧弟子人人异端,各安其意,失其真,故因孔子史记,具论其语,成《左氏春秋》。"据此可知,孔子观周与修《春秋》之关系浅,与作《左传》关系深。然自孔子感麟制作,以讫文成,为时亦当一年,更逾年而孔子卒。古之学者,三年而通一艺,《春秋》二百四十二年之事,以授弟子,恐非期月之间所能深通。今观仲尼弟子所著,如《曾子》十八篇,无一言及《春秋》者。太史公云:"春秋笔则笔,削则削,子夏之徒不能赞一辞。"信矣!盖《春秋》与《诗》、《书》、《礼》、《乐》不同,《诗》、《书》、《礼》、《乐》,自古以之教人,《春秋》,官史之宝书,非他人所素习。文成一年,微言遂绝，故以子夏之贤，曾无启予之效。而太史公又谓七十子咸受传指，人人异端，盖已过矣。诚令弟子人人异端，则《论语》应载其说，传文何其阙如？尝谓《春秋》既成，能通其传指者甚少，亦如《太史公书》惟杨恽为能祖述耳。左丘明身为鲁史，与孔子同观周室。孔子作经，不暇更为之传，既卒，而弟子又莫能继其志。于是具论其事而作传耳。

孟子曰："《春秋》，天子之事也。是故，孔子曰：'知我者，其惟《春秋》乎！罪我者，其惟《春秋》乎！'"案，《说文》，事从史之省声，史所以记事，可知事即史也。《春秋》天子之事者，犹云《春秋》天子之史记矣。后人解《孟子》，以为孔子匹夫而行天子为事，故曰罪我者其惟《春秋》，此大谬也。周史秘藏，孔子窥之，而又泄之于外，故有罪焉尔。向来国史实录，秘不示人。明清两代，作实录成，焚其稿本，弃其灰于太液池。以近例远，正复相似。岂徒国史秘密，其凡例当亦秘密，故又曰："其义则丘窃取之矣。"义即凡例之谓。窃取其义者，犹云盗其凡例也。孟子之言至明白，而后人不了其义，遂有汉儒之妄说。夫司马子长身为史官，作史固其所也。班孟坚因其父业而修《汉书》，即有人告私改作国史者，而被收系狱。《后汉书》亦私家之作，然著述于易代之后，故不以私作为罪。《新五代史》亦私家之作，所以不为罪者，徒以宋世法律之宽耳。若庄廷鑨私修《明史》，生前未蒙刑罪，死后乃至戮尸。国史之不可私作也如此。故孔子曰窃取、曰罪我矣。

孔子之修《春秋》，其意在保存史书，不修则独藏周室，修之则传诸其人。秦之燔书，周室之史一炬无存，至今日而犹得闻十二诸侯之事者，独赖孔子之修《春秋》耳。使孔子不修《春秋》，丘明不述《左传》，则今日之视春秋犹是洪荒之世已。（以上论孔子修《春秋》。）

《公羊传》云："所见异辞，所闻异辞，所传闻异辞。"此语不然。公羊在野之人，不知国史，以事实为传闻，其实鲁有国史，非传闻也。董仲舒、何休更以所见之世为著太平，所闻之世为见升平，所传闻之世为起衰乱，分二百四十二年以为三世。然公羊本谓《春秋》拨乱世、反诸正，是指二百四十二年皆为乱世也。

僖公经二十八年："天王狩于河阳。"《左传》称仲尼曰："以臣召君，不可以训，故书曰：'天王狩于河阳。'"似传意以此为孔子所修。然《史记·晋世家》称孔子读史记，至文公曰："诸侯无召王。'王狩河阳'者，《春秋》讳之也。"则知此乃晋史旧文，孔子据而录之耳。是故，杜氏以诸称"书"、"不书"、"先书"、"故书"，"不言"、"不称"、"书曰"之类皆是孔子新意，正未必然。惟《赵世家》云："孔子闻赵简子不请晋君而执邯郸午、保晋阳，故书《春秋》曰：'赵鞅以晋阳叛。'"此当为孔子特笔。又，《左传》具论《春秋》非圣人不能修，盖以书齐豹曰盗、三叛人名为孔子特笔。外此，则孔子特笔治定者殆无几焉。《春秋》本史官旧文，前后史官意见不同，故褒贬不能一致。例如《史》、《汉》二书，太史公所讥，往往为班孟坚所许。《春秋》之褒贬，当作如是观矣。宋人谓《春秋》本无褒贬（朱晦庵即如此说），则又不然。三传皆明言褒贬，不褒贬无以为惩劝，乱臣贼子何为而惧也？胡安国谓圣人以天自处，故王亦可贬。此又荒谬之说也。晋侯、齐侯，贬称曰人，略之而已，无妨于实事。如称齐伯、晋伯，则名实乖违，夫岂其可？如胡氏之言，孔子可任意褒贬，则充类至尽，必至如洪秀全所为。洪秀全自称天王，而贬秦始皇曰秦始侯，贬汉高祖曰汉高侯,可笑孰甚焉? 余意褒贬二字,犹言详略,天子诸侯之爵位略而不书,有贬云乎哉?

《春秋》三传者,《左氏》、《公羊》、《榖梁》是也。《史记》称《左氏》曰"春秋",称《公》、《榖》曰"传"。清刘逢禄据是谓《左氏春秋》犹《晏子春秋》、《吕氏春秋》也。刘歆等改《左氏》为传《春秋》之书,东汉以后,以讹传讹,冒曰《春秋左氏传》。不知春秋固为史书之通称,而传之名号亦广矣。孟子常称"于传有之",是凡经传无不可称传,孔子作《易》十翼,后人称曰象传、象传、文言传、系辞传是也。《左氏》之初称传与否,今莫能详。太史公云:"左丘明因孔子史记具论其语,成《左氏春秋》。"此谓丘明述传,本以说经。故桓谭《新论》(《太平御览》引)云:"左氏传于经,犹衣之表里,相持而成。"焉得谓是《晏子》、《吕览》之比? 盖左氏之旨,在采集事实,以考同异、明义法,不以训故为事,本与其馀释经之传不同。《春秋》不须训故,即《公》、《榖》亦不重训故也。

《春秋》经十二公,何人所题(三体石经今存文公篇题)? 哀公经又何人所题? 是当属左氏无疑。《汉志》:《春秋古经》十二篇、经十一卷。此因《公》、《榖》合闵于庄,而《左氏》则庄、闵各卷,故《公》、《榖》十一,而《古经》十二也。闵公历年不久,篇卷短少,故合之于庄,乃何休则以为"三年无改于父之道",不以凿乎?

《汉志》:《春秋古经》十二篇,《左氏传》三十卷。是经、传别行。杜元凯作注,始合经传而释之。昔马融作《周官传》,就经为注。康成注《易》以十翼合之于经,皆所以便讽籀耳。《论衡·案书篇》云:"《春秋左氏传》者,盖出孔子壁中。"而《汉志》称孔壁所得止有《尚书》、《礼记》、《论语》、《孝经》。《说文序》云:"鲁恭王坏孔子宅,而得《礼记》、《尚书》、《春秋》、《论语》、《孝经》,又北平侯张苍献《春秋左氏传》。"张苍所献者,是否经传合编,则不可知。今《左氏》经文已经后师用《公》、《穀》校改,观三体石经与今本不同可知也。《儒林传》称贾谊为《左氏传训故》,是《左氏传》先恭王坏壁而出,《说文序》云张苍献之,是也。

唐赵匡云:丘明者,盖夫子以前贤人,如史佚、迟任之流,而刘歆以为《春秋左氏传》是丘明所为耳。案:昔人所以致疑于左氏者,以《左传》称鲁悼公之谥。鲁悼之卒,后于获麟五十年。又称赵襄子之谥,赵襄之卒,更在其后四年。如左氏与孔子同时,不至如此老寿。然考仲尼弟子,老寿者多。《史记·仲尼弟子列传》称子夏少孔子四十岁,《六国表》称魏文侯十八年受经子夏,时子夏一百一岁矣。至文侯二十五年,子夏一百有八,《魏世家》犹有受经艺之文。假令左氏之年与子夏相若,所举谥号在鲁元初年,其时不过八十馀岁,未为笃老也。又《吕览·长利篇》载南宫括与鲁缪公论辛宽语。缪公之卒,上距元公之初五十馀年,南宫得见缪公,则何疑于左氏之不逮元公也。刘向《别录》称左丘明授曾申,申授吴起,起授其子期,期授楚人铎椒,铎椒作抄撮八卷,授虞卿,虞卿作抄撮九卷,授荀卿,荀卿授张苍。案:《吕氏春秋·当染篇》、《史记》列传,皆称吴起学于曾子(《檀弓》亦称曾申为曾子);《说苑·建本篇》称魏武侯问元年于吴子,则起受《左氏春秋》于曾申可信(起死在鲁缪公二十七年,去获麟已百岁)。《十二诸侯年表》云:"铎椒为楚威王傅(威王元年去获麟一百四十二年),为王不能尽观《春秋》,采取成败,卒四十章,为《铎氏微》。"微者,具体而微之谓,即抄撮是也。《左传》全文十七万字,合经文则十九万字,简编之繁重如此,观览不易,传布亦难矣。《汉志》云:"《春秋》所贬损大人当世君臣,有威权势力,其事实皆形于传,是以隐其书而不宣,所以免时难也。"抑亦未尽之论,恐《左氏》之不显,正为简编繁重之故,此铎椒所以作抄撮也。

《吕氏春秋》、《韩非子》诸书多引《左氏》之文,其所见是否《左氏》全文抑仅见铎氏抄撮,今无可征。至《公》、《穀》所举事实,与《左氏》有同有异。大概《公》、《穀》本诸《铎氏》,其不同者,铎本所无耳。《别录》云:铎椒授虞卿,以其时考之,虞卿欲以信陵君之存邯郸为平原君请封(本传),而铎椒为楚威王傅,自楚威王元年至信陵君救邯郸之岁,历八十三年,则卿不得亲受《春秋》于椒。《别录》所述,当有阙夺。又云:虞卿授荀卿,荀卿授张苍。虞卿相赵,荀卿赵人,自得见之。荀卿适楚而春申君以为兰陵令,春申君死而荀卿废(本传)。荀卿废后十八年秦并天下,时张苍为秦御史,主柱下方书。苍以汉景帝五年卒,年百有馀岁(本传),则为御史时已三四十矣,其得事荀卿自可信。荀卿之卒,史无明文。《盐铁论》称李斯为相,荀卿为之不食,是荀卿亦寿考人也。苍献《左传》而传之贾谊。今观贾谊《新书》征引《左氏》甚多,其传授分明如此。

桓谭《新论》云:《左氏》传世后百馀年,鲁穀梁赤为《春秋》,残略多所遗失;又有齐人公羊高缘经文作传,弥离其本事。观《公羊》隐十一年传称"子沈子曰",何休云:沈子称子,冠氏上者,著其为师也。《穀梁》定元年传直称沈子,则沈子当与穀梁为同辈,此公、穀后先之证也。柏举之役,穀梁称蔡昭公归乃用事乎汉,公羊则改用事乎河。盖公羊齐人,知有河而不知有汉,不知自楚归蔡,无事渡河,此公羊不明地理之过也(《史通》讥《公羊》

记晋灵公使勇士贼赵盾，勇士见盾食鱼飧，叹以为俭，以为公羊生自齐邦，不详晋物，以东土所贱，谓西州亦然，遂目彼嘉馔呼为菲食，于物理全爽）。改一字而成巨谬，斯又《公羊》后出之证也。穀梁常引《尸子》之言，《汉志》云："尸子名佼，鲁人，秦相商君师之，鞅死，佼逃入蜀。"穀梁有闻于尸佼，疑其亦得见《秦记》。《六国表》称《秦记》不载月日，穀梁闻尸佼之说，见《秦记》之文，故以鲁史之书月日为义例所在矣。殽之役，《穀梁》言"秦越千里之险，入虚国，进不能守，退败其师，徒乱人子女之教，无男女之别，秦之为狄，自殽之战始也。"范宁不能解。杨士勋疏云："'乱人子女'，谓入滑之时纵暴乱也。"案，《史记·扁鹊传》云：秦缪公梦之帝所，帝告以"晋国且大乱，其后将霸，霸者之子且令而国男女无别"。夫献公之乱、文公之霸，而襄公败秦师于殽，而归纵淫，与《穀梁》之言合符。盖《穀梁》得之《秦记》尔。《史记·商君传》："商君告赵良曰：始秦戎狄之教，父子无别，同室而居，今我更制其教，而为其男女之别。"此亦秦师败于殽而归纵淫之证也。至《穀梁》所记，亦有可笑者。如季孙行父秃，晋郤克眇，卫孙良夫跛，曹公子手偻，同时而聘于齐。齐使秃者御秃者，使眇者御眇者，使跛者御跛者，使偻者御偻者。此真齐东野人之语，而《穀梁》信之。又如宋、卫、陈、郑灾，《穀梁》述子产之言曰："是人也，同日为四国灾也。"岂以禆灶一人能同日为四国灾耶？

　　《穀梁》下笔矜慎，于事实不甚明了者，常出以怀疑之词，不敢武断。荀卿与申公皆传《穀梁》，大抵《穀梁》鲁学，有儒者之风，不甚重视王霸；公羊齐人，以《孟子》有"其事则齐桓、晋文"之言，故盛称齐桓，亦或过为偏护。何休更推演之，以为黜周、王鲁、为汉制法诸说，弥离《公羊》之本义矣。

《公羊》后师有"新周故宋"之说。《公羊》成十六年传：成周宣榭灾，"外灾不书，此何以书？新周也。"夫丰镐为旧都，成周为新都。《康诰》曰："周公初基，作新大邑于东国洛。"《召诰》曰："乃社于新邑。"《洛诰》曰："王在新邑烝。"新周犹言新邑，周不可外，故书。义本坦易，无须曲解。故宋本非公羊家言。《穀梁》桓公二年传："孔子，故宋也。"孟僖子称孔子圣人之后，而灭于宋。《穀梁》亦谓孔子旧是宋人。新周、故宋，截然二事，董、何辈合而一之，以为上黜杞，下新周而故宋，此义实公、穀所无，由董、何读传文而立。至文家五等、质家三等之说，尤为傅会。《左氏》言：在礼，卿不会公、侯，会伯、子、男可也。《公羊》亦云：《春秋》，伯、子、男，一也。申之会，子产献伯、子、男会公之礼六。《鲁语》，叔孙穆子言诸侯有卿无军，伯、子、男有大夫无卿。据《周官》：上公九命、侯伯七命、子男五命，即谓公一等，侯伯一等，子男一等；至春秋时，则伯、子、男同等。此时王新制尔。若云素王改制，则子产、叔孙穆子皆在孔子修《春秋》以前，何以已有伯、子、男同班之说？仲舒未见《左氏》，不知《公羊》之语所由来，乃谓孔子改五等以为三等，为汉制法。其实，汉代止有王、侯二等，非三等也。

公羊即不见《左氏传》，或曾见铎氏抄撮，故其说亦有通于《左氏》者。如"元年春，王正月"，《左氏》云："王周正月。"王周犹后世之称皇唐、皇宋。谓此乃王周之正月，所以别于夏、殷也。《公羊》云："王者孰谓？谓文王也。曷为先言王而后言正月？王正月也。何言乎王正月？大一统也。"盖文王始称王、改正朔，故公羊以周正属之，其义与左氏不异。乃董仲舒演为通三统之说。如董说则夏建寅、商建丑，必将以二月为商正月，三月为夏正月，不得言王二月、王三月矣。

《公羊》本无神话，凡诸近神话者，皆《公羊》后师傅会而成。近人或谓始于董仲舒。案，《公羊》本以口授，至胡毋生乃著竹帛，当汉景帝时，则与仲舒同时也。何休解诂，一依胡毋生条例。盖妖妄之说，胡毋生已有之，不专出董氏也。《公羊》嫡传，汉初未有其人（戴宏之说，全无征验）。《论衡·案书篇》云："公羊高、穀梁寊、胡毋氏皆传《春秋》，各门异户。"夫三人并列，可知胡毋生虽说《公羊》而亦自为一家之学。汉人传《尚书》者，小夏侯本受之大夏侯，后别立小夏侯一家。胡毋生之传《公羊》，亦其比矣。《别录》及《艺文志》但列公、穀、邹、夹四家，今谓应加胡毋氏为五家，庶几淄渑有辨。惜清儒未见及此，故其解释《公羊》总不能如晦之见明，如符之复合也。惟《公羊》得胡毋生而始著竹帛，使无胡毋生则《公羊》或竟中绝，然则胡毋生亦可谓《公羊》之功臣矣。

汉末锺繇不好《公羊》而好《左氏》，谓《左氏》为太官厨，《公羊》为卖饼家。自《公羊》本义为董、胡妄说所掩，而圣经等于神话，微言竟似预言，固与《推背图》、《烧饼歌》无别矣。今治三传自应以《左氏》为主，《穀梁》可取者多，《公羊》颇有刻薄之语，可取者亦尚不少。如内诸夏、外夷狄之义，三传所同，而《公羊》独著明文。又讥世卿之意，《左》、《穀》皆有之，而《公羊》于尹氏卒、崔氏出奔，特言世卿非礼。故读《公羊传》者，宜舍短取长，知其为万世制法，非为汉一代制法也。

史学略说

今讲史学，先论部类。昔人以纪事、编年分类，此言其大要也。《隋书·经籍志》分史部为十三类：一、正史，《史记》《汉书》属之。二、古史，编年者属之，如荀悦《汉纪》、袁宏《后汉纪》是。所以称古史者，既以本纪、列传为正史，则依《春秋》之体纯为编年者，不得不称古史也。三、杂史，既非本纪，又异编年，《逸周书》《吴越春秋》《战国策》之类属之，此皆率尔而作，非史策之正也。四、霸史，记载割据、僭窃，不成正统者属之，《华阳国志》《十六国春秋》之类是也——以上四种，史之经，亦史之本也。五、起居注，帝王每日一言一动，均详记之，《隋志》以《穆天子传》开端。六、旧事，杂记典章制度、帝王、臣下之事，如《汉武故事》是。七、职官，昉于《周礼》，《隋书》以《汉官解诂》《汉官仪》开端。《汉官解诂》模拟《周礼》，当时此种著作甚少，后则有《唐六典》以及近世会典（较《唐六典》为扩大）。《六典》整齐，《解诂》不整齐，斯其异也。八、仪注，以《汉旧仪》为首。《汉旧仪》卫宏所作，记当时礼制，今已残缺，本亦不甚详也。六朝时礼书甚多，今皆散佚，唐《开元礼》亦不存，惟《会典》中略引数条，宋《太常因革礼》犹存，明有《集礼》，清有《大清通礼》，皆仪注类也。《汉旧仪》但记朝廷之礼，《开元礼》则稍及民间杂礼。其专讲民间冠婚丧祭者，有《书仪》一类（《书仪》亦入仪注，始作者刘宋王弘，晋王导之孙也）。《文公家礼》亦其属也。家礼六朝时已有之，或曰书仪，或曰家礼，名目异耳。九、律令（耿案：《隋志》为刑法篇），记历朝法律之作，不甚完备，《隋志》以《晋律》开端。十、杂传，包举今之志书、碑传集等，汉《三辅决录》专记三辅人物，《陈留耆旧传》、《襄阳耆旧传》体例亦同，《隋志》皆入杂传类，而今则入方志人物门。其中有与地理相混者，如《海岱志》、《豫章志》，观其标题，宛然地志。所以不入地志者，记地理者少，记人物者多故也。外此，《列女传》、《列仙传》亦入此类。要之，如方志之人物门矣。《隋书》有可议者，《搜神记》、《冤魂记》列入杂传，二书固传体，然鬼神之事，焉得入史部乎？十一、地理，地理书著录无几，单记一方者曰图经，如《幽州图经》、《齐州图经》是。其统记全国者，则有炀帝时所定之《区宇图志》一百二十九卷，体例仿佛后之一统志，今已不传。其后，唐有《元和郡县志》，宋有《太平寰宇记》、《元丰九域志》。此三书皆统记全国地理者也。而《寰宇记》一百九十三卷为最详；《元和志》仅四十馀卷为最简。《明一统志》九十卷，《清一统志》五百卷，已觉繁而不杀，而《元一统志》有一千卷之多，虽领域寥阔，亦何至繁冗至此，今亦无传。《元和郡县志》于郡县之建立，山川之位置，财赋之丰啬，均极详明，而不载人物。隋《区宇志》今不可见，不知体例何如，恐亦不载人物也。故杂传、地理分而为二，凡以杂传载人物，地理不载人物故。十二、谱系，《世本》、《汉氏帝王谱》、《百家集谱》之类皆是。此种谱牒，专录贵族，不及齐民。至于六朝，人尚门第，所作綦繁，刘孝标《世说新语注》所引，多至数十家，当时重视谱牒可知。唐有《元和姓纂》（今缺数卷），此后作者渐近渐稀。宋郑樵《通志·氏族略》，大体尚佳，而多附会，不及南宋邓名世《姓氏书辨正》之精确。此皆国家官修之谱，非私家著作可比。

官修之谱者,唐以前各处皆设谱局,有司与闻其事。所以设谱局者,以六朝人尚门第,士大夫不得与舆、台、皂、隶通婚。设有干犯,有司得纠劾治罪,《文选》沈休文《奏弹王源》是也。门第之风替,而谱牒之学衰,欧阳修、苏洵辈之私谱代之而兴。此谱牒兴衰之大凡也。唐人封爵,以郡望为准(唐人封爵,或依郡望,或依祖宗籍贯,李白之所以不能确知为何处人者,以其所称陇西,本李广产地。乃郡望非地名,故或曰蜀,或曰山东,至今不可确知也。又唐人封爵,如依其所生之县名而有错误,可请更正。林宝《元和姓纂》之作,即为此故。宋以后封爵随便,然苏轼封武功伯亦因苏之远祖为苏味道,武功人,故轼虽生长四川,仍以武功封之也)。宋以后此风渐废,婚姻封爵不以谱系为准,则谱系乃一家私事,故不设局耳。十三、簿录,以刘向《七略·别录》、荀勖《中经簿》为首,今所谓目录者是。

此十三类,大体已具,犹有不足者,今姑不论。历代之所损益,但依清人四库分类论之。四库分类与《隋志》略近而稍变,名古史曰编年,别立纪事本末一门(纪事本末始于宋之袁枢)。又诏令奏议别为一类,有时令而无谱系。此其大较也。诏令奏议,于古收入文集。帝王亲制,入帝王一己之集;词臣代拟,亦入词臣一己之集。陆宣公奏议入《翰苑集》。宋人文集有内制、外制,是其证也(中书舍人知制诰所拟者曰外制,翰林学士所拟者曰内制)。宋人然,明人亦然,至清则文与诏令奏议有分。盖古人奏议美富,后世渐不成文。能文之士,不愿以奏议入集,故分编也(欧阳修论吕夷简云:"夷简为陛下宰相十有九年,误了天下。"此与今白话文相似,甚且谓"盗贼一日多似一日,人民一日穷似一日",则竟不成文理矣。然犹以之入集)。又古人奏议,多出己手,近世惟京官无幕友为之捉刀。地方督抚所上折,出幕友手者十七八。目不识丁之武夫,一为督抚,奏议亦有佳作。即如刘铭传辈亦何尝亲自操觚哉! 以故,四库分之,亦不足怪。至于时令别为一类,最为可笑。时令者,于古有《夏小正》《月令》之属,唐改《礼记·月令》作《唐月令》,颁行全国,且以冠《礼记》之首。当时重视《月令》,本不足怪。宋以后即不然,至近代则"是月也,东风解冻"等语,惟时宪书记之耳。此其语涉气侯,本不成令,而四库别立一门者,清帝钦定之书,无可归类,又不可不录,故别立此门也。此门所录,只宋陈玄靓《岁时广记》及康熙钦定之《月令辑要》二书,存目虽立十馀部,故为衬托而已,岂为正式收录哉?唐有官谱,谱系可信。宋以后不可信,以其不可信,故四库去谱系一门。然家谱自不甚可信,若《世本》以至《姓氏书辨正》,人皆称善,岂不可信?《元和姓纂》虽佚,依《永乐大典》辑成者亦略备。又《千家谱》乃官定之书,凌迪知《万姓统谱》,虽不足道,今其书犹在(北京图书馆有之),亦无甚荒谬处。其书体例如《尚友录》而较详,每一姓下,列入历代有名之人,梁贾执《英贤传》即如此作,见《广韵》所引,亦《万姓统谱》类也。迪知尚有《姓氏博考》,与谱系有关。以余观之,《世本》、《元和姓纂》、《千家谱》、《英贤传》、《姓氏博考》五书,应立一谱系门,如云书少,不足别为门类,则时令何以可别立一门耶? 求其所以不立之故,殆以讲求谱系,即犯清室之忌。《广韵》每姓之下,注明汉姓、虏姓,如立谱系一门,必有汉姓、虏姓之辨,故不如径删去耳。清修四库,于史部特注意;经部不甚犯忌,然皇侃《论语疏》犹须窜改;子部宋、元、明作者,亦有犯忌处;集部则更多——然皆不如史部之分明,故史部焚毁尤多。不立谱系,即其隐衷可见者也。《清史稿》史部有方略一门(清特开方略馆),《平定三藩方略》、《平定罗刹方略》、《平定粤寇方略》等属之。今案,方略列入史部,未为允当。《汉书·艺文志》有兵书略一门,四库入兵书于子部(诸子中有兵家一门)。然子部之兵书,本与其他有异。《孙子兵法》,《艺文志》有图九卷,魏武、诸葛之书,全属行军号令之作,戚继光《纪效新书》、《练兵实纪》亦然(《纪效新书》记御倭寇时行军法令,《练兵实记》记守边时之军中法令,与《孙子兵法》略不同),皆兵家之方略也。由此观之,方略应入兵家。人谓著书无可归类,则入子部,余谓史部亦然。行军方略,略似纪事,故入史部,不知子部亦有纪事之作也。要而论之,清四库添诏令奏议一门,无可非议;时令一门,全属无谓;方略虽四库所无,而《清史稿》有之,然当入兵家,不当列入史部,而谱系一门,仍当补入者也。故以《隋志》较之,只应加诏令奏议一门而已。《隋志》所可议者,前所举《搜神记》、《冤魂记》不当入史部是也。又《竹谱》、《钱谱》之属,列入谱系,亦为不当。谱者,人之谱也,非物之谱也。四库于子部立谱录一门,则《竹谱》与《群芳谱》相等者当入此门。至于《钱谱》,有金石一门在,可列入也。要之,《隋志》大旨不谬,小有出入,今为纠正如此。然此就已分之四部言耳。如依《汉志》,则正史以下,皆当归入《春秋》家。不但《汉志》为然,齐王俭仿《七略》而作《七志》,亦入史部于经(《汉志·六艺略》入史部于《春秋》家,王俭《经典志》亦有史部之书)。详论源流,分部本宜如此,今以《隋志》为准,乃一时之权宜耳。

正史之名,昉于《隋志》,今以二十四史当之。《隋志》所录正史三千八十三卷,今二十四史三千二百四十卷。历年千馀而所增益者无多，此何以故？今之所谓正史，以官定者为准。不颁学官，则不得谓之正史（自明以来以十三经、二十一史颁发学官）。而《隋志》所录，则只论其合于正史体裁与否，不问其官定私修也。故《后汉书》录八种，《晋书》亦录八种，皆不嫌重复（今二十四史惟唐、五代重复，李延寿《南、北史》略与魏、晋、齐、梁重复，但此系通史，与断代为书者不同）。盖史具五志三长者，皆得称为正史，如必立学官而后谓之正史，则当问去取之间，究以何者为准？假以官修为限，则范书是私修之书，《新五代史》亦然，即《史记》亦未纯为官修之书。司马迁为太史令，修史固其职责，惟其成书，乃在为中书令时（后代中书令士人为之，汉则奄人为之，掌出入奏事，与明司礼监之掌印、秉笔、随堂太监所掌略同）。迁续父业，未成而下蚕室，故其《报任少卿书》曰："草创未就，惜其不成，是以就极刑而无愠色。"《自序》又云："藏之名山，副在京师。"是其书生时未宣布也。殁后，书稍出。宣帝时，外孙杨恽，祖述其书，遂宣布焉。后代官修之史，须进呈于朝，《史记》则不然，知其本为官史，后则私家著述矣。《三国志》，陈寿除著作郎时所撰（晋以后太史令为著作郎，不掌修史事）。寿殁，梁州大中正范頵等表请就家写其书，则寿书生时亦未进呈，不得谓为官书也。寿又撰《古国志》五十篇，寿师谯周著《古史考》乃考证之作，非记事之书。寿本之而作《古国志》。《古国志》今佚不见，以意求之，殆与《三国志》同类。《三国志》直称晋武为司马炎，如为官书，焉得不避讳乎？然则《三国志》亦私史也。今二十四史并取《史记》、《三国志》、《后汉书》、《新五代史》，则所谓正史者，岂得以官修为准哉！古代史自《史记》外，别无他作可代。三国史当时虽有多种，后皆散佚无存，仅存寿书。《后汉书》谢承、华峤各有著述，然自宋以后，独范书具存。《五代史》自金章宗新定学令削薛存欧，而旧史遂微。然其书明代尚存，虽体例未善，而本末赅具。故司马温公作《通鉴》，于唐事则多采旧书，于五代则专据薛史。欧阳修作《五代史记》，自负上法《春秋》，于唐本纪大书"契丹立晋"，为通人所笑。此学《春秋》而误也。《春秋》书法，本不可学，"卫人立晋"云者，晋为卫宣之名，今契丹所立之晋，国名而非人名。东家之颦，不亦丑乎？欧书私家之作，如求官书，当以薛史为正，否则亦当二书并列。明代屏弃旧史，过矣（薛史至清而亡，四库诸臣依《永乐大典》排纂而成今书。昔皖人汪允中自言家有《旧五代史》原本，汪殁后不知其书所在。商务印书馆影印百衲本二十四史，欲得薛史原本，久征未得，人疑已入异域，后乃知在丁乃扬家。丁珍惜孤本，托言移家失去，世遂无有见者。修四库时，清政府若以帝王之力，多方访求，何至不获真本哉！惜其不求也）。

清儒以不立学官者为别史，王偁之《东都事略》是也（书述北宋九朝之事，王为南宋时人）。元修《宋史》，繁简失当；卷数之多，几及五百；一人二传，往往而有。自明以来，屡议改修。嘉靖中拟以严嵩为总裁，设局重修，其事未行。时有柯维骐者，作《宋史新编》二百卷。至清陈黄中作《宋史稿》一百七十卷。虽去取未能尽善，然纠谬补遗，足备一格。《元史》仓卒成书，纰漏最多。清末柯劭忞作《新元史》，屠寄作《蒙兀儿史记》。柯书征引繁博，体例似不及屠。屠书不载太祖、太宗等庙号，直称成吉思皇帝、完者笃皇帝、薛禅皇帝，谓元代诏令碑版，多如此称。称之曰太祖、太宗者，华人以尊号加之耳，未必合彼意也。应准名从主人之例，改为是称。余谓元人以鼠儿、牛儿纪年，则纪年似亦更改，而屠书未能从也。柯书繁富,屠有笔削,皆视旧史为优。列入正史,可无愧色。至宋史之柯、陈二家,可否列入正史,一时尚难论定。要之,正史范围,当从宽大,如《隋志》之尽量收入,亦无妨耳。

正史云云,又有当论述者,正统之说是也。《隋志》于正史之外,别有霸史,以霸匹正,则正言正统,霸言僭伪割据也。正统之说,论者纷然。北人以北朝为正统,唐初尚尔。而《隋志》则南北朝史并入正史。盖南北朝究竟以何方为正统,未易定也。若依夷夏之辨立论,自当以南朝为正,北朝非华人也;如以正统予元魏,则前之刘渊、石勒、苻坚,皆将以正统归之矣。斥刘、石而予魏、齐,岂持论之平哉!苻坚奄有中原,强逾东晋。而王猛临终语之曰:"晋正朔相承,愿不以晋为图。"是猛固视晋为正统也。北魏初亦不敢自大,及魏收作《魏书》,始称东晋为僭晋,谥南朝曰岛夷(此亦报复之道。沈约作《宋书》,号北朝曰索虏。托跋编发为辫,故曰索头虏),助桀为虐,信为秽史。唐人承隋,不得不以北朝为正。开元时萧颖士以为南朝正统,至萧梁而绝,作《梁不禅陈论》。实则梁敬帝禅位于陈,不能言陈无所受,而温公有陈氏何所受之说,殆为萧氏所误也。案,萧颖士为梁鄱阳王恢七世孙,梁氏宗室,自相构难,萧詧至以妻子质魏,导魏兵伐江陵,杀梁元帝。元帝之子敬帝,称帝建业,后禅位于陈,詧亦在襄阳即位,号后梁,至隋开皇七年,国废。党伐之见,萧家子弟,锢蔽最深。颖士偏私之言,岂可尽信?皇甫湜作《东晋元魏正闰论》,亦谓江陵之灭,则为周矣。陈氏自树而夺,无容于言。此盖唐人立言,不得不尔。《资治通鉴》则取宋、齐、梁、陈年号,以记诸国之事。自宋至陈,主国者皆汉人,自宜以正统予之,而朱晦庵作

《纲目》，不分主从，并列南北朝年号。晦庵生于南宋，不知何以
昧于夷夏之义如此。温公《通鉴》于三国则正魏闰蜀，《纲目》反
之，以蜀为正统，此晦庵长于温公处。温公谓昭烈之于汉，虽云
中山靖王之后，而族属疏远，不能记其世数名位，亦犹南唐烈祖
之称吴王恪后，不当以光武为比（自长沙、靖王至光武，世系甚
明）。此温公之偏见。徐知诰幼时为徐温所虏，其世系人无知
者。若昭烈之称汉后，为当时敌国所共认，为汉中王时，群臣表
于献帝，称肺腑枝叶、宗子藩翰，若果世系无考，曹操焉有不揭破
其诈者？又吴蜀交恶，诸葛瑾与备笺云："关羽之亲，何如先帝？"
设非汉裔，瑾何为此言哉？故以昭烈比徐知诰，亦温公之一失
也。温公自言正闰之际，非所敢知，不过假其年号以识事之先
后，故五代梁唐，亦取其年号纪事。而王船山则以为称五代者，
宋人之辞，黥卒剧盗，犬羊之长，不能私之以称代。必不得已，于
斯时也，而欲推一人以为之主，其杨行密、徐温、王建、李昇、钱
镠、王潮之犹愈乎？尚有长人之心，而人或依之以偷安也。周自
威烈王以后，七国交争，十二侯画地以待尽，赧王纳土朝秦，天下
后世，固不以秦代周，而名之曰战国。然则天祐以后、建隆以前，
谓之战国焉，允矣，何取于偏据速亡之盗夷而推崇为共主乎？严
衍《通鉴补》亦言周社虽亡，秦命未集；昭襄虽强，犹齐楚耳。朱
温篡唐，毒浮于地；敬瑭巨虏，贻殃万民。梁、晋之罪，甚于黄巢。
世有鲁连，必当蹈海。其书以周赧入秦，七雄分据，改称前列国；
唐昭陨洛，五代迭兴，改称后列国。论甚公允。惟书之于册，甚
不易于纪年。当时十国中称帝者四（吴、南唐、前蜀、后蜀，又南
汉刘龑亦称帝），究以何人之年号为纲而附之以事乎？严书分注
列国年号。按：分注之列，始于《纲目》，前之前、后《汉纪》，皆不

分注。《纲目》与《通鉴》体例不同，毕沅《续通鉴》，于宋代纪年而下，旁注辽、金年号，显然违乱《通鉴》体例。严之《通鉴补》亦然。故空言甚易，成书则难。史家于此，所当郑重考虑也。霸史中如马令、陆游《南唐书》，吴任臣《十国春秋》，谢启昆《西魏书》（魏收在北齐作《魏书》，不载西魏，谢纂录故籍成此），皆足以资考订。至何者方可谓之正史，则清代以颁立学官者为限。民国以来，无此限制，亦不能再立范围矣。

《史记》于纪、传、表、志之外，别立世家，以纪列国诸侯。一统之朝，不宜有此。记僭伪之国曰载记，《晋书》有之，其体昉于《东观汉记》（东汉初年之群雄，如刘玄、公宾就等悉入载记）。《新五代史》立十国世家。十国中，如吴、越、荆南奉中原正朔者列入世家，固无不可，若南唐、孟蜀则帝制自为，不受册命，岂应列入世家？《宋史》亦以世家载开国时未灭诸国，实则皆当以载记称之，不当列入世家也。今《清史稿》沿前史之例，立《叛臣》、《逆臣》二传。其中如郑成功为残明孤忠，洪秀全亦未尝事清，志在光复，安得以叛逆目之？此皆当入载记者也。

《史记》十表最佳，《汉书》因之，范晔、陈寿已不能为，而宋熊方作《后汉书年表》十卷，补所未备，厥意可师。盖传所不能容者，见之于表，亦严密得中之道。故亲若宗房，贵如宰执，传有所不登，名未可竟灭者，皆可约之以表。《汉书·百官公卿表》所载，多功业低微之辈。后汉政归台阁，三公无权，选举诛赏，一由尚书（台阁者，尚书省也。尚书官小而势尊，出纳王命，敷奏万机，一如帝王之秘书厅矣），三公惟伴食耳。故范书立传不多，熊方补之，读者得一览了然，诚快事也。《新唐书》之《宰相世系表》，《汉书》之《古今人表》，皆属无谓（《宰相世系表》，推其始祖,记其后裔,宰相之家谱耳)。其《新唐书》之《方镇表》,《明史》之《七卿表》(六部尚书及都察院),《清史稿》之《疆臣表》(各省督抚),则增设而得当者也。

《史记》八书,未曾完具:《礼书》录自《荀子》,《乐书》全袭《乐记》,盖十篇有录无书,后人杂取他篇以补之也。其实,太史公时,礼乐已有制作。叔孙通所定之朝仪,可入《礼书》;铙歌、楚调,可入《乐书》。不知何以剿袭充数也。《天官书》专载天文,夫星座方位,古今如一,似不必代有其书。然测天历代不同,则又不可省也。律、历二书,亦寡精要。史公所注意者,盖在《河渠》、《平准》、《封禅》三书耳。《前汉书》之《礼乐》、《律历》二志,较《史记》为详,其《天文志》则略同《史记》,加《五行志》以记灾异,则汉人最信五行也(《五行志》,后来史书无不有之,均法《汉书》之说怪异。《明史》则但载事物之变异,一无影射之言,斯为优矣)。后沈约《宋书》增《符瑞志》,斯无谓矣。《沟洫》、《食货》二志,亦较《史记》为详,《郊祀》意续《封禅》,《刑法》增而未尽。《地理》、《艺文》,《史记》不志,而《汉书》增之,沾溉后人不少。此班志之特长也。范蔚宗不能为志,后世以司马彪《续汉书》志补之。《百官》、《舆服》二志,彪所新设。《百官》述官制而不详,《舆服》可与礼乐同入一类。自此以后,书、志分门,无大变动。兵制为国家要政,而各史阙如。《新唐书》补之,可称特识。又有《选举志》,亦补前史所未备。天文一志,似无所用,惟《晋书》、《隋书》之天文志,详备可观,盖李淳风等所定也。又《隋书·律历志》,比较古今度量权衡而详列之,此亦《隋书》之特长,亦李淳风等所定也。《明史》天文、历法,参用西术,详列图表。此皆后人特优之处。惟典章制度,史志所记不详。专门之书,则有《通典》、《通考》诸书在。

《史记》《刺客》、《游侠》诸传，极形容之能事，史公意有不平，故为此激宕之文，非后人所当仿佛者也。《汉书》有《佞幸传》载外嬖邓通、董贤之流，善柔便佞，虽无奸臣之气魄，而为祸则烈。若清代之和珅，亦可以入《佞幸传》也（初修《清史》时，人谓《清史》不当列《奸臣传》，以无人可当奸臣也。余谓和珅一流，入《佞幸传》可矣）。《史》、《汉》有《儒林传》，《后汉书》更益之以《文苑传》，《史记》之《司马相如传》、《汉书》之《扬雄传》，皆无大事可记，仅取其赋篇入传。晋以后之文人，史传亦往往录其赋篇。是皆可入《文苑传》，举其篇名，不必全载其文。《后汉书》有《列女传》，搜次才行，不专节操（刘向《列女传》善恶兼收，不专崇节操），宋以后则为《烈女传》，专以激扬风教为事，与前史之旨趣违异。《后汉书》有《党锢传》，《宋史》析《儒林》而别传《道学》，清人颇致讥议。其实《道学》一传，可改称《党锢》，蔡京立元祐党人碑，韩侂胄禁伪学（当时士子应试，须先声明与伪学无关），程、朱皆在党禁之内，可不必分《儒林》、《道学》也。《明史》有《阉党传》，载刘瑾之党焦芳、魏忠贤之党魏广微等，皆阉官爪牙，交扇毒焰者。若入《宦者传》，则实非宦者；若入《奸臣传》，则不足名之曰奸臣；号曰阉党，亦无可奈何者也。王敦、桓温诸人，逆迹昭著，《晋书》置诸最后，示外之于晋。《新唐书》分《叛臣》、《逆臣》为二，自称王号不奉朝命者曰叛臣，称兵犯阙者曰逆臣。《明史》记民间揭竿而起如张献忠、李自成之辈，为《流寇列传》，此亦无可奈何者也（汉之黄巾无列传，唐之黄巢入《逆臣传》，张、李等未受朝官，不当入《逆臣传》而又不能无传，故曰无可奈何也）。前史于域外诸国，皆为列传，如《匈奴传》、《西域传》是。

明之土司,在中国境内,不能与外国等视,《明史》因增《土司传》。凡此皆增补得当者也。

史传诸体,应增即增,不必限于前例。今若重修清史,应增《幕友》、《货殖》二传。前代虽有参军一职,实系军府僚属,与清代布衣参地方官之幕者不同(明代只有军幕,职掌奏启文移,无所谓刑名钱谷;至清则地方官多有之)。其始,满人出任地方官者,于例案一无所知,不得不延幕友以为辅佐;其后,虽非满人,亦延聘幕友。浙江巡抚李卫幕中有邬先生者,雍正曾予密谕,其势焰可以想见。此文幕也。至于军幕,如明季徐文长之参胡宗宪幕,不过管书记而已。清之军幕则不然。左宗棠初亦为幕友,靳辅幕中有陈潢,皆参与帷幄,自露头角者也。至《货殖列传》,则清末富商大贾,每足以左右国家财政。列之于策,亦足以使后来者觇国政焉。

乙部之书,编年与正史并重。《史记》以前,《春秋》为编年之史。《竹书纪年》虽六国人作,亦编年类也。盖史体至汉而备。《史记》、《汉书》、《东观汉记》三史之外(晋时以《史》、《汉》、《汉记》为三史,人多习之),又有荀悦《汉纪》(悦与彧、攸同宗,不附曹操,以建安十四年卒)。悦书奉诏而作。献帝以班书文繁难省,令悦依《左氏传》体为《汉纪》三十篇,则编年体也。其后有袁宏《后汉纪》,孙盛《魏氏春秋》、《晋阳秋》(不称春秋者,避简文宣太后讳也)、习凿齿《汉晋春秋》。六朝人衍其绪馀者,不可悉举。至司马温公之《资治通鉴》而集其大成。踵其后者,有李焘之《通鉴长编》,李心传之《建炎以来系年要录》,陈桱之《通鉴续编》。《长编》纪北宋一代之事,上接《通鉴》;《要录》述高宗一朝之事，与《长编》相接。至陈桱《通鉴续编》，体例不纯，有自为笔削处，当厕诸《通鉴》、《纲目》之间。明薛应旂作《宋元通鉴》，清徐乾学作《通鉴后编》，毕沅作《续通鉴》，夏燮作《明通鉴》，其体例皆法《左氏传》，而不法《春秋经》，其兼法《春秋》而意存笔削者，则文中子《元经》、朱晦庵《纲目》是已。自明以来，作史者喜学《纲目》，清有《通鉴辑览》亦属《纲目》一类，而与《通鉴》体例不同。徐鼒《小腆纪年》，亦效法《纲目》，盖《通鉴》准则《汉纪》，虽有褒贬，无自存笔削之意，与沾沾以衮钺自喜者异也。

荀悦序《汉纪》，言立典有五志：一曰达道义，二曰章法式，三曰通古今，四曰著功勋，五曰表贤能。今案：班固之作《汉书》，其义亦不外此。志即所以章法式而通古今，传即所以著功勋而表贤能。至达道义一义，则为华夏史书所同具。袁宏生东晋之季，好发议论（荀《纪》议论甚劣），谓荀书足为佳作，然名教之本，帝王高义，则无有也。以余论之，袁书亦未为详尽，特议论甚长耳。盖彦伯所据，有谢承、华峤、司马彪。谢沈诸家之书，点窜抉择，极费苦心，故其自序，言经营八年疲而不能定也（荀书只就班书旧文剪裁联络成书，较袁书为易）。彦伯之议论，有自相违异处，如《三国名臣赞》称荀彧云："英英文若，灵鉴洞照，始救生人，终明风概。"而《后汉纪》则言"魏氏得以代汉者，文若之力也"。盖赞主褒美，史须直笔，体例各有所当耳。《后汉纪》有可与范书比勘者，如一人之言语应对，两书不同；章奏文字，互有增省（章奏有案可稽，不应彼此不同；盖史官润色，故生歧异也）是也。孙、习二家之书，今不可见。《三国志》裴松之注略有称引。孙于魏氏，无甚卓见，其馀晋事，则不可知。习书以蜀汉为正统，所以然者，习氏与桓温同时，见温觊觎非分，故著《汉晋春秋》以正之。

然晋受魏禅，外魏则晋无所受。而习氏则以为魏文虽受汉禅，不得免于篡逆；平蜀以后，汉真亡耳，于是晋室始兴。故以晋承汉，不认曹魏。故名其书曰《汉晋春秋》。于司马昭弒高贵乡公，亦用直笔书之。晦庵《纲目》之正蜀闰魏，即导源于此也。南北朝之史籍，如《三十国春秋》等，至今一字无存。温公之作《通鉴》也，采摭甚广，异同互出，不敢自擅笔削之权，因有《考异》之作。盖传闻每多异辞，正史或有讹谬。温公既取可信者录之，复考校同异，辨正谬误，作《考异》以示来世，真所谓良工心苦也。至褒贬笔削之说，温公所不为。例之《太史公书》，亦无自存笔削之意也。观史公自序答壶遂之言曰："余所谓述故事，整齐其世传，非所谓作也。而君比之《春秋》，谬矣。"盖《春秋》有一定之凡例，而褒贬之释，三传不同，故《春秋》不可妄拟。《通鉴》之志，亦犹史公之志耳。

《通鉴》成书，较袁《纪》更难。荀《纪》所载，不过二百年事；袁《纪》不及二百年；《通鉴》则综贯一千三百六十馀年之事，采摭之书，正史之外，杂史多至三百三十二种（华峤《后汉书》，温公恐不及见）。此一千三百六十馀年中，事迹纷乱，整齐不易。荀《纪》点窜班《书》，无大改异，事固易为。袁《纪》略有异同，而当时史籍尚寡，不难考校。自三国至隋，史家著述，为数綦众，观《三国志》裴注征引者已有十馀家。裴尚仅以陈寿为主，其馀诸家，不甚依据。温公则兼收并畜，不遗巨细。两晋南北朝之事，自《晋书》外，有王隐等十馀家书，温公多采之。又如五胡十六国事迹，最为纷乱，而《通鉴》所叙，条理秩然。皆可以见其书功力之深也。

南北朝史，均病夸大，而《魏书》尤甚。《史通》反对南北朝史最烈。其实南朝之史尚优于北朝。南朝之史有可笑者，如沈约《晋书》阑入以牛易马之语于禅让之间，常以忠于前朝者为不知天命，其失仅在文章褒贬之间，不如魏收《魏书》之诬诞。《魏书》志官氏则曰"以鸟名官，远师少皞"，无怪《史通》之斥之也（《史通》之语曰："魏氏始兴边朔，少识典坟，鸟官创置，岂关郯子"）。又北人不读《诗》、《书》，而诏令口语，多引经典，亦无怪《史通》之赞王劭《齐志》也（王劭《齐志》多录当时鄙语，《史通》曰："渠们、底个，江左彼此之辞；乃若君、卿，中朝汝我之义。氓俗有殊，土风有类，劭之所录，弘益多矣。"）。《通鉴》于此，不甚别白，殆以为无关宏旨乎？《唐书》之外，《周》、《齐》二书，亦为夸大，至李延寿作《南》、《北史》，稍为减杀。是故整理南、北朝史，殊非易事。又《新唐书》采摭小说甚多，温公则依《旧唐书》，删存去取，其难百倍于他书也。通观《通鉴》所采，西汉全采《史》、《汉》；东汉采范《书》十之七八；魏晋至隋，采正史者，十之六七；唐则采正史者，十不及五（温公于《旧唐书》亦不甚满意）；至五代则全据薛《史》。编辑之时，汉魏属之刘攽；晋至六朝属之刘恕；唐及五代属之范祖禹。三人分修，而笔墨相近，盖温公颇加斟酌于其间也。大事之后，又系以"臣光曰"之论断，较之袁书，此为简易；较之荀书，此为透彻。书成上表，谓精力尽于此书，信不诬矣。书以资治为名，则无关政治之外，自非所重，是以不甚信四皓之事，于严子陵亦仅略著数笔。至于文人，尤为疏略，如欲考究文化，仅读《通鉴》，仍有所不足也。

　　史家载笔，直书其事，其义自见，本不必以一二字为褒贬。书法固当规定，正统殊可不问，所谓不过假年号以记事耳。《通鉴》视未成一统之局，与列国相等。如以魏为正统，而记载仍与吴、蜀相同，南北朝亦然。凡一统之君，死称崩，否则称殂。《通鉴》于三国魏主死称殂，蜀、吴二主亦称殂；南北朝南主称殂，北朝亦称殂。一统之国，大臣死称薨，否则称卒，与春秋列国大夫相同，此温公之书法，所以表示一统与否者也。其在一年中改元者，温公以后者为准，若受禅之际，上半年属胜代，下半年为新朝，亦以后者为准。如汉献帝二十五年之冬，禅于曹魏，纪汉则献帝止于二十四年，二十五年即为黄初元年。南北朝以南朝纪年，至隋开皇九年灭陈，始立隋纪。其在汉献未禅位之前，魏称王，汉称帝。开皇九年前，以陈称帝，隋称主；灭陈之岁，陈称主而隋称帝。温公书法如此，其实一年两纪，亦无不可。温公不欲两纪，故以后者为准。后人言温公夺汉太速，实亦逼于书法，无可如何也。《纲目》以蜀为正统，分注魏、吴二国年号于下，《通鉴》则止有大书，无分注之一法，后陈桱作《通鉴续编》二十四卷（桱生元末，入明为翰林编修），大书分注，全仿《纲目》，虽曰《通鉴续编》，实《纲目》之流亚也。沈周《客座新闻》载，桱著此书时，书宋太祖云"匡胤自立而还"，未辍笔，迅雷击案，桱端坐不慑，曰："虽击吾手，终不易也。"桱书颇有存亡继绝之意，如：后汉刘知远族裔据太原称北汉，《续编》仍存北汉年号；金哀宗之后，末帝承麟立仅一日，亦为之纪年；西辽传国数十年，《续编》详为分注；宋益王昰、卫王昺在瀛国公降元之后，播迁海岛，《续编》亦皆记之，以存宋统（元修《宋史》附《恭宗本纪》后）。清代君主对于此事，深恶痛疾，其不愿福、桂、唐三王得称正统，观御批《通鉴辑览》可知。甚至李光地《榕村语录》云："凡历代帝王，均有天质，不得随人私意，尊为正统。蜀汉之尊为正统者，重视诸葛武侯故耳。"乾隆时更发特谕，谓元人北去，在汉北称汗，其裔至清初始尽,设国灭统存,则元祚不当尽于至正;武王灭纣,武庚亦将仍为正统。此不知史为中国之史,胡元非我族类,驱出境外,宁有再系其年号之理? 武庚已受周封,备位三恪,岂可与益、卫二王即位岭海者同年而语哉! 然戴名世即以《南山集》论二王应称正统而得祸。由今观之,爱新觉罗氏既作此国亡统绝之论,则辽东之溥仪,自不得再有统绪之说可以借口也。

薛应旂《宋元通鉴》无所取裁,重遝疏漏,不胜枚举。徐、毕二家之《续通鉴》,亦有误学《纲目》处,如年号之大书分注是也。宋、元二史,本文不佳,故采摭所得,不足动人。《通鉴》于可以发议论者,著以“臣光曰”之论断,此盖仿《左传》“君子曰”之例,荀、袁两纪亦然。毕沅《续通鉴》,不著议论。不知既无一字之褒贬,自不得不有论断,而毕书无之,难乎其为续矣。至夏燮之《明通鉴》,未免有头巾气。故资毕、夏二家之书可以上继《通鉴》者,谬也。

《纲目》本之《资治通鉴》,非晦庵亲著,乃其弟子赵师渊所作。“孔子作《春秋》,笔则笔、削则削,游、夏之徒不能赞一词。”晦庵则付之弟子,而自居其名。唐乔补阙知之有婢曰碧玉,善歌,知之为之不婚。不婚者,不娶妇也。《纲目》去一不字,曰:“知之为之婚。”纰谬之处,可见一斑。其所褒贬,颇欲与温公立异。三国以正统予蜀,持义固胜;而以南北朝年号并列,则昧夷夏之辨矣。温公推崇扬雄,既为《法言》作注,又言孟、荀不及扬雄。雄阿附巨君,《颜氏家训》已致诽议,苏子瞻鄙其为人。然《纲目》于天凤五年下大书“莽大夫扬雄死”六字,则有意与温公立异。官职卑微者,史不必书其死。史书凡例,蛮夷君长盗贼酋帅曰死,大夫则称卒称薨。故曹操、司马懿之奸恶,其死也,亦不能不曰卒。乃于扬雄特书曰死，此晦庵不能自圆其说者也。惟此书出赵师渊手，故有此体例不纯之事。其后，尹起莘为之作发明，刘益友为之作书法。恐亦彼辈逞臆之说，不免村学究之陋习耳。

作史而存《春秋》笔削之意，本非所宜。其谬与《太玄》拟《易》相同。王通作《元经》，大书"帝正月"，传为笑柄。明人作编年史，多法《纲目》。乾隆御批《通鉴辑览》，亦依仿《纲目》，更不足道。盖以一人之私意予夺也。其有自以为无误而适得其反者。如唐狄仁杰，人皆曰为良臣（中宗复位，得力于张柬之。柬之，狄所举也），而《辑览》则以为狄仕于周，于同平章事上应书周字。是非背于大公，即此可见。其夺益王、卫王之纪年，更无论矣。徐鼒作《小腆纪年》，专纪南明三王之事，自宜以三王纪年，而仍大书分注，以清帝纪年。然则称大清纪年可矣，何谓小腆哉？徐鼒生道光时，雅片战争之后，已无文字之狱，尚有此纰谬，难乎免于刘知幾之所谓"党护君亲"矣。笔削之书，孔子而后，世无第二人。太史公、司马温公所不敢为，而后人纷纷为之，不得不叹《纲目》为始作之俑也。《明史》文章，视《宋史》为胜，惟其书法有不如《宋史》者。《宋史》于益、卫二王附本纪之末，一如《后汉书》之于未逾年之君著之先帝本纪之后者。王鸿绪《明史稿》以福、唐、桂三王列入宗室诸王传，尚可谓之特笔。于乾隆时重修《明史》，则以之附于先王传后。须知本纪如经，列传如传，有君而不立本纪，其臣将何所附丽哉？如福王时史可法，唐王时何腾蛟，桂王时瞿式耜、李定国等，读其传者，将不知所事何人，此《明史》荒谬之处也。徐书更不足道矣。

要之，褒贬笔削，《春秋》而后，不可继作。《元经》一书，真伪不可知。《纲目》则晦庵自视亦不甚重。尊《纲目》为圣书者，村学究之见耳。编年之史，较正史为扼要，后有作者，只可效法《通鉴》，不可效法《纲目》，此不易之理也。

正史编年而外，学者欲多识前言往行，则"三通"尚已。《四库提要》以《通典》、《通考》入政书类，《通志》入别史类。不知《通志》二十略，郑渔仲之创作；本纪、列传，则史抄也。《四库》不加辨别，概归之于别史，失其实矣。作《通典》者杜君卿，唐德宗时人。先是，刘知幾之子秩作《政典》三十五卷，分门诠次，大体略具。杜氏以为未备，复博采史志，综贯历代典章制度，而为是书（典章制度之散在列传者，《通典》不备取）。杜氏之意，重在政治，故天文、五行，摈而不录。全书二百卷，分八门，礼占卷帙之半。《开元礼》原书已佚，杜氏撷其精要，存三十六卷，其隆礼如此。书成，德宗时上之（此书上溯黄、虞，下讫天宝，可谓体大思精之作）。至宋，有宋白作《续通典》，今无可见。马贵与作《文献通考》，盖有因于宋书者。马氏以杜书为未备，故离析增益，而列二十四门。实则《经籍》、《象纬》、《物异》诸考，无关政治，不过充数而已（《经籍考》尚与文化有关）。然其书出后，继起而无愧色者，亦不可得矣。《通典》事实多而议论少，《通考》录议论至多。宋人素好议论，固其所也。明王圻作《续通考》二百五十四卷，盖不足上规马氏。清高宗时，辑宋、辽、金、元、明五朝事迹，作《续文献通考》二百五十二卷。高宗好胜好名，以《通典》终天宝之末，复敕修《续通典》一百四十四卷（自唐肃宗至德元年迄明崇祯末年）。实则既续《通典》，何必又续《通考》？同时，更撰《皇朝通典》一百卷，此其命名已不通。所谓通者，贯数代而为言也。事止一代,安得谓之通乎?《通志》二十略,大半本于《通典》。《六书》、《七音》二略,是其得意之作。帝纪列传,迻录原史,不合《通典》、《通考》之例。《四库提要》不以与杜、马之书并列,殆为此也。然《通志》疏漏殊甚,不仅言天文可笑,言地理亦可笑。《地理略》全抄《通典》之文。所以然者,南宋时两河沦陷,郑氏无从考征,只得抄撮成书耳。故朱晦庵已云《通志》所载,而北方人所言不合。夫记载地理,本须亲自涉览,郑氏不知而作,纰谬固宜。至于《六书略》与《说文》全不相涉,《七音略》则以三十六字母为主。谓三十六字母可以贯一切之音,且矜贵其说,云得之梵书。今按:《华严》字母,与梵语无关。《涅槃文字品》四十七字,尚与梵语相近。三十六字母者,唐宋间人摹拟《华严》之作也。然反切之学,中土所固有。世但知起于三国孙炎,实则《经典释文》即有汉儒反语数条。《史记》《索隐》、《集解》,《汉书》颜注及《文选》李注皆载反切不少。《玉篇》亦有反切,此皆在创制字母之前,其为先有反切后有字母无疑。反切行世既久,归纳而生字母,此殆必然之理。郑氏考古太疏,妄谓江左之儒知有四声,而不知七音,尊其学出于天竺,谬矣。其《校雠》一略,为章实斋所推崇。实则郑氏校雠之学,不甚精密,其类例一依《七略》、《七志》,不欲以四部分类,亦但袭古人成注耳。揆郑氏初志,盖欲作一通史,而载笔之时,不能熔铸剪裁,以致直抄纪传,成为今书耳。

《续通志》无本纪、列传,《续通典》、《续通考》大体尚佳,惟嫌重复,二者有一已足,不必重规叠矩也。又其所载官制,名实殊不相应。清制在未设军机处以前,内阁沿袭明代故事,有票拟批答之权(即中外章奏,阁臣拟批签进也)。既设军机处,则此权归军机处，而《续通典》、《续通考》仍言内阁掌票拟进呈。又给事中自唐至明，职权甚大（宋无此官），制敕诏令，皆须经给事中之手，苟有不合，可以封还。此前代政治之善，可以减杀皇帝之专制。至清，嫌恶此职，以之归入都察院。从前台谏分列，至清而并之。密谕由军机处传发，给事中不得寓目。明代大赦归内阁，由给事中颁发，清亦不然。而《续通典》、《续通考》仍载给事中掌封驳之说，此皆名实不相应者也（是否赋之以封驳之权而给事中者有所不敢封驳，或抑夺其权而但存其名，均不可知。观密谕给事中不得寓目，可知《续通典》、《续通考》所载，实自欺欺人语矣）。《皇朝通志》亦有《六书略》一门。夫六书之法，限于中国文字，而此则以满文、蒙文、回回文充之。见篆书有倒薤、悬针、垂露诸体，亦被满文、蒙文、回回文以倒薤、悬针、垂露之名。又以大写者为大篆，小写者为小篆，称大篆为史籀作，小篆为李斯作，岂非可笑之甚耶？当时若仅续一部，或《通典》或《通考》，自唐至明，附以清制，固未尝不可。无如高宗之好夸大，欲多成巨帙，以掩前代所作，不知适以招叠床架屋之讥也（清帝康熙最为聪明，天算诗文，确有长处；雍正专意政治，不甚留意文学，其朱批上谕，宛然讼棍口吻；乾隆天资极钝，而好大喜功，颇思囊括中国全部学问。当时考据之风盛，故《乐善堂集》中亦有考据文。又好作诗，其在苏杭一带石刻者，皆可笑）。要之，清代政书，终以《大清会典》为少疵。《通典》、《通考》皆不足观。是故，九通之中独杜氏《通典》最当详究，不仅考史有关，以言经学，亦重要之书也。

章实斋因当时戴东原辈痛诋《通志》，故作斥马申郑之论，谓《通志》示人以体例，本非以考证见长。不知郑氏所志，若果在标举纲领,则作论文可矣,何必抄袭史传,曾不惮烦如此。以此知郑氏之作,正欲以考证见长耳。章氏所言,适得其反。然章氏讥弹《通考》之言,固自不谬。谓天下有比次之书,有独断之学,有考索之功。独断、考索欲其智,比次之书欲其愚。马贵与无独断之学,《通考》不足以成比次之功,其智既无所取,而愚之为道,又有未尽。此论也,切中《通考》之失。然不知官修之书,分门纂集,比次自不至疏陋;马氏以一人之力,成此巨著,一人之力有限,宜其不能尽比次之愚,又何论其考索之智耶?

《通典》《通考》而外,会要亦掌故要籍。《唐会要》,元和时苏冕所作,后杨绍复等奉诏续之,宋王溥复续成今书。溥又撰《五代会要》三十卷,南宋徐天麟更撰东、西汉《会要》,取两汉之事,分为若干门,不专记典章制度。《四库》无可归类,入之政书,实非纯粹政书也。东、西汉《会要》,用以搜检两《汉书》甚便。《五代会要》,学者不之重,然所记政典,颇足补《五代史》之阙。五代旧史不全,新史亦有所未详也。如经籍镂版昉之长兴(唐明宗长兴三年校正九经,刻板印卖,学者从此不必手抄),《五代会要》详载其事。然明宗不甚识字,《通鉴》载李绍真、孔循请自建国号,明宗问左右何谓国号。愚陋如此,安能阐扬经术?于时冯道当国,可见九经镂版,冯道之力为多。宋初儒者,鄙夷冯道,新史削而不书(冯之雕印九经,与张宗昌之翻刻唐石经,后先辉映)。不有《五代会要》,后代何从知冯道之功耶?大抵会要一类,只唐、五代二书较为重要,馀皆无用。其附于《通典》《通考》之次者,以体例相近故尔。

清秦蕙田作《五礼通考》,依《周礼》吉、凶、宾、军、嘉立为五纲,凡历代典章制度,一一收入。此书由戴东原、钱竹汀、方观承等参酌而成，《观象授时》一门，戴氏之力居多。全书记载详尽，胜于《通志》。曾涤笙尝言：三《通》之外，可益此而为四通。然其分门之法实不合。先是，徐乾学作《读礼通考》一百二十卷，特详凶礼。于是秦书于凶独略，名为五礼，实止四礼，此一失也；又古今典章制度，本非五礼所能包举，秦书二百六十二卷，吉礼占其大半，且多祭祀一类，考古有馀，通今不足，此又一失也（《通典》、《通考》之礼，今尚有用）。《通考》综朝觐巡狩诸事，称曰王礼。选举、学校，分门别立，而秦书一皆入之嘉礼。其中又设观象授时、体国经野诸题，以统天文、舆地，此又极可笑者也。彼以为《周礼》朝觐属于宾礼，后世帝王一统，宾礼止行于外藩，臣工入见，无所谓宾礼，故以朝礼入嘉礼，巡狩之礼，亦并入焉，不知其为大谬也。夫体国经野，设官分职，《周礼》六官皆然，而吉、凶、军、宾、嘉五礼，为春官大宗伯所掌（此封建时代之礼制，后世有不能沿袭者）。《周礼》大宗伯掌邦礼以佐王和邦国，以吉礼事邦国之鬼神示，以凶礼哀邦国之忧，以宾礼亲邦国（朝觐会同），以军礼同邦国，以嘉礼亲万民（冠、昏、宾、射、飨燕皆在嘉礼）。以五礼为纲，其目三十有六。周代众建诸侯，礼则宜然。后世易封建为郡县，五礼之名，已不甚合。且嘉礼以亲万民，焉得以政治制度当之？故《五礼通考》之名与其分类皆未当也。《礼记》云："经礼三百，曲礼三千。"郑康成谓："经礼者，《周礼》也；曲礼者，《仪礼》也。"余以为观象授时、体国经野、设官分职、学校制度、巡狩朝觐，皆可谓之经礼。《左传》所谓礼"经国家、定社稷、序人民、利后嗣"，《孝经》所谓"安上治民莫善于礼"是也。经礼之外，别立曲礼一项，然后依五礼分之。如是，始秩然不紊。今但以五礼分配，于是舆地归体国经野，职官归设官分职，一切驱蛇龙而放之菹。不识当时戴东原、钱竹汀辈何以不为纠正也。

就政治而言,《通典》一书为最重要,其言五礼亦备。外此则《通考》亦有用。曾氏家书命其子熟读《通考》序,可见注重《通考》矣。凡人于所得力,往往不肯明言,曾氏实得力于《通考》,四通之说,欺人语也。

民国以还,在官多寡学之徒。叶德辉尝告余:康氏自以为是,不足与言学问;梁氏之徒,尚知谦抑,尝问欲明典章制度,宜读何书,则告以可读《通考》。余问何以不举《通典》?叶笑曰:尚不配读《通典》也。余谓应用于政治,读《通考》已足。《五礼通考》之类,政治中人,未有好读之者,读之亦无所用。徒以曾氏一言,遂增其声价。实则此书非但不及《通典》,亦不如《通考》甚远。至于皇朝三《通》,通非所通。《五礼通考》以行政制度归入五礼,亦不通也。今人欲读政书,自以《通典》、《通考》为最要,《通志》已无所用。至读皇朝三《通》,则不如读《大清会典》。要之,九《通》之中,有用而须熟读者,只《通典》、《通考》二书已耳。

余于星期讲习会中,曾言经史实录不应无故怀疑。所谓无故怀疑者,矜奇炫异,拾人馀唾,以哗众取宠也。若核其同异,审其是非,憭然有得于心,此正学者所有事也。《太史公》记六国事,两《汉书》记王莽事,史有阙文,语鲜确证。《唐书》记太宗阋墙之变及开国功业,虽据实录,不无自定之嫌。明初靖难之祸,建文帝无实录可据。举此四者,可见治史者宜冥心独往,比勘群书而明辨之也。

《史记·六国表序》言:"秦既得意,烧天下《诗》、《书》,诸侯史记尤甚,为其有讥刺也。《诗》、《书》所以复见者,多藏人家;而史记独藏周室，以故灭。"夫诸侯史记既灭，则太史公所恃以秉笔者，惟《秦记》耳。《六国表》，凡秦与六国战争之事悉载之，六国自相攻伐，如乐毅破齐等亦载之。此事之可信者也。至列传中琐屑之事，则不可尽信，如苏秦合纵，秦兵不敢窥函谷者十五年；鲁仲连义不帝秦，秦军为却五十里是也。又记载人物，往往奇伟非常，信陵君、蔺相如辈，其行谊皆后人所难能。六国既无史记，史公何从知之？曾涤笙谓《庄子》多寓言，《史记》所载，恐亦太史公之寓言。不知庄子自称"卮言日出，和以天倪"，其书固多寓言。至于国史，事须征实，焉得以《庄子》为比？案：苏秦、鲁连辈各有著述，《汉志》载《苏子》三十一篇、《鲁连子》十四篇、《魏公子兵法》二十一篇。盖太史公据彼辈自著之书，采撷成文耳。余观常人立言，每好申己绌人，孟、荀大儒，有所不免，与人辩难，恒自夸饰，见绌于人，则略而弗书。《苏子》语本纵横，于事实或有增饰。鲁连围城辩难，何由入秦将之耳？却秦军五十里，是李同战死之功。归之鲁连者，必其自夸之辞。公子无忌敬礼侯生，事或有之；朱亥椎杀晋鄙，亦不足怪；独如姬窃符，颇为诡异；一战而胜，战法亦不详言，止于战前略为铺叙，恐亦袭魏公子书之夸辞也。又叙蔺相如奉璧秦廷，怒发冲冠，秦王即为折服，事亦难信。相如有无著述，今不可知，观其为人，盖任侠一流（史言司马相如好读书、学击剑，慕蔺相如之为人。司马相如之所慕者，当是任侠使气也）。或当时刺客、游侠盛道其事。史公好奇，引以入列传耳。《左传》人物皆平实不奇，汉人亦然，独六国时人行谊往往出恒情之外。然扬子云评《左氏》曰品藻、《史记》曰实录。实录者，实录当时传记也。苏秦有《苏子》，鲁连有《鲁连子》，魏公子有《兵法》，史公皆取以作传，故曰实录，事之确否，史公固不负责,须读者自为分辨耳。

《汉书·王莽传赞》言:"莽折节力行,以要名誉,岂所谓色取仁而行违者耶?"又曰:"莽既不仁,而有佞邪之材,肆其奸慝,以成篡盗之祸。"今观莽传,莽未篡位前,钓名沽誉,谲诈甚著;既移汉祚,则如顽钝无知之辈,如天下盗贼蜂起,莽乃令太史推三万六千岁历纪,以六岁一改元,布告天下。夫秦皇一世万世之说,至今人笑其愚。莽之此言,不尤可笑乎?又因叛者日众,率群臣至南郊,陈其符命本末,仰天曰:"皇天既命授臣莽,何不殄灭众贼?即令臣莽非是,愿下雷霆诛臣莽。"因搏心大哭,气尽,伏而叩头。此与村姬之诅咒何异?又刘歆、王涉自杀后,殿中钩盾土山仙人掌旁有白头公青衣,郎吏见者,私谓之国师公。衍功侯喜素善卦,莽使筮之,曰:"忧兵火。"莽曰:"小儿安得此左道?是乃予之皇祖叔父子侨欲来迎我也。"既云莽佞邪,则其容止何其愚呆也。假六艺以文奸言,事固有之;假神仙以欺天下,其愚恐不至此。《史通·曲笔篇》言:"《后汉书·更始传》称其儒弱也,其初即位,南面立,朝群臣,羞愧流汗,刮席不敢视。夫以圣公身在微贱,已能结客报仇,避难绿林,名为豪杰;安有贵为人主,而反至于斯者乎?将作者曲笔阿时,独成光武之美,谀言媚主,用雪伯升之怨也。且中兴之史,出自东观,或明皇所定,或马后攷刊,而炎祚灵长,简书莫改,遂使他姓追撰,空传伪录者矣。"余谓草莽之人,初登帝位,羞愧流汗,事所恒有。《史记·高祖本纪》言诸侯将相尊汉王为皇帝,汉王三让,不得已,曰:"诸君必以为便,便国家。"观此一语,当时局促不安之状,居然如画。又袁项城洪宪元年元旦,命妇入贺,项城起立,曰:"不敢当,不敢当。"夫以汉高、项城之雄鸷,骤当尊位,犹有此惶愧之状,则无怪乎更始之羞愧流汗、刮席不敢视矣。《后汉书》又称:"更始居长乐宫,升前殿,郎吏以次列庭中。更始羞怍,俯首刮席不敢视。诸将后至者,更始问虏掠得几何,左右侍官皆宫省久吏,各惊相视。"此又一事也。夫羞愧刮席,事或有之;问虏掠几何,恐不可信。此盖与王莽之愚呆,同为东汉人所缘饰耳。《通鉴考异》凡事有异同,则于本事之下,明注得失,若无异说,无从考校,则仍而录之,王莽、更始之事是也。

唐太宗之事,新、旧《唐书》之外,有温大雅之《大唐创业起居注》在。温书称建成为大郎,太宗为二郎。据所载二人功业相等,不若新、旧《唐书》归功于太宗一人也。案,唐高祖在太原,裴寂、刘文静劝高祖起事,太宗赞成之,时建成在河东。击西河时,建成、太宗同时被命进军贾胡堡。天雨粮尽,高祖欲还,建成、太宗苦谏,乃止。在长安攻伐,二人之功亦相等。后太宗出关,平王世充、擒窦建德,建成不安于位,王珪、魏徵劝立功以自封,时刘黑闼尽有窦建德之地,建成率众破灭之。创业之功,彼此既堪为伯仲,自非夷、齐,其谁克让? 若玄宗讨平韦氏,宋王宪固辞储副,此因玄宗有定国之功,宋王毫无建树,故涕泣固让,与建成、太宗功业相等者绝异。温公乃谓隐太子有泰伯之贤,则乱何自而生? 不悟建成自视功业不让太宗,岂肯遽为吴泰伯乎? 且唐初本染胡俗,未必信守立嫡以长之说。但监于隋文之废太子勇而立炀帝(炀帝亦有平陈之功),卒召祸乱;而建成、太宗之功,又无高下,所以迟迟不肯废太子耳。《唐书》言建成私募四方骁勇及长安恶少年二千人为宫甲,屯左右长林门,号长林兵;又募幽州突厥兵三百,纳宫中。将攻西宫,或告于帝,帝召建成责之。杨文幹素凶诐,建成昵之,使为庆州总管,遣募兵送京师,欲为变，尒朱焕等白反状，文幹遽发兵反，建成入谒，叩头请死，投手于地，不能起。高祖遣太宗自行讨文幹，曰："还，立汝为太子。吾不能效隋文帝自诛其子，当封建成为蜀王。"刘餗《小说》言人妄告东宫，妄告之事，或即太宗为之。盖高祖以隋废太子，语多诬罔，职成乱阶，殷鉴不远，故于废立事极为犹豫。《唐书》又言建成等召秦王夜宴，毒酒而进之，王心中暴痛，吐血数升。今案，建成之臣有魏徵、王珪，设计当不至下劣如此，心痛又何尝不可伪作？太宗密奏建成、元吉淫乱后宫，此暧昧之事，难于征信。高祖许太宗明当鞫问，而太宗先命长孙无忌伏兵门侧。建成入参，并未持兵，则建成无杀弟之意可知。建成、元吉至临湖殿，觉变，反走，太宗从而呼之，元吉张弓射太宗，再三不彀，太宗射建成，杀之，元吉中矢走，尉迟敬德追杀之。既系彼此争讼，则静待鞫治可耳，何必伏兵侧门、推刃同气？可见密告之事，全非事实也。夫新、旧《唐书》悉本实录。史载太宗命房玄龄监修国史，帝索观实录，房玄龄以与许敬宗等同作之高祖、今上实录呈览，太宗见书六月四日事，语多隐讳，谓玄龄曰："周公诛管、蔡以安周，季友鸩叔牙以存鲁，朕之所为，亦类是耳，史官何讳焉？"即命削去浮词，直书其事。观此，则唐初二朝实录，经太宗索观之后，不啻太宗自定之史实矣。开国之事，尚有温大雅《起居注》可以考信，其后则无异可考，温公亦何能再为考校哉！

明人郑晓论建成事，谓中国开创之君，其长子多不得安。今案，夏启嗣禹而太康失国；太甲，汤之长孙而被放；文王舍伯邑考而立武王；秦杀太子扶苏；汉惠帝立而无后，主汉祀者为文帝子孙；东汉光武长子东海王强被废；刘禅，昭烈嫡子，而舆榇降魏；孙亮乃权之少子；晋司马师无后，惠帝庸劣，怀、愍皆惠帝之子；

宋营阳王被弑;齐郁林王为明帝所杀;梁昭明太子早卒,武帝舍长孙而立简文,后为侯景所弑;陈武帝殂时,其子昌殁于长安,兄子文帝入嗣大统;隋文帝废太子勇而立炀帝;唐太子建成为太宗所杀;五代异姓为继,不足论;宋太祖不得传位于子;明懿文太子早卒,太祖嫡孙为燕王所篡。综观数千年来,自周而后,开国之君,长子每多不利,形家言震为长子,方位在东,中国西北高而东南下,故长子屯蹇者多。形法虽不足信,亦甚可怪也。

太宗尝称"房谋杜断"。今观唐人记载,当定天下之初,二人实未尝有所建树。历代开国勋臣,皆有定国大计。萧何入关,首收图籍;高祖封于汉中,心怀不平,何谓犹愈于死;进韩信为大将;居关中,转漕给军,补所不足。刘基佐明,其谋虽秘密,亦有可知者——明祖初奉韩林儿正朔,岁首设御座行礼,基独不拜,曰:"牧竖耳,奉之何为?"明祖问征讨大计,时陈友谅据上流,张士诚据下流,基谓先灭陈则张氏势孤,天下可一举而定也。萧、刘二人,有定国大计,彼房、杜何有焉?其所谓谋断者,恐即为太宗谋夺宗嗣而已。今观房、杜之才,守成有馀,开创不足。然气度亦自恢廓,魏徵、王珪入参帷幕,房、杜未尝排挤;马周上书,数年间阶位特进,房、杜亦不嫌忌。玄龄自言最慕袁安,尝集古今家诫,书于屏风,以教诸子:"汉袁氏累叶忠节,吾心所尚,尔宜师之。"然玄龄子遗直袭爵,幼子遗爱欲夺之,卒以谋反伏诛,此即效乃父之佐人杀兄也。杜如晦子荷,参太子承乾逆谋,欲废太宗为太上皇,及败坐诛,此亦效乃父之与人家事也。以逆为训,故子姓效尤。王绩(无功,王通之弟)尝上书玄龄,劝其功成身退,否则有灭族之祸。有识之士,见之审矣(绩称玄龄为梁公,则玄龄非文中子弟子可知)。

明成祖兴靖难之师，入都后，革除建文年号，以建文四年为洪武三十五年（洪武讫三十一年）。建文无实录，故事迹可信者少。其初忌讳至深，至嘉靖、万历而稍弛，逊国时事渐见记录，稗官野史亦有记载，言人人殊，莫衷一是。史称建文即位，即兴削藩之议。周、代、湘、齐、岷诸王，相继以罪废黜，此一事也。燕王，建文所深忌，而《明史》纪事则称建文元年，燕王入觐，由皇道入，登陛不拜，御史曾凤韶劾以大不敬。帝诏至亲勿问。三月，燕王还国。修《明史》时，朱竹垞备论此事之非（见《史馆上总裁第四书》），此又一事也。建文之谋主为齐泰、黄子澄，而方孝孺亦建文所深信。理学之徒虽竭力为方氏辩护，实则反间燕王父子者，方氏也。时燕兵掠沛，方氏以燕世子仁厚，其弟高煦狡谲有宠，有夺嫡之谋，因白帝遣人赍玺书往北平赐世子，世子得书不启封，送之燕军。由此观之，削藩之事，不仅齐、黄诸人矣。明人小说载成祖待建文诸臣至为惨酷，云：铁铉守济南，突破燕兵，几擒成祖，后被执，成祖烹之。今南京铁汤池即铉就义地也。又云：戮杀建文臣子之妻，命上元县扛尸至远城与狗子吃。又云：发建文臣子妻女入教坊，所生儿长大作小龟子。又云：程济从建文出为僧（案：程济事迹，《明史》亦略有记载，谓济本岳池教谕，建文即位，济上书言某月日北方兵起，建文以为非所宜言，逮捕将杀之，济大呼请囚，云：如言不验，诛死未晚。乃下狱。及燕兵起，释之，改官编修，参北征将军。徐州之捷，诸将树碑纪功，济一夜往祭，人莫测。后燕王过徐，见碑大怒，趣左右椎之，再椎，遽曰："止，为我录文来！"已，按碑行诛，无得免者。而济名适在椎脱处。济尝与人书曰："君为忠臣，我为智士。"）。凡此所载，其皆可信耶？否耶？吾读《致身录》、《从亡录》诸书，终觉其似黎邱眩人。《致身录》为吴江史仲彬所作,潘次耕坚持无此等事,至与史氏子孙互殴。故建文一代,无实录可据,采之野史,失实者多矣。

以上所述,皆非无故怀疑。一则太史公纪六国时事,无所取材,取诸其人自著之书,不免失之浮夸;二则王莽之事,同此一人,而前后愚智悬绝,当出光武诸臣之曲笔;三则建成、元吉之事,有温大雅《起居注》可供参证,房玄龄主修之国史,太宗不无自定之嫌;四则建文逊国之事,世无实录,采之野史,未必可信。孔子曰:"多闻阙疑,多见阙殆。"故必博学、审问、慎思、明辨,方足以言怀疑。若矜奇炫异,抹杀事实,则好学之士不当尔也。

诸子略说

讲论诸子，当先分疏诸子流别。论诸子流别者，《庄子·天下篇》、《淮南·要略训》、太史公《论六家要指》及《汉书·艺文志》是已。此四篇中，《艺文志》所述最备，而《庄子》所论多与后三家不同，今且比较而说明之。

《天下篇》论儒家，但云其在于《诗》、《书》、《礼》、《乐》者，邹鲁之士，搢绅先生多能明之，而不加批判。其论墨家，列宋钘、尹文；而《艺文志》以宋钘入小说家，以尹文入名家。盖宋钘以禁攻寝兵以外，以情欲寡浅为内，周行天下，上说下教，故近于小说；而尹文之名学，不尚坚白同异之辨，觭偶不仵之辞，故与相里勤、五侯之徒——南方之墨异趣。其次论彭蒙、田骈、慎到，都近法家；《艺文志》则以慎到入法家，以田骈入道家，是道家、法家合流也。田骈当时号为天口骈，今《尹文子》又有彭蒙语，是道家、名家合流也。道家所以流为法家者，即老子、韩非同传可以知之。《老子》云："鱼不可脱于渊，国之利器不可以示人。"此二语是法家之根本，唯韩非能解老、喻老，故成其为法家矣。其次论老聃、关尹同为道家，而己之道术又与异趣。盖老子之言，鲜有超过人格者，而庄子则上与造物者游，下与外死生、无终始者为友，故有别矣。惠施本与庄周相善，而庄子讥之曰："由天地之道，观惠施之能，其犹一蚊一虻之劳，与物何庸？"即此可知尹文、惠施同属名家，而庄子别论之故。盖尹文之名，不过正名之大体,循名责实,可施于为政,与荀子正名之旨相同;若惠施、公孙龙之诡辩,与别墨一派,都无关于政治也。然则庄子之论名家,视《艺文志》为精审矣。其时荀子未出,故不见著录。若邓析者,变乱是非,民献襦裤而学讼,殆与后世讼师一流,故庄子不屑论及之欤?

《要略》首论太公之谋为道家,次论周、孔之训为儒家,又次论墨家,又次论管子之书为道家,晏子之谏为儒家,又次论申子刑名之书、商鞅之法为法家。比于《天下篇》,独少名家一流。

太史公《论六家要指》,于阴阳、儒、墨、名、法五家,各有短长,而以黄老之术为依归。此由身为史官,明于成败利钝之效,故独有取于虚无因循之说也。昔老聃著五千言,为道家之大宗,固尝为柱下史矣。故曰道家者流,出于史官。

《艺文志》列九流,其实十家。其纵横家在七国力政之际,应运而起;统一之后,其学自废。农家播百谷、勤耕桑,则《吕览》亦载其说;至于君臣并耕,如孟子所称许行之学,殆为后出,然其说亦不能见之实事。杂家集他人之长,以为己有,《吕览》是已;此在后代,即《群书治要》之比,再扩充之,则《图书集成》亦是也。小说家街谈巷议,道听途说,固不可尽信;然宋钘之流,亦自有其主张,虞初九百,则后来方志之滥觞。是故纵横、农、杂、小说四家,自史公以前,都不数也。

虽然,纵横之名,起于七国。外交专对,自春秋已重之。又氾胜之区田之法,本自伊尹,是伊尹即农家之发端。田蚡所学《盘盂》书,出自孔甲,是孔甲即杂家之发端。方志者,《周官》土训、诵训之事。今更就《艺文志》所言九流所从出而推论之。

《艺文志》云:儒家出于司徒之官。此特以《周官》司徒掌邦教,而儒者主于明教化,故知其源流如此。又云道家出于史官者,老子固尝为柱下史,伊尹、太公、管子,则皆非史也;唯管子下令如流水之原,令顺民心,论卑而易行,此诚合于道家南面之术耳。又云墨家出于清庙之守者,墨家祖尹佚,《洛诰》言:"烝祭文王、武王,逸祝册。"佚固清庙之守也。又《吕览》云:"鲁惠公使宰让请郊庙之礼于天子,桓王使史角往,惠公止之,其后在于鲁,墨子学焉。"是尤为墨学出于清庙之确证。又云,名家出于礼官。此特就名位礼数推论而知之。又云法家出于理官者,理官莫尚于皋陶。皋陶曰:"余未有知,思曰赞赞襄哉!"此颇近道家言矣,赞者,老子所称辅万物之自然而不敢为也;襄者,因也,即老子所称圣人无常心,以百姓心为心也。庄子称慎到无用贤圣,块不失道,此即理官引律断案之法矣。然《艺文志》法家首列李悝,以悝作《法经》,为后来法律之根本。自昔夏刑三千,周刑二千五百,皆当有其书,子产亦铸刑书,今悉不可见,独《法经》六篇,萧何广之为九章,遂为历代刑法所祖述。后世律书,有名例,本于曹魏之刑名法例,其原即《法经》九章之具律也。持法最重名例,故法家必与名家相依。又云:阴阳家出于羲和之官。今案,《管子》称述阴阳之言颇多,《左传》载苌弘之语,亦阴阳家言也。又云:农家出于农稷之官。此自不足深论。又云纵横家出于行人之官者,此非必行人著书传之后代,特外交成案,有可稽考者尔。《张仪传》称仪与苏秦俱事鬼谷先生学术。《风俗通》云:"鬼谷先生,六国时纵横家。"更不知鬼谷之学何从受之。又云杂家出于议官者,汉官有议郎,即所谓议官也,于古无征。又云小说家出于稗官者,如淳曰:"王者欲知闾巷风俗,故立稗官,使称说之。"是稗官为小官近民者。

诸子之起，孰先孰后，史公、刘、班都未论及，《淮南》所叙，先后倒置，亦不足以考时代。今但以战国诸家为次，则儒家宗师仲尼，道家传于老子，此为最先。墨子或曰并孔子时，或曰在其后。案墨子亟说鲁阳文子，当楚惠王时。惠王之卒，在鲁悼公时。盖墨子去孔子亦四五十年矣。观墨子之论辨，大抵质朴迟钝，独《经说》为异。意者，《经说》别墨所传，又出墨子之后。法家李悝，当魏文侯时；名家尹文，当齐宣王时；阴阳家邹衍，当齐湣王、燕昭王时，皆稍稍晚出。纵横家苏秦，当周显王时；小说家淳于髡，当梁惠王时：此皆与孟子并世者。杂家当以《吕览》为大宗，《吕览》集诸书而成，备论天地万物古今之事。盖前此无吕氏之权势者，亦无由办此。

然更上征之春秋之世，则儒家有晏子，道家有管子，墨家则鲁之臧氏近之。观于哀伯之谏，首称清庙，已似墨道；及文仲纵逆祀、祀爰居，则明鬼之效也；妾织蒲则节用之法也。武仲见称圣人，盖以钜子自任矣。至如师服之论名，即名家之发端。子产之铸刑书，得法家之大本；其存郑于晋楚之间，则亦尽纵横之能事。若烛之武之退秦师，是纯为纵横家。梓慎、裨灶，皆知天道，是纯为阴阳家。蔡墨之述畜龙，盖近于小说矣。唯农家、杂家，不见于春秋。

以上论九流大旨。今复分别论之，先论儒家。

《汉书·艺文志》谓儒家出于司徒之官，大旨是也。《周礼·大司徒》以乡三物教万民六德、六行、六艺。六德者，智、仁、圣、义、中、和，此为普遍之德，无对象。六行者，孝、友、睦、姻、任、恤，此为各别之行，有对象（如孝对父母、友对兄弟、睦姻对戚党、任恤对他人）。六艺者，礼、乐、射、御、书、数，礼乐不可斯须去身，射御为体育之事，书数则寻常日用之要，于是智育、德育、体育俱备。又师氏以三德教国子，曰，至德以为道本，敏德以为行本，孝德以知逆恶。盖以六德、六行概括言之也。又，大司徒以五礼防万民之伪而教之中，以六乐防万民之情而教之和；大司乐以乐德教国子中和祗庸孝友。大宗伯亦称中礼和乐。可知古人教士，以礼乐为重。后人推而广之，或云中和，或云中庸。孔子曰："中庸之为德，其至矣乎，民鲜能久矣。"中庸联称，不始于子思，至子思乃谓："喜怒哀乐之未发谓之中，发而皆中节谓之和。"其始殆由中和祗庸孝友一语出也。

儒者之书，《大学》是至德以为道本（明明德止于至善，至德也），《儒行》是敏德以为行本，《孝经》是孝德以知逆恶，此三书实儒家之总持。刘、班言儒家出于司徒之官，固然；然亦有出于大司乐者，中庸二字是也。以儒家主教化，故谓其源出于教官。

《荀子·儒效》称周公为大儒，然则儒以周公为首。《周礼》云："师以贤得民，儒以道得民。"师之与儒殆如后世所称经师、人师。师以贤得民者，郑注谓以道行教民；儒以道得民者，郑注谓以六艺教民。此盖互言之也。

儒之含义綦广。《说文》："儒，柔也。术士之称。"术士之义亦广矣，草昧初开，人性强暴，施以教育，渐渐摧刚为柔。柔者，受教育而驯扰之谓，非谓儒以柔为美也。受教育而驯扰，不惟儒家为然；道家、墨家未尝不然；等而下之，凡宗教家莫不皆然，非可以专称儒也。又《庄子·说剑》："先生必儒服而见王，事必大逆。"庄子道家，亦服儒服。司马相如《大人赋》："列仙之儒，居山泽间，形容甚臞。"仙亦可称为儒。而《宏明集》复有九流皆儒之说,则宗教家亦可称儒矣。今所论者,出于司徒之儒家,非广义之术士也。

周公、孔子之间,有儒家乎?曰:有,晏子是也。柳子厚称晏子为墨家,余谓晏子一狐裘三十年,尚俭与墨子同,此外皆不同墨道。春秋之末,尚俭之心,人人共有。孔子云:"礼,与其奢也,宁俭。"老子有三宝,二曰俭。盖春秋时繁文缛礼,流于奢华,故老、墨、儒三家,皆以俭为美,不得谓尚俭即为墨家也。且晏子祀其先人,豚肩不掩豆。墨家明鬼,而晏子轻视祭祀如此,使墨子见之,必輂蹙而去。墨子节葬,改三年服为三月服,而晏子丧亲尽礼,亦与墨子相反。可见晏子非墨家也。又儒家慎独之言,晏子先发之,所谓"独立不惭于影,独寝不惭于魂"是也。当时晏子与管子并称,晏子功不如管,而人顾并称之,非晏以重儒学而何?故孔子以前,周公之后,惟晏子为儒家。蘧伯玉虽似儒家,而不见有书,无可称也。

孔子之道,所包者广,非晏子之比矣。夫儒者之业,本不过大司徒之言,专以修己、治人为务。《大学》、《儒行》、《孝经》三书,可见其大概。然《论语》之言,与此三书有异。孔子平居教人,多修己、治人之言;及自道所得,则不限于此。修己、治人,不求超出人格;孔子自得之言,盖有超出人格之外者矣。"子绝四:毋意、毋必、毋固、毋我。"毋意者,意非意识之意,乃佛法之意根也。有生之本,佛说谓之阿赖耶识。阿赖耶无分彼我,意根执之以为我,而其作用在恒审思量。有意根即有我,有我即堕入生死。颠狂之人,事事不记,惟不忘我。常人作止语默,绝不自问谁行谁说,此即意根之力。欲除我见,必先断意根。毋必者,必即恒审思量之审。毋固者,固即意根之念念执着。无恒审思量,无念念执着，斯无我见矣。然则绝四即是超出三界之说。六朝僧人好以佛老孔比量，谓老孔远不如佛；玄奘亦云。皆非知言之论也（然此意以之讲说则可，以之解经则不可。何者？讲说可以通论，解经务守家法耳）。

儒者之业，在修己、治人。以此教人，而不以此为至。孔门弟子独颜子闻克己之说。克己者，破我执之谓。孔子以四科设教，德行：颜渊、闵子骞、冉伯牛、仲弓。然孔子语仲弓，仅言"出门如见大宾，使民如承大祭"而已。可知超出人格之语，不轻告人也。颜子之事不甚著，独庄子所称心斋、坐忘，能传其意。然《论语》记颜子之语曰："仰之弥高，钻之弥深。瞻之在前，忽焉在后。"盖颜子始犹以为如有物焉，卓然而立。经孔子之教，乃谓"如有所立卓尔，虽欲从之，末由也已"（如当作假设之辞，不训似）。此即本来无物，无修无得之意。然老子亦见到此，故云"上德不德，是以有德；下德不失德，是以无德"。德者得也。有所得非也，有所见亦非也。扬子云则见不到此，故云颜苦孔之卓。实则孔颜自道之语，皆超出人格语。孟子亦能见到，故有"望道而未之见"语。既不见则不必望，而犹曰望者，行文不得不尔也。孔子曰："吾有知乎哉？无知也。"此亦非谦词。张横渠谓"洪钟无声，待叩乃有声；圣人无知，待问乃有知"。其实答问者有依他心，无自依心。待问而知之知，非真知也，依他而为知耳。佛法谓一念不起，此即等于无知。人来问我，我以彼心照我之心，据彼心而为答，乌得谓之有知哉？横渠待问有知之语犹未谛也。佛法立人我、法我二执：觉自己有主宰，即为人我执；信佛而执着佛，信圣人而执着圣人，即为法我执，推而至于信道而执着道，亦法我执也。绝四之说，人我、法我俱尽。"如有所立卓尔，虽欲从之,末由也已"者,亦除法我执矣。此等自得之语,孔颜之后,无第三人能道(佛、庄不论)。

子思之学,于佛注入天趣一流。超出人格而不能断灭,此之谓天趣。其书发端即曰"天命之谓性",结尾亦曰"与天地参,上天之载,无声无臭"。佛法未入中土时,人皆以天为绝顶。佛法既入,乃知天尚非其至者。谢灵运言:成佛生天,居然有高下。如以佛法衡量,子思乃中国之婆罗门。婆罗门者,崇拜梵天王者也。然犹视基督教为进。观基督教述马利亚生耶稣事,可知基督教之上帝,乃欲界天,与汉儒所称感生帝无别(佛法所谓三界者:无色界天、色界天、欲界天。欲界天在人之上而在色界天之下)。而子思所称之"无声无臭",相当于佛法之色界天,适与印度婆罗门相等。子思之后有孟子。孟子之学,高于子思。孟子不言天,以我为最高,故曰"万物皆备于我"。孟子觉一切万物,皆由我出。如一转而入佛法,即三界皆由心造之说,而孟子只是数论。数论立神我为最高,一切万物,皆由神我流出。孟子之语,与之相契,又曰"反身而诚,乐莫大焉"者,反观身心,觉万物确然皆备于我,故为可乐。孟子虽不言天,然仍入天界。盖由色界天而入无色界天,较之子思,高出一层耳。夫有神我之见者,以我为最尊,易起我慢。孟子生平夸大,说大人则藐之。又云"我善养吾浩然之气,至大至刚,以直养而无害,塞乎天地之间。"其我慢如此。何者?有神我之见在,不自觉其夸大耳。以故孟子之学,较孔颜为不逮。要之,子思、孟子均超出人格,而不能超出天界,其所得与婆罗门、数论相等。然二家于修己治人之道,并不抛弃,则异于婆罗门、数论诸家。子思作《中庸》,孟子作七篇,皆论学而及政治者也。子思、孟子既入天趣,若不转身,必不能到孔、颜之地,惟庄子为得颜子之意耳。

荀子语语平实,但务修己治人,不求高远。论至极之道,固非荀子所及。荀子最反对言天者,《天论》云:"圣人不求知天。"又云:"星坠木鸣,日月有蚀,怪星党见,牛马相生,六畜为妖:怪之,可也;畏之,非也。"揆荀子之意,盖反对当时阴阳家一流(邹衍之说及后之《洪范五行传》一流)。其意以为天与人实不相关。

《非十二子》云:"案往旧造说,谓之五行。子思唱之,孟轲和之。"今案:孟子书不见五行语,《中庸》亦无之。惟《表记》(《表记》、《坊记》、《中庸》、《缁衣》皆子思作)有水尊而不亲、土亲而不尊、天尊而不亲、命亲而不尊、鬼尊而不亲诸语。子思五行之说,殆即指此(《汉书·艺文志》:《子思》二十三篇。今存四篇,见《戴记》。馀十九篇不可见,其中或有论五行语)。孟子有《外书》,今不可见,或亦有五行语。荀子反对思、孟,即以五行之说为的。盖荀子专以人事为重,怪诞之语(五行之说,后邹衍辈所专务者),非驳尽不可也。汉儒孟、荀并尊,余谓如但尊荀子,则《五行传》、纬书一流不致嚣张。今人但知阴阳家以邹衍为首,察荀子所云,则阴阳家乃儒家之别流也(《洪范》陈说五行而不及相生相克,《周本纪》武王问箕子殷所以亡,箕子不忍言殷恶,武王亦丑,故问以天道。据此知《洪范》乃箕子之闲话耳。汉文帝见贾生于宣室,不问苍生问鬼神。今贾生之言不传,或者史家以为无关宏旨,故阙而不书。当时武王见箕子心怀惭疚,无话可说,乃问天道。箕子本阳狂,亦妄称以应之。可见《洪范》在当时并不著重,亦犹贾生宣室之对也。汉儒附会,遂生许多怪诞之说。如荀子之说早行,则《五行传》不致流衍)。墨子时子思已生,邹衍未出。《墨经》有"五行无常胜,说在宜"一语。而邹衍之言,以五胜为主。五胜者,五行相胜:水胜火、火胜金、金胜木、木胜土、土胜水也。然水火间承之以釜,火何尝不能胜水?水大则怀山襄陵,土又何尝能胜水?墨子已言"五行无常胜",而孟子、邹衍仍有五行之说,后乃流为谶纬,如荀子不斥五行,墨家必起而斥之。要之,荀子反对思、孟,非反对思、孟根本之学,特专务人事,不及天命,即不主超出人格也。

荀子复言隆礼乐(或作仪)、杀《诗》《书》,此其故由于孟子长于《诗》《书》,而不长于礼(孟子曰:"诸侯之礼,吾未之学也。")。墨子时引《诗》《书》(引《书》多于孟子)而反对礼乐。荀子偏矫,纯与墨家相反。此其所以隆礼乐、杀《诗》《书》也(《非十二子》反对墨家最甚,宁可少读《诗》《书》,不可不尊礼乐,其故可知)。其所以反对子思、孟子者,子思、孟子皆有超出人格处,荀子所不道也。

若以政治规模立论,荀子较孟子为高。荀子明施政之术,孟子仅言五亩之宅树之以桑,使民养生送死无憾而已。由孟子此说,乃与龚遂之法相似,为郡太守固有馀,治国家则不足,以其不知大体,仅有农家之术尔。又孟子云:"尧舜性之也,汤武反之也,五霸假之也。"又谓"仲尼之门无道桓文之事者"。于五霸甚为轻蔑。荀子则不然,谓义立而王,信立而霸,权谋立而亡。于五霸能知其长处。又《议兵》云:"齐之技击,不可以遇魏氏之武卒;魏氏之武卒,不可以遇秦之锐士;秦之锐士,不可以当桓文之节制;桓文之节制,不可以敌汤武之仁义。"看来层次分明,不如孟子一笔抹杀。余谓《议兵》一篇,非孟子所能及。

至于性善、性恶之辩,以二人为学入门不同,故立论各异。荀子隆礼乐而杀《诗》《书》,孟子则长于《诗》《书》。孟子由诗入,荀子由礼入。诗以道性情,故云人性本善;礼以立节制,故云人性本恶。又,孟子邹人,邹鲁之间,儒者所居,人习礼让,所见无非善人,故云性善;荀子赵人,燕赵之俗,杯酒失意,白刃相雠,人习凶暴,所见无非恶人,故云性恶。且孟母知胎教,教子三迁,孟子习于善,遂推之人性以为皆善;荀子幼时教育殆不如孟子,自见性恶,故推之人性以为尽恶。

孟子论性有四端:恻隐为仁之端,羞恶为义之端,辞让为礼之端,是非为智之端。然四端中独辞让之心为孩提之童所不具,野蛮人亦无之。荀子隆礼,有见于辞让之心,性所不具,故云性恶,以此攻击孟子,孟子当无以自解。然荀子谓礼义辞让,圣人所为。圣人亦人耳,圣人之性亦本恶,试问何以能化性起伪? 此荀子不能自圆其说者也。反观孟子既云性善,亦何必重视教育,即政治亦何所用之。是故二家之说俱偏,惟孔子“性相近,习相远”之语为中道也。

扬子云迂腐,不如孟荀甚远,然论性谓善恶混,则有独到处。于此亦须采佛法解之,若纯依儒家,不能判也。佛法阿赖耶识,本无善恶。意根执着阿赖耶为我。乃生根本四烦恼:我见、我痴、我爱、我慢是也。我见与我痴相长,我爱与我慢相制。由我爱而生恻隐之心,由我慢而生好胜之心。孟子有见于我爱,故云性善;荀子有见于我慢,故云性恶;扬子有见于我爱、我慢交至为用,故云善恶混也。

孟、荀、扬三家,由情见性,此乃佛法之四烦恼。佛家之所谓性,浑沌无形,则告子所见无善无不善者是矣。扬子生孟、荀之后,其前尚有董仲舒。仲舒谓人性犹谷,谷中有米,米外有糠。是善恶之说,仲舒已见到,子云始明言之耳。子云之学,不如孟、荀,唯此一点,可称后来居上。

然则论自得之处,孟子最优,子思次之,而皆在天趣。荀子专主人事,不务超出人格,则但有人趣。若论政治,则荀子高于思孟。子云投阁,其自得者可知。韩昌黎谓孟子醇乎醇,荀与扬大醇而小疵,其实,扬不如荀远甚。孟疏于礼,我慢最重,亦未见其醇乎醇也。司马温公注《太玄》《法言》,欲跻扬子于孟、荀之上。夫孟、荀著书,不事摹拟,扬则摹拟太甚,绝无卓然自立之处,若无善恶混一言,乌可与孟、荀同年而语哉!温公所云,未免阿其所好。至于孔、颜一路,非惟汉儒不能及,即子思、孟子亦未能步趋,盖逖乎远矣。以上略论汉以前之儒者。

论汉以后之儒家,不应从宋儒讲起,六朝隋唐亦有儒家也。概而言之,须分两派:一则专务修己治人,不求高远;一则顾亭林所讥明心见性之儒是矣(明心见性,亭林所以讥阳明学派者,惟言之太过,不如谓尽心知性为妥)。修己治人之儒,不求超出人格;明心见性,则超出人格矣。

汉以后专论修己治人者,隋唐间有文中子王通(其人有无不可知,假定为有),宋有范文正(仲淹)、胡安定(瑗)、徐仲车(积),南宋有永嘉派之薛士龙(季宣)、陈止斋(傅良)、叶水心(適),金华派之吕东莱(祖谦),明有吴康斋(与弼,白沙、阳明均由吴出)、罗一峰(伦),清有顾亭林(炎武)、陆桴亭(世仪,稍有谈天说性语)、颜习斋(元)、戴东原(震)。此数子者,学问途径虽不同(安定修己之语多,治人之语少;仲车则专务修己,不及治人;永嘉诸子偏重治人,东莱亦然;习斋兼务二者,东原初意亦如此,惟好驳斥宋人,致入棘丛),要皆以修己治人为归,不喜高谈心性。此派盖出自荀子,推而上之,则曾子是其先师。

　　明心见性之儒，首推子思、孟子。唐有李习之（翱），作《复性书》，大旨一依《中庸》。习之曾研习禅宗。一日，问僧某："'黑风吹堕鬼国'，此语何谓?"僧呵曰："李翱小子，问此何为?"习之不觉怒形于色，僧曰："此即是'黑风吹堕鬼国'。"今观《复性书》虽依《中庸》立论，其实阴袭释家之旨。宋则周濂溪（敦颐）开其端。濂溪之学本于寿涯。濂溪以为儒者之教，不应羼杂释理。寿涯教以改头换面，又授以一偈，云："有物先天地，无形本寂寥，能为万象主，不逐四时凋。"（此诗语本《老子》"有物混成，先天地生。寂兮寥兮，独立而不改，周行而不殆，可以为天下母。吾不知其名，强字之曰道"一章。"有物先天地"，即"有物混成，先天地生"也；"无形本寂寥"，即"寂兮寥兮"也；"能为万象主，不逐四时凋"，即"独立不改，周行不殆，可以为天下母"也。寿涯不以佛法授濂溪，而采《老子》，不识何故）后濂溪为《太极图说》、《通书》，更玄之又玄矣。张横渠（载）《正蒙》之意，近于回教。横渠陕西人，唐时景教已入中土，陕西有大秦寺，唐时立，至宋嘉祐时尚在，故横渠之言，或有取于彼。其云"清虚一大之谓天"，似回教语；其云"民吾同胞、物吾与也"，则似景教。人谓《正蒙》之旨，与墨子兼爱相同。墨子本与基督教相近也。然横渠颇重礼教，在乡拟兴井田，虽杂景教、回教意味，仍不失修己治人一派之旨。此后有明道（程颢）、伊川（程颐），世所称二程子者。伊川天资不如明道，明道平居燕坐，如泥塑木雕（此非习佛家之止观，或如佛法所称有宿根耳）；受濂溪之教，专寻孔颜乐处，一生得力，从无忧虑，实已超出人格。著《定性书》，谓不须防检力索、自能从容中道。以佛法衡之，明道殆入四禅八定地矣。杨龟山（时）、李延平（侗）传之。数传而为朱晦庵（熹）。龟山取佛法处多，天资高于伊川，然犹不逮谢上蔡（良佐）。上蔡为二程弟子天资最高者。后晦庵一派，不敢采取其说，以其近乎禅也。龟山较上蔡为有范围，延平范围渐小。迨晦庵出，争论乃起，时延平以默坐澄心、体认天理教晦庵（此亦改头换面语，实即佛法之止观）。晦庵读书既多，言论自富，故陆象山（九渊），王阳明（守仁）讥为支离。阳明有《朱子晚年定论》之说，据与何叔京一书（书大意谓，但因良心发现之微，猛省提撕，使心不昧，即为学者下功夫处），由今考之，此书乃庵晦三十四岁时作，非真晚年。晚年定论，乃阳明不得已之语，而东原非之，以为堕入释氏。阳明以为高者，东原反以为歧。实则晦庵恪守师训，惟好胜之心不自克，不得不多读书，以资雄辩。虽心知其故，而情不自禁也。至无极、太极之争，非二家学问之本，存而不论可矣（象山主太极之上无无极，晦庵反之，二人由是哄争。晦庵谓如曰未然，则各尊所闻，各行所知；象山答云，通人之过，虽微针药，久当自悟。盖象山稍为和平矣）。

宋儒出身仕宦者多，微贱起家者少。唯象山非簪缨之家（象山家开药肆），其学亦无师承。常以为二程之学，明道疏通，伊川多障。晦庵行辈，高出象山，论学则不逮。象山主先立乎其大者（宋人为学，入手之功，各有话头：濂溪主静，伊川以后主敬，象山则谓先立乎其大者），不以解经为重，谓"六经注我，我注六经。"顾经籍烂熟，行文如汉人奏议，多引经籍。虽不如晦庵之尽力注经，亦非弃经籍而不读也。其徒杨慈湖（简。慈湖成进士为富阳主簿时，象山犹未第。至富阳，慈湖问："何谓本心？"象山曰："君今日所断扇讼，彼讼扇者必有一是、有一非，若见得孰是孰非，即决定为某甲是某乙非，非本心而何？"慈湖亟问曰："止如斯耶？"

象山厉声答曰："更何有也！"慈湖退，拱坐达旦，质明纳拜，遂称弟子）作《绝四记》，多参释氏之言，然以意为意识，不悟其为意根，则于佛法犹去一间。又作《己易》，以为易之消息，不在物而在己，己即是易。又谓衣冠礼乐、取妻生子，学周公孔子，知其馀不学周孔矣。既没，弟子称之曰"圆明祖师"（不知慈湖自称抑弟子尊之云尔）。宋儒至慈湖，不讳佛如此，然犹重视礼教，无明人猖狂之行。盖儒之有礼教，亦犹释之有戒律。禅家呵佛骂祖，猖狂之极，终不失僧人戒律。象山重视礼教，弟子饭次交足，讽以有过。慈湖虽语言开展，亦守礼惟谨，故其流派所衍，不至如李卓吾辈之披猖也。

明儒多无师承。吴康斋与薛敬轩（瑄）同时，敬轩达官，言语谨守矩矱，然犹不足谓为修己治人一流。英宗复辟，于谦凌迟处死，敬轩被召入议，但谓三阳发生，不可用重刑，诏减一等。凌迟与斩，相去几何？敬轩于此固当力争，不可则去，乌得依违其间如此哉（此事后为刘蕺山所斥）？康斋父溥与解缙、王艮、胡广比舍居，燕兵薄京城，城陷前一夕皆集溥舍，缙陈说大义，广亦奋激慷慨，艮独流涕不言。三人去，康斋尚幼，叹曰："胡叔能死，是大佳事。"溥曰："不然，独王叔死耳。"语未毕，隔墙闻广呼外喧甚：谨视豚！溥顾曰："一豚尚不能舍，肯舍生乎？"然己亦未尝死节。康斋之躬耕不仕，殆以此故。敬轩之学不甚广传，而康斋之传甚广（陈白沙献章即其弟子；又有娄一斋谅以其学传阳明。白沙之学传湛甘泉若水。其后，两家之传最广，皆自康斋出也）。康斋安贫乐道，无超过人格语。白沙讲学，不作语录，不讲经，亦无论道之文。惟偶与人书，或托之于诗，常称曾点浴沂风雩之美，而自道功夫，则谓静中养出端倪（端倪一语，刘蕺山谓为含胡。其实孟子有四端之说,四端本不甚著,故须静中养之)。亦复时时静坐,然犹不足以拟佛法,盖与四禅八定近耳。弟子湛甘泉(若水),与阳明同时。阳明成进士,与甘泉讲学,甚相得,时阳明学未成也。阳明幼时,尝与铁柱宫道士交契,三十服官之后,入九华山,又从道士蔡蓬头问道。乃为龙场驿丞,忧患困苦之馀,忽悟知行合一之理。谓宋儒先知后行,于事未当。所谓"如恶恶臭"、"如好好色",即知即行,非知为好色而后好之,知为恶臭而后恶之也。其致良知之说,在返自龙场之后。以为昔人之解致知格物,非惟朱子无当,司马温公辈亦未当(温公以格为格杀勿论之格。然物来即格之,惟深山中头陀不涉人事者为可,非所语于常人也)。朱子以穷知事物之理为格物(宋人解格物者均有此意,非朱子所创也),阳明初信之,格竹三日而病,于是斥朱子为非是。朱子之语,包含一切事物之理,一切事物之理,原非一人之知所能尽,即格竹不病,亦与诚意何关?以此知阳明之斥朱子为不误。然阳明以为格当作正字解。格物者,致良知以正物。物即心中之念,致良知,则一转念间,知其孰善孰恶,去其恶,存其善,斯意无不诚。余谓阳明之语虽踔,顾与《大学》原文相反。《大学》谓物格而后致知,非谓致知而后物格。朱子改窜《大学》,阳明以为应从古本。至解格物致知,乃颠倒原文,又岂足以服朱之心哉(后朱派如吕泾野楠辈谓作止语默皆是物,实袭阳明之意而引伸之。顾亭林谓"为人君止于仁,为人臣止于敬,为人子止于孝,为人父止于慈,与国人交止于信",斯即格物。皆与阳明宗旨不同,而亦不采朱子穷至事物之理之说。然打破朱子之说,不可谓非阳明之力也)?

格物致知之说,王心斋(艮)最优。心斋为阳明弟子(心斋初为盐场灶丁,略语《四书》,制古衣冠、大带、笏板服之,曰:"言尧之言、行尧之行,而不服尧之服,可乎哉?"闻其论曰:"此绝类王巡抚之谈学也。"时阳明巡抚江西,心斋即往谒,古服举笏立于中门,阳明出迎于门外。始入,据上坐;辩难久之,心折,移坐于侧;论毕,下拜称弟子。明日复见,告之悔,复上坐;辩难久之,乃大服,卒为弟子。本名银,阳明为改为艮),读书不多,反能以经解经,义较明白。谓《大学》有"物有本末,事有始终,知所先后,则近道矣"语:致知者,知事有终始也;格物者,知物有本末也。格物致知,原空文,不必强为穿凿。是故诚意是始,平天下是终;诚意是本,平天下是末。知此即致知矣。刘蕺山(宗周)等崇其说,称之曰"淮南格物论",谓是致知格物之定论。盖阳明读书多,不免拖沓;心斋读书少(心斋入国子监,司业问:"治何经?"曰:"我治总经。"又作《大成歌》,亦有寻孔、颜乐处之意,有句云:"学是学此乐,乐是乐此学。"),故能直截了当,斩除葛藤也。心斋解"在止于至善",谓身名俱泰,乃为至善;杀身成仁,便非至善。其语有似老子。而弟子颜山农(钧)、何心隐辈,猖狂无度,自取戮辱之祸,乃与师说相反。清人反对王学,即以此故。颜山农颇似游侠,后生来见,必先享以三拳,能受,乃可为弟子。心隐本名梁汝元,从山农时,亦曾受三拳,而终不服,知山农狎妓,乃伺门外,山农出,以三拳报之。此诚非名教所能羁络矣。山农笃老而下狱遣戍,心隐卒为张江陵所杀(江陵为司业,心隐问曰:"公居太学,知《大学》道乎?"江陵目摄之,曰:"尔意时时欲飞,却飞不起。"江陵去,心隐曰:"是夫异日必当国,必杀我。"时政由严氏,而世宗幸方士蓝道行,心隐侦知嵩有揭贴,嘱道行假乩神降语:"今日当有一奸臣言事。"帝迟之,而嵩揭贴至,由此疑嵩。御史邹应龙避雨内侍家，侦知其事，因抗疏极论嵩父子不法，严氏遂败。江陵当国，以心隐术足以去宰相，为之心动，卒捕心隐下狱死）。盖王学末流至颜何辈而使人怖畏矣。

阳明破宸濠，弟子邹东廓（守益）助之，而欧阳南野（德）、聂双江（豹）辈，则无事功可见。双江主兵部，《明史》赞之曰："豹也碌碌，弥不足观。"盖皆明心见性，持位保宠，不以政事为意。湛甘泉为南京吏部尚书亦然。罗念庵（洪先）辞官后，入山习静，日以晏坐为事，谓："理学家辟佛乃门面语。周濂溪何尝辟佛哉？"阳明再传弟子万思默（廷言）、王塘南（槐时）、胡正甫（直）、邓定宇（以赞）官位非卑，亦无事功可见。思默语不甚奇，日以晏坐为乐。塘南初曾学佛，亦事晏坐，然所见皆高于阳明。塘南以为一念不动，而念念相续，此即生生之机不可断之意（一念不动，念念相续，即释家所谓阿赖耶识，释家欲传阿赖耶以成涅槃，而王学不然，故仅至四禅四空地）。思默自云静坐之功，若思若无思，则与佛法中非想非非想契合，即四空天中之非想非非想天耳。定宇语王龙溪（畿）曰："天也不做他，地也不做他，圣人也不做他。"张阳和（元忭）谓此言骇听。定宇曰："毕竟天地也多动了一下，此是不向如来行处行手段。"正甫谓天地万物，皆由心造，独契释氏旨趣。前此，理学家谓天地万物与我同体，语涉含混，不知天地万物与我，孰为宾主，孟子"万物皆备于我"亦然，皆不及正甫之明白了当。梨洲驳之，反为支离矣。甘泉与阳明并称。甘泉好谈体认天理。人有不成寐者，问于甘泉。甘泉曰："君恐未能体认天理耳。"阳明讥甘泉务外，甘泉不服，谓心体万物而无遗，何外之有？后两派并传至许敬庵（孚远），再传而为刘蕺山（宗周）。蕺山绍甘泉之绪，而不甚心服。三传而为黄梨洲（宗羲）。梨洲馀姚人，蕺山山阴人。梨洲服膺阳明而不甚以蕺山为然，盖犹存乡土之见。蕺山以常惺惺为教。常惺惺者，无昏愦时之谓也，语本禅宗，非儒家所有。又蕺山所以不同于阳明者，自阳明之徒王心斋以致知为空文，与心意二者无关，而心意之别未明也。心斋之徒王一庵（栋）以为意乃心之主宰（即佛法意根），于是意与心始别。蕺山取之，谓诚意者，诚其意根，此为阳明不同者也。然蕺山此语，与《大学》不合。《大学》语语平实，不外修己治人。明儒强以明心见性之语附会，失之远矣。诚其意根者，即堕入数论之神我，意根愈诚，则我见愈深也。余谓《中庸》"诚者物之终始，不诚无物"二语甚确。盖诚即迷信之谓。迷信自己为有，迷信世界万物为有，均迷信也。诚之为言，无异佛法所称无明。信我至于极端，则执一切为实有。无无明则无物，故曰不诚无物。《中庸》此言，实与释氏之旨符合。惟下文足一句曰"是故，君子诚之为贵"，即与释氏大相径庭。盖《中庸》之言，比于婆罗门教，所谓"参天地、赞化育"者，是其极致，乃入摩醯首罗天王一流也。儒释不同之处在此，儒家虽采佛法，而不肯放弃政治社会者亦在此。若全依释氏，必至超出时间，与中土素重世间法者违反，是故明心见性之儒，谓之为禅，未尝不可。惟此所谓禅，乃曰禅八定，佛家与外道共有之禅，不肯打破意根者也。昔欧阳永叔谓"孔子罕言性，性非圣人所重"，此言甚是。儒者若但求修己治人，不务谈天说性，则譬之食肉不食马肝，亦未为不知味也。

儒者修己之道，《儒行》言之甚详，《论语》亦有之，曰"行己有耻"，曰"见利思义，见危授命"。修己之大端，不过尔尔。范文正开宋学之端，不务明心见性而专尚气节，首斥冯道之贪恋。《新五代史》之语，永叔袭文正耳。其后学者渐失其宗旨，以气节为傲慢而不足尚也,故群以极深研几为务。于是风气一变,国势之弱,职此之由。宋之亡,降臣甚多,其明证也。明人之视气节,较宋人为重。亭林虽诮明心见性之儒,然入清不仕,布衣终身,信可为百世师表。夫不贵气节,渐至一国人民都无豪迈之气,奄奄苟活,其亡岂可救哉? 清代理学家甚多,然在官者不可以理学论。汤斌、杨名时、陆陇其辈,江郑堂《宋学渊源记》所不收,其意良是。何者? 炎黄之胄,服官异族,大节已亏,尚得以理学称哉? 若在野而走入王派者,则有李二曲(颙)、黄梨洲(宗羲)。其反对王派者,今举顾亭林、王船山(夫之)、陆桴亭、颜习斋、戴东原五家论之。此五家皆与王派无关,而又非拘牵朱派者也。梨洲、二曲虽同祖阳明,而学不甚同。梨洲议论精致,修养不足;二曲教以悔过为始基,以静坐为入手,李天生(因笃,陆派也)之友欲从二曲学,中途折回,天生问故,曰:"人谓二曲王学之徒也。"二曲闻之叹曰:"某岂王学乎哉!"盖二曲虽静坐观心,然其经济之志,未曾放弃。其徒王心敬(尔缉),即以讲求区田著称。此其所以自异于王学也。梨洲弟子万季野(斯同)治史学,查初白(慎行)为诗人,并不传其理学。后来全谢山(祖望)亦治史学,而于理学独推重慈湖,盖有乡土之见焉。

　　阳明末流,一味猖狂,故清初儒者皆不愿以王派自居。顾亭林首以明心见性为诟病。亭林之学,与宋儒永嘉派不甚同,论其大旨,亦以修己治人为归。亭林研治经史最深,又讲音韵、地理之学,清人推为汉学之祖。其实,后之为汉学者仅推广其《音学五书》以讲小学耳。其学之大体,则未有步趋者也。惟汪容甫(中)颇有绍述之意,而日力未及。观容甫《述学》,但考大体,不及琐碎,此即亭林矩矱。然亭林之学,枝叶蔚为大国而根本不传者,亦因种族之间,言议违禁,故为人所忌耳(《四库提要》称其音韵之学,而斥经世之学为迂阔,其意可知)。种族之见,亭林胜于梨洲。梨洲曾奉鲁王命乞师日本,后遂无闻焉,亭林则始终不渝。今通行之《日知录》,本潘次耕(耒)所刻,其中胡字、虏字,或改作外国、或改作异域,我朝二字,亦被窜易。《素夷狄行乎夷狄》一条,仅存其目。近人发现雍正时钞本,始见其文,约二千馀言。大旨谓孔子云:"居处恭,执事敬,与人忠,虽之夷狄不可弃也。"此之谓"素夷狄行乎夷狄",非谓臣事之也。又言,管仲大节有亏而孔子许之者,以管仲攘夷,过小而功大耳。以君臣之义,较夷夏之防,则君臣之义轻,夷夏之防重,孔子所以亟称之也。又《胡服》一条,刻本并去其目。忌讳之深如此,所以其学不传。亭林于夷夏之防,不仅腾为口说,且欲实行其志,一生奔驰南北,不遑宁居,到处开垦,隐结贤豪,凡为此故也。山东、陕西、山西等处,皆有其屯垦之迹。观其意,殆欲于此作发展计。汉末田子泰(或作田子春,名畴),躬耕徐无山(今河北玉田县),百姓归之者五千馀家。子泰为定法律,制礼仪,兴学校,众皆便之。乌丸、鲜卑并遣译致贡。常忿乌丸贼杀冠盖,有欲讨之意,而曹操北征,子泰为向导,遂大斩获,追奔逐北。使当时无曹操,则子泰必亲自攘夷矣。亭林之意,殆亦犹是。船山反对王学,宗旨与横渠相近,曾为《正蒙》作注。盖当时王学猖狂,若以程朱之学矫之,反滋纠纷,惟横渠之重礼教乃足以惩之。船山之书,自说经外,只有钞本,得之者,什袭珍藏。故《黄书》流传甚广,而免于禁网也。船山论夷夏之防,较亭林更为透彻,以为六朝国势不如北魏远甚。中间又屡革命,而能支持三百年之久者,以南朝有其自立精神故也。南宋不及百六十年,未经革命,而亡于异族,即由无自立精神故也。此说最中肯綮，然有鉴于南宋之亡，而谓封建藩镇，可以抵抗外侮，此则稍为迂阔。特与六朝人主封建者异趣：六朝人偏重王室，其意不过封建亲戚以为藩屏而已；船山之主封建，乃从诸夏夷狄着想，不论同姓异姓，但以抵抗外侮为主，此其目光远大处也。要之，船山之学，以政治为主，其理学亦不过修己治人之术，谓之骈枝可也。

陆桴亭《思辨录》，亦无过修己治人之语，而气魄较小。其论农田水利，亦尚有用。顾足迹未出江苏一省，故其说但就江苏立论，恐不足以致远。

北方之学者，颜（习斋）、李（刚主）、王（昆绳）、刘（继庄）并称，而李行辈略后。习斋之意，以为程、朱、陆、王都无甚用处，于是首举《周礼》乡三物以为教，谓《大学》格物之物，即乡三物之物，其学颇见切实。盖亭林、船山但论社会政治，却未及个人体育。不讲体育，不能自理其身，虽有经世之学，亦无可施。习斋有见于此，于礼、乐、射、御、书、数中，特重射、御，身能盘马弯弓，抽矢命中，虽无反抗清室之语，而微意则可见也。昆绳、刚主，亦是习斋一流，惟主张井田，未免迂腐。继庄精舆地之学。《读史方舆纪要》之作，继庄周游四方，观察形势；顾景范考索典籍，援古证今，二人联作，乃能成此巨著。此后徐乾学修《一统志》，开馆洞庭山，招继庄纂修。继庄首言郡县宜记经纬度，故《一统志》每府必记北极测地若干度。此事今虽习见，在当时实为创获。

大概亭林、船山，才兼文武；桴亭近文，习斋近武。桴亭可使为地方官，如省长之属；习斋可使为卫戍司令。二人之才不同，各有偏至。要皆专务修己治人，无明心见性之谈也。

东原不甘以上列诸儒为限，作《原善》、《孟子字义疏证》。其大旨有二:一者,以为程、朱、陆、王均近禅,与儒异趣;一者,以为宋儒以理杀人,甚于以法杀人。盖雍乾间,文字之狱,牵累无辜,于法无可杀之道,则假借理学以杀之。东原有感于此,而不敢正言,故发愤为此说耳。至其目程、朱、陆、王均近禅,未免太过。象山谓"六经注我,我注六经",乃扫除文字障之谓,不只谓之近禅。至其驳斥以意见为理,及以理为如有物焉得于天而具于心之说,只可以攻宋儒,不足以攻明儒。阳明谓理不在心外,则非如有物焉,凑拍附着于气之谓也。罗整庵(钦顺)作《困知记》,与阳明力争理气之说,谓宋人以为理之外有气,理善,气有善有不善。夫天地生物,惟气而已,人心亦气耳。以谓理者,气之流行而有秩序者也,非气之外更有理也。理与气不能对立。东原之说,盖有取于整庵。然天理、人欲,语见《乐记》。《乐记》本谓穷人欲则天理灭,不言人欲背于天理也。而宋儒则谓理与欲不能并立。于是东原谓天理即人欲之有节文者,无欲则亦无理,此言良是,亦与整庵相近。惟谓理在事物而不在心,则矫枉太过,易生流弊。夫能分析事物之理者,非心而何?安得谓理在事物哉?依东原之说,则人心当受物之支配,丧其所以为我,此大谬矣。至孟子性善之说,宋儒实未全用其旨。程伊川、张横渠皆谓人有义理之性,有气质之性。义理之性善,气质之性不善。东原不取此论,谓孟子亦以气质之性为善,以人与禽兽相较而知人之性善,禽兽之性不善(孟子有"人之异于禽兽者几希"语)。余谓此实东原之误。古人论性,未必以人与禽兽比较。详玩《孟子》之文,但以五官与心对待立论。孟子云:"从其大体为大人,从其小体为小人。""耳目之官不思而蔽于物。物交物,则引人而已矣。心之官则思,不思则不得也。"其意殆谓耳目之官不纯善,心则纯善。心纵耳目之欲，是养其小体也；耳目之欲受制于心，是养其大体也。今依生理学言之，有中枢神经，有五官神经。五官不能谓之无知，然仅有欲而不知义理，惟中枢神经能制五官之欲，斯所以为善耳。孟子又云："口之于味，目之于色，耳之于声，鼻之于臭，四肢之于安佚，性也。有命焉，君子不谓性也。"是五官之欲固可谓之性。以五官为之主宰，故不以五官之欲为性，而以心为性耳。由此可知，孟子亦不谓性为纯善，惟心乃纯善。东原于此不甚明白，故不取伊川、横渠之言，而亦无以解孟子之义。由今观之，孟、荀、扬三家论性虽各不同，其实可通。孟子不以五官之欲为性，此乃不得已之论。如合五官之欲与心而为真，亦犹扬子所云善恶混矣。孟子谓恻隐、羞恶、辞让、是非四端，性所具有。荀子则谓人生而有好利焉，顺是则争夺生而辞让亡矣。是荀子以辞让之心非性所本有，故人性虽具恻隐、羞恶、是非三端，不失其为恶。然即此可知荀子但云性不具辞让之心，而不能谓性不具恻隐、羞恶、是非之心。是其论亦同于善恶混也。且荀子云："途之人皆可以为禹。"孟子云："人皆可以为尧舜。"是性恶、性善之说，殊途同归也。荀子云："人皆有可以知仁义法正之质，皆有可以能仁义法正之具。"孟子云："乃若其情则可以为善矣，乃所谓善也。"此其语趣尤相合（孟子性善之说，似亦略有变迁。可以为善曰性善，则与本来性善不同矣）。虽然，孟子曰："仁、义、礼、知，非由外铄我也，我固有之也。"荀子则谓礼义法度，圣人所生，必待圣人之教，而后能化性起伪。此即外铄之义，所不同者在此。

韩退之《原性》有上中下三品说。前此，王仲任《论衡》记周人世硕之言，谓人性有善有恶。举人之善性，养而致之则善长；

举人之恶性，养而致之则恶长。故作《养书》一篇。又言宓子贱、漆雕开、公孙尼子之徒，亦论情性，与世子相出入。又孔子已有"生而知之者上，学而知之者次，困而学之又其次，困而不学民斯为下"语。如以性三品说衡荀子之说，则谓人性皆恶可也。不然，荀子既称人性皆恶，则所称圣人者，必如宗教家所称之圣人，然后能化性起伪尔。是故，荀子虽云性恶，当兼有三品之义也。

告子谓性无善、无不善，语本不谬，阳明亦以为然。又谓生之谓性，亦合古训。此所谓性，即阿赖耶识。佛法释阿赖耶为无记性（无善无恶），而阿赖耶之义即生理也。古人常借生为性字。《孝经》"毁不灭性"，《左传》"民力凋尽，莫保其性"皆是。《庄子》云："性者生之质也。"则明言生即性矣。故"生之谓性"一语，实无可驳。而孟子强词相夺，驳之曰："犬之性犹牛之性，牛之性犹人之性欤？"若循其本，性即生理。则犬之生与牛之生，有何异哉？至杞柳杯棬之辨，孟子之意谓戕贼杞以为杯棬可，戕贼人以为仁义不可。此因告子不善措辞，致受此难。如易其语云性犹金铁也，义犹刀剑也；以人性为仁义，犹以金铁为刀剑，则孟子不能谓之戕贼矣。

东原以孟子举犬性、牛性、人性驳告子，故谓孟子性善之说，据人与禽兽比较而为言。余谓此非孟子本旨，但一时口给耳。后人视告子如外道，或曰异端，或曰异学。其实儒家论性，各有不同。赵邠卿注《孟子》，言告子兼治儒墨之学。邠卿见《墨子》书亦载告子（《墨子》书中之告子，与孟子所见未必为一人，以既与墨子同时，不得复与孟子同时也），故为是言。不知《墨子》书中之告子，本与墨子异趣，不得云兼治儒墨之学也。宋儒以告子为异端，东原亦目之为异端，此其疏也。

《孟子字义疏证》一书,惟说理气语不谬(大旨取罗整庵),论理与欲亦当。至阐发性善之言,均属难信。其后承东原之学者,皆善小学、说经、地理诸学,惟焦里堂(循)作《孟子正义》,不得不采《字义疏证》之说(近黄式三亦有发挥东原之言)。要之,东原之说,在清儒中自可卓然成家,若谓可以推倒宋儒(段若膺作挽词有"孟子之功不在禹下"语,太过),则未敢信也。

道咸间方植之(东树)作《汉学商兑》,纠弹东原最力。近胡适尊信东原之说,假之以申唯物主义。然"理在事物而不在心"一语,实东原之大谬也。

数道家当以老子为首。《汉书·艺文志》道家首举《伊尹》、《太公》。然其书真伪不可知,或出后人依托。《管子》之书,可以征信,惟其词意繁富,杂糅儒家、道家,难寻其指归。太史公言其"善因祸而为福、转败而为功",盖管子之大用在此。黄老并称,始于周末,盛行于汉初。如史称环渊学黄老道德之术;陈丞相少时,好黄帝、老子之术;胶西有盖公善治黄老言;窦太后好黄帝、老子言;王生处士善为黄老言。然黄帝论道之书,今不可见。《儒林传》,黄生与辕固争论汤武革命,曰:"冠虽敝必加于首,履虽新必贯于足。"其语见《太公六韬》。然今所传《六韬》不可信,故数道家当以老子为首。

《庄子·天下篇》自言与老聃、关尹不同道。老子多政治语,庄子无之;庄子多超人语,老子则罕言。虽大旨相同,而各有偏重,所以异也。《老子》书八十一章,或论政治,或出政治之外,前后似无系统。今先论其关于政治之语。老子论政,不出因字,所谓"圣人无常心,以百姓心为心"是也。严幾道(复)附会其说,以为老子倡民主政治。以余观之，老子亦有极端专制语，其云"鱼不可脱于渊，国之利器不可以示人"，非极端专制而何？凡尚论古人，必审其时世。老子生春秋之世，其时政权操于贵族，不但民主政治未易言，即专制政治亦未易言。故其书有民主语，亦有专制语。即孔子亦然。在贵族用事之时，唯恐国君之不能专制耳。国君苟能专制，其必有愈于世卿专政之局，故曰"鱼不可脱于渊，国之利器不可以示人"，然此二语法家所以为根本。

太史公以老子、韩非同传，于学术源流最为明了。韩非解老、喻老而成法家，然则法家者，道家之别子耳。余谓老子譬之大医，医方众品并列，指事施用，都可疗病。五千言所包亦广矣，得其一术，即可以君人南面矣。

汉文帝真得老子之术者，故太史公既称孝文好道家之学，以为繁礼饰貌无益于治；又称孝文帝本好刑名之言。盖文帝貌为玄默躬化，其实最擅权制。观夫平、勃诛诸吕，使使迎文帝，文帝入，即夕拜宋昌为卫将军，领南北军；以张武为郎中令、行殿中。其收揽兵权，如此其急也。其后贾谊陈治安策，主以众建诸侯而少其力，文帝依其议，分封诸王子为列侯。吴太子入见，侍皇太子饮博，皇太子引博局提杀之，吴王怨望不朝，而文帝赐之几杖，盖自度能制之也。且崩时，诫景帝，即有缓急，周亚夫真可任将兵。盖知崩后，吴楚之必反也。盖文帝以老、庄、申、韩之术合而为一，故能及此。然谓周云成、康，汉言文、景，则又未然。成、康之世，诸侯宗周；文帝之世，诸侯王已有谋反者。非用权谋，乌足以制之？知人论世，不可同年而语矣。

后人往往以宋仁宗拟文帝，由今观之，仁宗不如文帝远甚。虽仁厚相似，而政术则非所及也。仁宗时无吴王叛逆之事；又文帝之于匈奴与仁宗之于辽、西夏不同。仁宗一让之后，即议和纳币，无法应付；文帝则否，目前虽似让步，却能养精蓄锐，以备大举征讨，故后世有武帝之武功。周末什一而税，以致颂声。然汉初但十五而取一（高帝、惠帝皆然），文帝出，常免天下田租，或取其半，则三十而一矣。又以缇萦上书，而废肉刑。此二事可谓仁厚。然文帝有得于老子之术。老子之术，平时和易，遇大事则一发而不可当。自来学老子而至者，惟文帝一人耳。

《老子》书中有权谋语，"将欲歙之，必固张之；将欲弱之，必固强之；将欲废之，必固兴之；将欲夺之，必固与之"是也。凡用权谋，必不明白告人。而老子笔之于书者，以此种权谋，人所易知故尔。亦有中人权谋而不悟者，故书之以为戒也。

历来承平之世，儒家之术，足以守成；戡乱之时，即须道家，以儒家权谋不足也。凡戡乱之傅佐，如越之范蠡（与老子同时，是时《老子》书恐尚未出），汉初之张良、陈平（二人纯与老子相似。张良尝读《老子》与否不可知，陈平本学黄老），唐肃宗时之李泌，皆有得于老子之道。盖拨乱反正非用权谋不可，老子之真实本领在此。然即"无为而无不为"一语观之，恐老子于承平政事亦优为之，不至如陈平之但说大话（文帝问右丞相周勃："天下一岁决狱几何？"勃谢不知。问："天下钱谷一岁出入几何？"勃又谢不知，惶愧汗出浃背。帝问左丞相陈平，平曰："有主者。"帝曰："君所主者何事？"平曰："宰相上佐天子理阴阳、顺四时，下遂万物之宜，外镇抚四夷、诸侯，内亲附百姓，使卿大夫各得任其职焉。"盖周勃武夫，非所能对；陈平粗疏，亦不能对也）。承平而用老子之术者，文帝之前曹参曾用盖公，日夜饮酒而不治事，以为法令既明，君上垂拱而臣下守职，此所谓"无为而无不为"也。至于晋人清谈,不切实用,盖但知无为,而不知无不为矣。

至于老子之道最高之处,第一看出常字,第二看出无字,第三发明无我之义,第四倡立无所得三字,为道德之极则。《老子》首章云:"道可道,非常道。名可名,非常名。"常道、常名,王注不甚明白,韩非《解老》则言之憭然,谓:"物之一存一亡、乍死乍生、初盛而后衰者,不可谓常;唯与天地之剖判也俱生,至天地消散也不死不衰者,谓常。"盖常道者,不变者也。《庄子·天下篇》称"老聃建之以常无有,主之以太一"。常无有者,常无、常有之简语也。老子曰:"常无欲以观其妙,常有欲以观其徼。"又云:"无名天地之始,有名万物之母。"无名故为常,有名故非常。徼者边际界限之意。夫名必有实,实非名不彰,彻去界限,则名不能立,故云"常有欲以观其徼也"。圣人内契天则,故常无以观其妙;外施于事,故常有以观其徼。建之以常无有者,此之谓也。

《老子》云:"天下万物生于有,有生于无。"后之言佛法者,往往以此斥老子为外道,谓无何能生有?然非外道也。《说文》:"无,奇字无也,通于元者。虚无道也。"《尔雅》:"元,始也。"夫万物实无所始。《易》曰:"大哉乾元,首出庶物。"是有始也。又曰:"见群龙无首,天德不可为首。"则无始也。所谓有始者,毕竟无始也。《庄子》论此更为明白,云:"有始也者,有未始有始也者,有未始有夫未始有始也者。"《说文》、《系传》云无通于元者,即"未始有始"之谓也。又佛法有缘起之说,唯识宗以阿赖耶识为缘起;《起信论》以如来藏为缘起。二者均有始。而《华严》则称无尽缘起,是无始也。其实缘起本求之不尽,无可奈何,乃立此名耳。本无始,无可奈何称之曰始,未必纯是;无可奈何又称之曰无始,故曰无通于元。儒家无极、太极之说,意亦类是。故老子曰："天下万物生于有,有生于无。"语本了然,非外道也。

无我之言,《老子》书中所无,而《庄子》详言之。太史公《孔子世家》："老子送孔子曰:'为人臣者毋以有己,为人子者毋以有己。'"二语看似浅露,实则含义宏深。盖空谈无我,不如指切事状以为言,其意若曰一切无我,固不仅言为人臣、为人子而已。所以举臣与子者,就事说理,《华严》所谓事理无碍矣。于是孔子退而有犹龙之叹。夫唯圣人为能知圣,孔子耳顺心通,故闻一即能知十,其后发为"毋意、毋必、毋固、毋我"之论,颜回得之而克己。此如禅宗之传授心法,不待繁词,但用片言只语,而明者自喻。然非孔子之聪明睿智,老子亦何从语之哉(老子语孔子之言,《礼记·曾子问》载三条,皆礼之粗迹,其最要者在此。至无我、克己之语,则《庄子》多有之)!

《德经》以上德、下德开端(是否《老子》原书如此,今不可知),云:"上德不德,是以有德;下德不失德,是以无德。"德者得也,不德者,无所得也。无所得乃为德,其旨与佛法归结于无所得相同,亦与文王视民如伤、望道而未之见符合。盖道不可见,可见即非道。望道而未之见者,实无有道也。所以望之者,立文不得不如此耳,其实何尝望也。佛家以有所见为所知障,又称理障。有一点智识,即有一点所知障。纵令理想极高,望去如有物在,即所知障也。今世讲哲学者不知此义,无论剖析若何精微,总是所知障也。老子谓"玄之又玄,众妙之门",玄之一字,于老子自当重视。然老子又曰"涤除玄览",玄且非扫除不可,况其他哉!亦有极高极深之理,自觉丝毫无谬,而念念不舍,心存目想,即有所得,即所谓所知障,即不失德之下德也。孔子云:"吾有知乎哉? 无知也。"无知故所知障尽。颜子语孔子曰:"回益矣,忘仁义矣。"孔子曰："可矣，犹未也。"他日复见曰："回益矣，忘礼乐矣。"孔子曰："可矣，犹未也。"他日复见曰："回益矣，坐忘矣。"孔子乃称："而果其贤乎！丘请从而后。"盖坐忘者，一切皆忘之谓，即无所得之上德也。此种议论，《老子》书所不详，达者观之立喻；不达者语之而不能明。非如佛书之反复申明，强聒而不舍。盖儒以修己治人为本；道家君人南面之术，亦有用世之心。如专讲此等玄谈，则超出范围，有决江救涸之嫌。政略示其微而不肯详说，否则，其流弊即是清谈。非惟祸及国家，抑且有伤风俗，故孔老不为也。印度地处热带，衣食之忧，非其所急；不重财产，故室庐亦多无用处；自非男女之欲，社会无甚争端。政治一事，可有可无，故得走入清谈一路而无害。中土不然，衣食居处，必赖勤力以得之，于是有生存竞争之事。团体不得不结，社会不得不立，政治不得不讲。目前之急，不在乎有我无我，乃在衣食之足不足耳。故儒家、道家，但务目前之急；超出世间之理，不欲过于讲论，非智识已到修养已足者，不轻为之语。此儒、道与释家根本虽同，而方法各异之故也。

六朝人多以老、庄附佛法（如僧祐《宏明集》之类），而玄奘以为孔、老两家，去佛甚远，至不肯译《老子》，恐为印度人所笑，盖玄奘在佛法中为大改革家，崇拜西土，以为语语皆是，而中国人语都非了义。以玄奘之智慧，未必不能解孔子、老子之语，特以前人注解未能了然，虽或浏览，不足启悟也。南齐顾欢谓孔、老与佛法无异，中国人只须依孔、老之法，不必追随佛法，虽所引不甚切当，而大意则是（《南齐书》五十四载欢之论曰："国师、道士，无过老、庄；儒林之宗，孰出周、孔？若孔、老非佛，谁则当之？二经所说，如合符契，道则佛也，佛则道也。其圣则符，其迹则反。"

又云："理之可贵者道也；事之可贱者俗也。舍华效夷，义将安取？"）。至老子化胡，乃悠谬之语。人各有所得，奚必定由传授也。

道士与老子无关，司马温公已见及此。道士以登仙为极则，而庄子有齐死生之说，又忘老聃之死，正与道士不死之说相反也。汉武帝信少翁、栾大、李少君之属以求神仙，当时尚未牵合神仙、老子为一。《汉书·艺文志》以神仙、医经、经方同入方技，可证也。汉末张道陵注《老子》（《宏明集》引），其孙鲁亦注《老子》（曰：想尔注《老子》。想尔二字不可解），以老子牵入彼教，殆自此始。后世道士，乃张道陵一派也。然少翁辈志在求仙，道陵亦不然，仅事祈祷或用符箓捉鬼，谓之劾禁。盖道士须分两派：一为神仙家，以求长生、觊登仙为务；一为劾禁家，则巫之馀裔也。北魏寇谦之出，道士之说大行。近代天师打醮、画符、降妖而不求仙，即是劾禁一派。前年，余寓沪上，张真人过访，余问炼丹否？真人曰："炼丹须清心寡欲。"盖自以不能也。

梁陶宏景为《本草》作注，又作《百一方》，而专务神仙。医家本与神仙家相近，后世称陶氏一派曰茅山派；张氏一派曰龙虎山派。二派既不同，而炼丹又分内丹、外丹二派。《抱朴子》载炼丹之法，唐人信之，服大还而致命者不少，后变而为内丹之说，《悟真篇》即其代表。然于古有汉人所作《参同契》，亦著此意。元邱处机（即长春真人，作《西游记》者），亦与内丹相近，白云观道士即此派也。此派又称龙门派。是故，今之道士，有此三派，而皆与老子无关者也。

神仙家、道家，《隋志》犹不相混。清修《四库》，始混而为一。其实炼丹一派，于古只称神仙家，与道家毫无关系。宋元间人集

《道藏》，凡诸子书，自儒家之外，皆被收录。余谓求仙一派，本属神仙家，前已言之。劾禁一派，非但与老子无关，亦与神仙家无关。求之载籍，盖与《墨子》为近。自汉末至唐，相传墨子有《枕中五行记》（其语与墨子有无关系，不可知）。《后汉书·刘根传》："根隐居嵩山，诸好事者就根学道。太守史祈，以根为妖妄，收而数之曰：'汝有何术，而惑诬百姓？'根曰：'实无他异，颇能令人见鬼耳。'于是左顾而啸，祈之亡父、祖及近亲数十人皆反缚在前，向根叩头。祈惊惧，顿首流血。根默然，忽俱去不知所在。"余按：其术与《墨子·明鬼》相近。刘根得之何人不可知，张道陵之术与刘根近似，必有所受之也。盖劾禁一派，虽与老子无关，要非纯出黄巾米贼，故能使晋世士大夫若王羲之、殷仲堪辈皆信之也。

庄子自言与老聃之道术不同，"死与？生与？天地并与？神明往与？"此老子所不谈，而庄子闻其风而悦之。盖庄子有近乎佛家轮回之说，而老子无之。庄子云："若人之形老，万化而未始有极也，其为乐可胜计邪？"此谓虽有轮回而不足惧，较之"精气为物、游魂为变"二语，益为明白。老子但论摄生，而不及不死不生，庄子则有不死不生之说。《大宗师》篇，南伯子葵问乎女偊，女偊称卜梁倚守其道三日，而后能外天下；又守之七日，而后能外物；又守之九日，而后能外生。已外生矣，而后能朝彻；朝彻而后能见独；见独而后能无古今；无古今而后能入于不死不生。天下者，空间也，外天下则无空间观念。物者实体也，外物即一切物体不足撄其心。先外天下，然后外物者，天下即佛法所谓地水火风之器世间，物即佛法所谓有情世间也。已破空间观念，乃可破有情世间，看得一切物体与己无关，然后能外生。外生者，犹未能证到不死不生，必须朝彻而见独。朝彻犹言顿悟，见独则人所不见，已独能见，故先朝彻而后能见独。人为时间所转，乃成生死之念。无古今者，无时间观念，死生之念因之灭绝，故能证知不死不生矣。佛家最重现量，阳明亦称留得此心常现在。庄子云无古今而后能入于不死不生者，亦此意也。南伯子葵、女偊、卜梁倚，其人有无不可知。然其言如此，前人所未道，而庄子盛称之，此即与老聃异趣。老子讲求卫生，《庚桑楚》篇，老聃为南荣趎论卫生之经可见。用世涉务必先能卫生。近代曾国藩见部属有病者辄痛呵之，即是此意。《史记·老子列传》称老子寿一百六十馀。卫生之效，于此可见。然庄子所以好言不死不生，以彭祖、殇子等量齐观者，殆亦有故。《庄子》书中，自老子而外，最推重颜子，于孔子尚有微辞，于颜子则从无贬语。颜子之道，去老子不远，而不幸短命，是以庄子不信卫生，而有一死生，齐彭、殇之说也。

内篇以《逍遥》、《齐物》开端。浅言之，逍遥者，自由之义；齐物者，平等之旨。然有所待而逍遥，非真逍遥也。大鹏自北冥徙于南冥，经时六月，方得高飞；又须天空之广大，扶摇、羊角之势，方能鼓翼。如无六月之时间，九万里之空间，斯不能逍遥矣。列子御风，似可以逍遥矣，然非风则不得行，犹有所待，非真逍遥也。禅家载黄龙禅师说法，吕洞宾往听，师问道服者谁，洞宾称云水道人。师曰："云干水涸，汝从何处安身？"此袭庄子语也。无待，今所谓绝对。唯绝对乃得其自由。故逍遥云者，非今通称之自由也。如云法律之内有自由，固不为真自由；即无政府，亦未为真自由。在外有种种动物为人害者；在内有饮食男女之欲，喜怒哀乐之情，时时困其身心，亦不得自由。必也一切都空，才得真自由,故后文有外天下、外物之论,此乃自由之极至也。

齐物论三字,或谓齐物之论,或谓齐观物论,二义俱通。庄子此篇,殆为战国初期,学派纷歧、是非蜂起而作。"彼亦一是非,此亦一是非",庄子则以为一切本无是非。不论人物,均各是其所是,非其所非,惟至人乃无是非。必也思想断灭,然后是非之见泯也。其论与寻常论平等者不同,寻常论平等者仅言人人平等或一切有情平等而已。是非之间,仍不能平等也。庄子以为至乎其极,必也泯绝是非,方可谓之平等耳。

揆庄子之意,以为凡事不能穷究其理由,故云"恶乎然?然于然;恶乎不然?不然于不然",然之理即在于然,不然之理即在于不然。若推寻根源,至无穷,而然、不然之理终不可得,故云然于然、不然于不然,不必穷究是非之来源也。《逍遥》、《齐物》之旨,大略如是。

《养生主》为常人说法,然于学者亦有关系。其云"生也有涯,知也无涯,以有涯随无涯,殆已",斯言良是。夫境无穷,生命有限,以有限求无穷,是夸父逐日也。《养生主》命意浅显,颇似老子卫生之谈。然不以之为七篇之首,而次于第三,可知庄子之意,卫生非所重也。世间惟愚人不求知,稍有智慧,无不竭力求知。然所谓一物不知儒者之耻,天下安有此事?如此求知,所谓殆已。其末云:"指穷于为薪,火传也,不知其尽也。"以薪喻形骸,以火喻神识。薪尽而火传至别物。薪有尽而火无穷,喻形体有尽而神识无尽。此佛家轮回之说也。

《人间世》论处世之道,颜子将之卫、叶公问仲尼二段可见,其中尤以心斋一语为精。宋儒亦多以晏坐为务。余谓心斋犹晏坐也。古者以诗、书、礼、乐教士,诗、书属于智识,礼、乐属于行为。古人守礼，故能安定。后人无礼可守，心常扰扰。《曲礼》云："坐如尸，立如斋。"此与晏坐之功初无大异。常人闲居无事，非昏沉即掉举。欲救此弊，惟有晏坐一法。古人礼乐不可斯须去身，非礼勿动（动者，非必举手投足之谓，不安定即是动）、非礼勿言（心有思想即言也），自不必别学晏坐。"子之燕居，申申如也，夭夭如也。"申申挺直之意，夭夭屈曲之意，申申、夭夭并举，非崛强、亦非伛偻，盖在不申不屈之间矣。古有礼以范围，不必晏坐，自然合度。此须观其会通，非谓佛法未入中土之时，中土绝无晏坐法也。心斋之说与四勿语（"非礼勿视、非礼勿听、非礼勿言、非礼勿动"）相近，故其境界，亦与晏坐无异。向来注《庄子》者，于"瞻彼阕者，虚室生白，吉祥止止"十二字多不了然，谓室比喻心，心能空虚则纯白独生，然阕字终不可解。按：《说文》，"事已闭门"为阕，此盖言晏坐闭门，人从门隙望之，不见有人，但见一室白光而已。此种语，佛书所恒道，而中土无之，故非郭子玄所知也。

《德充符》言形骸之不足宝，故以兀者王骀发论，至谓王骀之徒与孔子中分鲁国，则其事有无不可知矣。中有二语，含意最深，自来不得其解，曰："以其知，得其心；以其心，得其常心。"余谓此王骀之绝诣也。知者，佛法所谓意识；心者，佛法所谓阿赖耶。阿赖耶恒转如瀑流，而真如心则无变动。常心者，真如心之谓。以止观求阿赖耶，所得犹假；直接以阿赖耶求真如心，所得乃真。此等语与佛法无丝毫之异。世间最高之语，尽于此矣。

《大宗师》篇有不可解处，如"真人之息以踵，众人之息以喉"。喉踵对文，自当训为实字，疑参神仙家言矣。至乎其极，即为卜梁倚之不死不生，如此方得谓之大宗师。

《应帝王》言变化不测之妙。列子遇季咸而心醉，归告其师壶子。季咸善相人，壶子使之相，示之以地文，示之以天壤，示之以太冲，最后示之以虚而委蛇。季咸无从窥测，自失而走。此如《传灯录》所载忠国师事，有西僧能知人心事，师往问之，僧曰："汝何以在天津桥上看猢狲耶？"师再问之，僧又云云。最后一无所念而问之，僧无从作答，此即壶子对季咸之法矣。

要之，内篇七首，佛家精义俱在。外篇、杂篇与内篇稍异。盖《庄子》一书，有各种言说，外篇、杂篇，颇有佛法所谓天乘（四禅四空）一派。《让王篇》主人事，而推重高隐一流。盖庄子生于乱世，用世之心，不如老子之切，故有此论。郭子玄注，反薄高隐而重仕宦。此子玄之私臆，未可轻信。子玄仕于东海王越，招权纳贿，素论去之，故其语如此，亦其所也，惟大致不谬耳。外篇、杂篇，为数二十六；更有佚篇，郭氏删去不注，以为非庄子本旨。杂篇有孔子见盗跖及渔父事，东坡以为此二篇当删。其实《渔父》篇未为揶揄之言，《盗跖》篇亦有微意在也。七国儒者，皆托孔子之说以糊口，庄子欲骂倒此辈，不得不毁及孔子，此与禅宗呵佛骂祖相似。禅宗虽呵佛骂祖，于本师则无不敬之言。庄子虽揶揄孔子，然不及颜子，其事正同。禅宗所以呵佛骂祖者，各派持论，均有根据，非根据佛即根据祖，如用寻常驳辨，未必有取胜之道，不得已而呵佛骂祖耳。孔子之徒，颜子最高，一生从未服官，无七国游说之风。自子贡开游说之端，子路、冉有皆以从政终其身。于是七国时仕宦游说之士，多以孔子为依归，却不能依傍颜子，故庄子独称之也。东坡生于宋代，已见佛家呵佛骂祖之风，不知何以不明此理，而谓此二篇当删去也。

太史公谓庄子著书十馀万言，剽剥儒墨。今观《天下》篇开端即反对墨子之道，谓墨子虽能任，奈天下何？则史公之言信矣。惟所谓儒者乃当时之儒，非周公、孔子也。其讥弹孔子者，凡以便取持论，非出本意，犹禅宗之呵佛骂祖耳。

老子一派，传者甚众，而《庄子》书，西汉人见者寥寥。史公而外，刘向校书，当曾见之。桓谭号为博览，顾独未见《庄子》。班嗣家有赐书，谭乞借《庄子》，而嗣不许。《法言》曾引《庄子》，殆扬子云校书天禄阁时所曾见者。班孟坚始有解《庄子》语，今见《经典释文》。外此，则无有称者。至魏晋间，《庄子》始见重于世，其书亦渐流传。自《庄子》流传，而清谈之风乃盛。由清谈而引进佛法。魏晋间讲佛法者，皆先究《庄子》（东晋支遁曾注《庄子》），《宏明集》所录，皆庄佛并讲者也。汉儒与佛法捍格，无沟通之理。明帝时佛经虽入中土，当时视之，不过一种神教而已。自庄子之说流行，不啻为研究佛法作一阶梯，此亦犹利玛窦入中国传其天算之学，而中国人即能了悟。所以然者，利玛窦未入之前，天元、四元之术，已研究有素，故易于接引也。

清儒谓汉称黄老，不及老庄；黄老可以致治，老庄惟以致乱。然史公以老、庄、申、韩同传，老子有治天下语。汉文兼参申韩，故政治修明。庄子政治语少，似乎遗弃世务。其实，庄在老后，政治之论，老子已足；高深之论，则犹有未逮，故庄子偏重于此也。漆园小吏，不过比今公安局长耳，而庄子任之。宦愈小，事愈繁剧，岂庄子纯然不涉事务哉！清谈之士，皆是贵族，但借庄子以自高，故独申其无为之旨。然不但清谈足以乱天下，讲理学太过，亦足以乱天下。亭林谓今之心学，即昔之清谈，比喻至切。此非理学之根本足以乱天下，讲理学而一切不问，斯足以乱天下耳。以故，黄老治天下、老庄乱天下之语，未为通论也。

墨子，据高诱《吕览注》谓为鲁人。《史记·孟荀列传》或曰并孔子时，或曰在其后。盖墨子去孔子不远，与公输般同时。据《礼记·檀弓》，季康子之母死，公输般请以机封，事在哀公之末，或悼公之初。墨子见楚惠王时，盖已三四十岁，是时公输般已老，则墨子行辈，略后于般也。《亲士》篇言吴起之裂，考吴起车裂，在周安王二十一年，上去孔子卒已逾百年，墨子虽寿考，当不及见。至《所染》篇言宋康染于唐鞅田不礼，宋康之灭，在周赧王二十九年，去吴起之裂又九十馀年，则决非墨子所及见矣。是知《墨子》书有非墨子自著而后人附益之者。韩非《显学》篇，称孔子墨之后，儒分为八，墨离为三——有相里氏之墨、相夫氏之墨、邓陵氏之墨。《庄子·天下》篇亦云："相里勤之弟子，五侯之徒，南方之墨者，苦获、己齿、邓陵子之属，俱诵《墨经》，而倍谲不同，相谓别墨。"今观墨子《尚贤》、《尚同》、《兼爱》、《非攻》、《节用》、《节葬》、《天志》、《明鬼》、《非乐》、《非命》，皆有上中下三篇，文字虽小异，而大体则同。一人所著，决不如此重遝，此即"墨离为三"之证。三家所传不同，而集录者兼采之耳。《汉书》称《墨子》七十一篇，今存五十三篇。

墨子之学，以兼爱、尚同为本。兼爱、尚同则不得不尚贤。至于节用，其旨专在俭约，则所以达兼爱之路也。节葬、非乐，皆由节用来。要之，皆尚俭之法耳。明鬼之道，自古有之，墨子传之，以为神道设教之助，亦有所不得已。依墨子之道，强本节用，亦有用处，而孟子、荀子非之。孟子斥其兼爱（攻其本体），荀子斥其尚俭（攻其办法）。夫兼爱之道，乃人君所有事，墨子无其位而有其行,故孟子斥为无父。汪容甫谓孟子厚诬墨子,实非知言。近世治墨学者,喜言《经上》《经下》,不知墨子本旨在兼爱、尚同,而尚贤、节用、节葬、非乐是其办法,明鬼则其作用也。

明鬼自是迷信。春秋战国之间,民智渐启,孔子无迷信之语,老子语更玄妙,何以墨子犹有尊天明鬼之说?近人以此致疑老子不应在墨子之前,谓与思想顺序不合。不知老子著书,关尹所请,关尹自当传习其书。《庄子·达生》篇有列子问关尹事,则老子传之关尹,关尹传之列子矣。今《列子》书虽是伪托,《庄子》记列子事则可信。《让王》篇言郑子阳遗粟于列子,据《史记·六国表》《郑世家》,子阳之死在周安王四年,是时上去孔子之卒八十一年。列子与子阳同时,遗粟之时,盖已年老,问关尹事,当在其前。关尹受老子之书,又在其前,如此上推,则老孔本同时,列子与墨子同时。然老子著书传关尹,关尹传列子,此外有无弟子不可知。齐稷下先生盛言老子,则在墨子之后五六十年。近人以为思想进步必须有顺序,然必须一国之中交通方便,著书易于流布,方足言此。何者?一书之出,人人共见,思想自不致却退也。若春秋之末,各国严分疆界,交通不便,著书则传诸其人,不若后世之流行,安得以此为论?且墨子足迹,未出鲁、宋、齐、楚四国。宋国以北,墨子所未至;老子著书在函谷关,去宋辽远;列子郑人,与宋亦尚异处,故谓墨子未见老子之书可也。墨子与孔子同为鲁人,见闻所及,故有非儒之说。然《论语》一书,恐墨子亦未之见。《论语》云曾子有疾,孟敬子问之。而《礼记》悼公之丧,孟敬子食食。可见《论语》之成,在鲁悼之后,当楚简王之世。是时墨子已老,其说早已流行,故《论语》虽记孔子"天何言哉"之言,而墨子犹言天志也。

　　又学派不同，师承各别，墨子即见老孔之书，亦未必遽然随之而变。今按：儒家著书在后（儒家首《晏子》），道墨著书在前。《伊尹》、《太公》之书，《艺文志》所不信，《辛甲》二十九篇则可信也（辛甲，道家，见《左传》襄四年）。墨家以《尹佚》二篇开端。尹佚即史佚也。《艺文志》所称某家者流出于某官，多推想之辞。惟道家之出史官，墨家之出清庙之守，确为事实。道家辛甲为周之太史，墨家不但史角为清庙之守，尹佚亦清庙之守。《洛诰》逸祝册可证也。师承之远，历五百馀载，学派自不肯轻易改变。故公孟以无鬼之论驳墨子，墨子无论如何不肯信也。春秋之前，道家有辛甲，墨家有尹佚。《左传》引尹佚之语五，《国语》引之者一，而辛甲则鲜见称引，可见尹佚之学流传甚广，而辛甲之学则不甚传。老子本之辛甲，墨子本之尹佚，二家原本不同，以故墨子即亲见老子之书，亦不肯随之而变也。

　　《礼记》孔子语不尽可信，而《论语》及《三朝记》，汉儒皆以为孔子之语，可信。《三朝记·千乘篇》云："下无用则国家富，上有义则国家治，长有礼则民不争，立有神则国家敬，兼而爱之，则民无怨心，以为无命，则民不偷。昔者先王立此六者，而树之德，此国家所以茂也。"今按：孔子所言，与墨子相同者五——无用即不奢侈之意，墨子所谓节用也；上有义即墨子所谓尚同也；立有神即墨子所谓明鬼也；以为无命即墨子所谓非命也。盖尹佚有此言，而孔子引之。其中不及节葬、非乐者，据《礼记·曾子问》："下殇，土周，葬于园，遂舆机而往。"史佚有子而殇，棺敛于宫中，于此可见史佚不主节葬。周用六代之乐，史佚王官，亦断不能非之。节葬、非乐乃墨子量时度势之言。尹佚当太平时，本无须乎此。墨子经春秋之乱，目睹厚葬以致发冢（《庄子》有"诗礼发冢"语可证),故主节葬。春秋之初,乐有等级,及季氏僭用八佾,三家以雍彻,后又为女乐所乱(齐人馈女乐可见),有不得不非之势。盖节葬、非乐二者,本非尹佚所有,乃墨子以意增加者也。其馀兼爱、尚同、明鬼、节用,自尹佚以来已有之。尚贤老子所非,其名固不始于墨子。墨子明鬼,但能称引典籍而不能明言其理,盖亦远承家法,非己意所发明也。

孔老之于鬼神,措辞含蓄,不绝对主张其有,亦不绝对主张其无。老子曰:"以道莅天下,其鬼不神。"韩非解之曰:"夫内无痤疽瘅痔之害而外无刑罚法诛之祸者,其轻恬鬼也甚,故曰'以道莅天下,其鬼不神'。"盖天下有道,祸福有常,则鬼神不足畏矣。孔子曰:"敬鬼神而远之。"然《中庸》曰:"鬼神之为德,视之而弗见,听之而弗闻,体物而不可遗,洋洋乎如在其上,如在其左右。"如此旁皇周浃,又焉能远?盖孔老之言,皆谓鬼神之有无,全视人之信不信耳。至公孟乃昌言无鬼之论,此殆由孔老皆有用世之志,不肯完全摧破迷信,正所谓不信者吾亦信之也。公孟在野之儒,无关政治,故公然论无鬼矣。凡人类思想,固由闭塞而渐进于开明,然有时亦未见其然,竟有先进步而后却退者。如鬼神之说,政治衰则迷信甚,信如老子之言。然魏有王弼、何晏崇尚清谈,西晋则乐广、王衍大扇玄风,于是迷信几于绝矣。至东晋而葛洪著《抱朴子》内外篇,外篇语近儒家,内篇则专论炼丹。尔时老庄一生死、齐彭殇之论已成常识,而抱朴犹信炼丹,以续神仙家之绪。又如阳明学派,盛行于江西,而袁了凡亦江西人,独倡为功过格,以承道教之风。夫清谈在前,而后有葛洪;阳明在前,而后有袁黄——皆先进步而后却退也。一人之思想,决不至进而复退。至于学说兴替,师承不同,则进退无常。以故老子之言玄妙，孔子之言洒落，而墨子终不之信也。且墨子明鬼亦有其不得已者在。墨子之学，主于兼爱、尚同，欲万民生活皆善，故以节用为第一法。节用则家给人足，然后可成其兼爱之事实，以节用故反对厚葬，排斥音乐。然人由俭入奢易，由奢反俭难。庄子曰："以裘褐为衣，以跂蹻为服，墨子虽独能任，奈天下何？"墨子亦知其然，故用宗教迷信之言诱人，使人乐从，凡人能迷信，即处苦而甘。苦行头陀，不惮赤脚露顶，正以其心中有佛耳。南宋有邪教曰吃菜事魔，其始盖以民之穷困，故教之吃菜，然恐人之不乐从也，故又教之事魔，事魔则人乐吃菜矣。于是从之者，皆渐饶益。论者或谓家道之丰，乃吃菜之功，非事魔之报；当禁事魔，不禁吃菜。其言似有理，实可笑也。夫不事魔，焉肯吃菜？墨子之明鬼，犹此志矣。人疑墨子能作机械，又《经上》、《经下》辩析精微，明鬼之说，与此不类。不知其有深意存焉。

节用之说，孔老皆同。老子以俭为宝，孔子曰宁俭。事俭有程度，孔子饭疏饮水，而又割不正不食，固以时为转移也。墨子无论有无，壹以自苦为极。其徒未必人人穷困，岂肯尽听其说哉？故以尊天明鬼教之，使之起信。此与吃菜事魔，雅无二致。若然，则公孟之论，宜乎不入耳矣。

《墨经》上下所载，即坚白同异之发端。坚白同异，《艺文志》称为名家。名家之前，孔子有正名之语，《荀子》有《正名》之篇，皆论大体，不及琐细。其后《尹文子》亦然。独《墨子》有坚白同异之说，惠施、公孙龙辈承之，流为诡辩，与孔子、荀子不同。鲁哀公欲学小辩，孔子云："弈固十棋之变，由不可既也，而况天下之言乎？"小辩，盖即坚白同异之流。小事诡辩，人以为乐。如云"火不热"、"犬可为羊"，语异恒常，耸人听闻，无怪哀公乐之也。

《经》上下又有近于后世科学之语,如:"平,同高也;圆,一中同长也。"解释皆极精到。然物之形体,有勾股者,有三角者,有六觚者,但讲平圆二种,一鳞一爪,偏而不全,总不如几何学,事事俱备。且其书庞杂,无系统可寻,今人徒以其保存古代思想,故乐于研讨耳。其实不成片段,去《正名》篇远矣。

墨子数称道禹(《庄子·天下》篇),禹似为其教祖。《周髀算经》释"矩"字云:"禹之所以治天下者,此数之所生也。"赵注云:"禹治洪水,望山川之形,定高下之势,乃勾股之所由生。"《考工记》:"有虞氏上陶;夏后氏上匠。"禹明于勾股测量之术,匠人世守其法以营造宫室,通利沟洫(《考工记》:"匠人建国,水地以悬,置埶以悬,视以景,为规识日出之景与日入之景,昼参诸日中之景,夜考之极星,以正朝夕。"又:"匠人为沟洫,凡行奠水磬折以参伍欲为渊,则勾于矩。"匠人明勾股测量之理,如此能建国行水。而行水、奠水,即禹治水之方也)。墨子既以禹为祖,故亦尚匠,亦擅勾股测量之术。公输般与之同时,世为巧匠。公输子削竹木以为鹊,成而飞之,三日不下,而墨子亦能作飞鸢。惟墨子由股术进求其理,故有"平,同高也"、"圆,一中同长也"、"端,体之无序而最前者也"诸语。此皆近于几何,所与远西不同者,远西先有原理,然后以之应用;中国反之,先应用然后求其理耳。

墨子、公输般皆生于鲁,皆能造机械、备攻守。其后,楚欲攻宋,二人解带为城,以牒为械,试于惠王之前,般九设攻城之机变,墨子九拒之。般之攻械尽,墨子之守圉有馀。此虽墨子夸饰之辞,亦足征二人之工力相敌矣。

《艺文志》称法家者流,盖出于理官。余谓此语仅及其半。

法家有两派:一派以法为主,商鞅是也;一派以术为主,申不害、慎到是也。惟韩非兼善两者,而亦偏重于术。出于理官者,任法一派则然,而非所可语于任术一流。《晋书·刑法志》:"魏文侯师李悝,撰次诸国法,著《法经》六篇,商君受之以相秦。"此语必有所本。今案:商鞅本事魏相公叔痤,为中庶子。秦孝公下令求贤,乃去魏之秦。《秦本纪》载其事,在孝公元年,当梁惠王十年,上距文侯之卒,仅二十六年,故商鞅得与李悝相接。商鞅不务术,刻意任法,真所谓出于理官者(《法经》即理官之书也)。其馀申不害、慎到,本于黄老,而主刑名,不纯以法为主。韩非作《解老》《喻老》,亦法与术兼用者也。太史公以老、庄、申、韩同传,而商君别为之传,最为卓识。大概用法而不用术者,能制百姓、小史之奸,而不能制大臣之擅权,商鞅所短即在于是。主术者用意最深,其原出于道家,与出于理官者绝异。春秋时世卿执政,国君往往屈服。反对世卿者,辛伯谏周桓公云:"并后匹嫡,两政耦国,乱之本也。"(《左传》桓十八年)辛伯者,辛甲之后,是道家渐变而为法家矣。管子亦由道家而入法家,《法法》篇(虽云法法,其实仍是术也)谓:"人君之势,能杀人、生人、富人、贫人、贵人、贱人。人主操此六者,以畜其臣;人臣亦望此六者,以事其君。六者在臣期年,臣不忠,君不能夺;在子期年,子不孝,父不能夺。故《春秋》之记,臣有弑其君、子有弑其父者。"其惧大权之旁落如此。老子则云:"鱼不可脱于渊,国之利器不可以示人。"语虽简单,实最扼要。盖老子乃道家、法家之枢转矣。其后慎到论势(见《韩非子·难势》),申不害亦言术。势即权也,重权即不得不重术,术所以保其权者也。至韩非渐以法与术并论,然仍重术。《奸劫弑臣篇》所论,仅防大臣之篡夺,而不忧百姓之不从令，其意与商鞅不同。夫大臣者，法在其手，徒法不足以为防，必辅之以术，此其所以重术也。《春秋》讥世卿（三传相同，《左传》曰："是以为君，慎器与名，不可以假人。"），意亦相同。春秋之后，大臣篡弑者多，故其时论政者，多主专制。主专制者，非徒法家为然，管子、老子皆然，即儒家亦未尝不然。盖贵族用事，最易篡夺，君不专制，则臣必擅主。是故孔子有不可以政假人之论。而孟子对梁惠王之言，先及弑君。惟孟子不主用术，主用仁义以消弭乱原，此其与术家不同处耳。庄子以法术仁义都不足为治，故云"窃钩者诛，窃国者侯"、"绝圣弃智，大盗乃止"。然其时犹无易专制为民主之说，非必古人未见及此，亦知即变民主，无益于治耳。试观民国以来，选举大总统，无非藉兵力贿赂以得之。古人深知其弊，故或主执术以防奸，或主仁义以弭乱。要使势位尊于上，觊觎绝于下，天下国家何为而不治哉！

后世学管、老、申、慎而至者，唯汉文帝；学商鞅而至者，唯诸葛武侯。文帝阳为谦让，而最能执术以制权臣，其视陈平、周勃，盖如骨在口矣。初即位，即令宋昌、张武收其兵权，然后以微词免勃，而平亦旋死。《史》、《汉》皆称文帝明申、韩之学，可知其不甚重法以防百姓。武侯信赏必罚，一意于法，适与文帝相反，虽自比管仲，实则取法商鞅（《魏氏春秋》记司马宣王问武侯之使，使对诸葛公夙兴夜寐，罚二十以上皆亲览焉，是纯用商君之法）。惟《商君书》列六虱：曰礼乐、曰诗书、曰修善、曰孝弟、曰诚信、曰贞廉、曰仁义、曰非兵、曰羞战。名为六虱，实有九事。商鞅以为六虱成群，则民不用；去其六虱，则兵民竞劝。而武侯《出师表》称"郭攸之、费祎、董允等，此皆良实，志虑忠纯"，可见武侯尚诚信、贞廉为重，非之极端用法，不须亲贤臣、远小人也。《商君书》

云："善治者使跖可信,而况伯夷乎? 不能治者使伯夷可疑,而况盗跖乎? 势不能为奸,虽跖可信也;势得为奸,虽伯夷可疑也。"独不念躬揽大柄、势得犯上,足以致人主之疑乎? 夫教人以可疑之道,而欲人之不疑之也,难矣。作法自毙,正坐此论。及关下求舍,见拒而叹,不已晚乎? 韩非《定法》云:"申不害言术,公孙鞅为法。"二者不可相无,然申不害徒术而无法。"韩者,晋之别国也。晋之故法未息而韩之新法又生;先君之令未收,而后君之令又下。申不害不擅其法,不一其宪令,则奸多。故利在故法前令则道之,利在新法后令则道之,利在故新相反、前后相勃,则申不害虽十使昭侯用术,而奸臣犹有所谲其辞矣。故托万乘之劲韩,七十年而不至于霸王者,虽用术于上,法不勤饰于官之患也。"公孙鞅徒法而无术,其"治秦也,设告相坐而责其实,连什伍而同其罪,赏厚而信,刑重而必。是以其民用力劳而不休,逐敌危而不却,故其国富而兵强。然而无术以知奸,则以其富强资人臣而已矣。及孝公、商鞅死,惠王即位,秦法未败也,而张仪以秦殉韩魏;惠王死,武王即位,甘茂以秦殉周;武王死,昭襄王即位,穰侯越韩魏而东攻齐,五年而秦不益尺土之地,乃成其陶邑之封;应侯攻韩八年,成其汝南之封。""故战胜则大臣尊,益地则私封立:主无术以知奸也。商君虽十饰其法,人臣反用其知。故乘强秦之资,数十年而不至于帝王者,法不勤饰于官,主无术于上之患也。"其言甚是。以三国之事证之,魏文帝时兵力尚不足,明帝时兵力足矣,末年破公孙渊,后竟灭蜀,而齐王被废、高贵乡公被弑。魏室之强,适以成司马氏奸劫弑臣之祸,其故亦在无术以制大臣也。是故韩非以术与法二者并重。申不害之术,能控制大臣,而无整齐百姓之法,故相韩不能致富强;商鞅之法,能致富强，而不能防大臣之擅权。然商鞅之法，亦惟可施于秦国耳。何者？春秋时，秦久不列诸侯之会盟，故《史记·六国表》云："秦始小国，僻远，诸夏宾之，比于戎翟。"商君曰："始秦戎翟之教，父子无别，同室而居；今我更制其教，而为其男女之别，大筑冀阙，营如鲁、卫。"可见商鞅未至之时，秦民之无化甚矣。唯其无化，故可不用六虱，而专任以法。如以商君之法施之关东，正恐未必有效。公叔痤将死，语惠王曰："公孙鞅年虽少，有奇才。愿王举国而听之；即不听用，必杀之，无令出境。"假令惠王用公叔之言，使商鞅行法于魏，魏人被文侯、武侯教化之后，宜非徒法之所能制矣。是故武侯治蜀，虽主于法，犹有亲贤臣、远小人之论。盖知国情时势不同，未可纯用商君之法也。其后学商鞅者，唐有宋璟，明有张居正。宋璟行法，百官各称其职，刑赏无私，然不以之整齐百姓。张居正之持法，务课吏职，信赏罚、一号令，然其督责所及，官吏而外则士人也，犹不普及氓庶。于时阳明学派，盛行天下，士大夫竞讲学议政，居正恶之，尽毁天下书院为公廨。又主沙汰生员。向时童子每年入学者，一县多则二十，少亦十人。沙汰之后，大县不过三四人，小县有仅录一人者，此与商鞅之法相似（沙汰生员，亭林、船山亦以为当然）。然于小民，犹不如商君持法之峻也。盖商君、武侯所治，同是小国。以秦民无化，蜀人柔弱，持法尚不得不异。江陵当天下一统之朝，法令之行，不如秦蜀之易。其治百姓，不敢十分严厉，固其所也。

商鞅不重孝弟诚信贞廉，老子有"不尚贤，使民不争"之语，慎到亦谓"块不失道，无用贤圣"。后人持论与之相近而意不同者，梨洲《明夷待访录》所云"有治法无治人"是也（梨洲之言，颇似慎到）。慎到语本老子。老子目睹世卿执政，主权下逮，推原篡夺之祸，始于尚贤。《吕氏春秋·长见篇》云："太公望封于齐，周公旦封于鲁，二君甚相善也。相谓曰：'何以治国？'太公望曰："尊贤尚功。'周公旦曰：'亲亲上恩。'太公望曰：'鲁自此削矣。'周公旦曰：'鲁虽削，有齐者亦必非吕氏也。'其后齐日以大，至于霸，二十四世而田成子有齐国；鲁日以削，至于觐存，三十四世而亡。"盖尊贤上功，国威外达，主权亦必旁落，不能免篡弑之祸；亲亲尚恩，以相忍为国，虽无篡弑之祸，亦不能致富强也。老子不尚贤，意在防篡弑之祸；而慎到之意又不同。汉之曹参、宋之李沆，皆所谓块不失道者。曹参日夜饮醇酒，来者欲有言，辄饮以醇酒，莫得开说。李沆接宾客，常寡言，致有无口匏之诮；而沆自称居重位，实无补，惟中外所陈利害，一切报罢之，少以此报国尔。盖曹、李之时，天下初平，只须与民休息，庸人扰之，则百姓不得休息矣。慎到之言，不但与老子相近，抑亦与曹、李相近。庄子学老子之术，而评田骈、慎到为不知道。慎到明明出于老子，而庄子诋之者，庄子卓识，异于术法二家，以为有政府在，虽不尚贤，犹有古来圣知之法，可资假借。王莽一流，假周孔之道，行篡弑之事，固已为庄子所逆料。班孟坚曰："秦燔《诗》、《书》，以立私议；莽诵六艺，以文奸言。殊途同归。"是故《诗》、《礼》可以发冢，仁、义适以资盗。必也绝圣弃知，大盗乃止。

有国者欲永免篡弑之祸，恐事势有所不能。日本侈言天皇万世一系。然试问大将军用事时，天皇之权何在？假令大将军不自取其咎，即可取天皇而代之，安见所谓万世一系耶？辛伯忧两政耦国，《公羊》讥世卿擅主，即如其说，遏绝祸乱之本，亦岂是久安长治之道？老子以为不尚贤则不争，然曹操、司马懿、刘裕有大勋劳于王室，终于篡夺，固为尚贤之过；若王莽无功，起自外戚,亦竟篡汉,不尚贤亦何救于争哉?若民主政体,选贤与能,即尚贤之谓。尚贤而争宜矣。

是故论政治者,无论法家、术家,要是苟安一时之计,断无一成不变之法。至于绝圣弃知,又不能见之实事。是故政治比于医药,医家处方,不过使人苟活一时,不能使人永免于死亡也。

《汉书·艺文志》:"名家者流,出于礼官。古者名位不同,礼亦异数。"余谓此乃局于一部之言,非可以概论名家也。《荀子·正名篇》举刑名、爵名、文名、散名四项。刑名、爵名、文名,皆有关于政治,而散名则普及社会一切事务,与政治无大关系。《艺文志》之说,仅及爵名,而名家多以散名为主。荀子因孔子正名之言,作《正名》篇,然言散名者多,言刑名、爵名者少。《墨子·经上、下》以及惠施、公孙龙辈,皆论散名,故名家不全出于礼官也。

名家最得大体者,荀子;次则尹文。尹文之语虽简,绝无诡辨之风。惠施、公孙龙以及《墨子·经上、下》,皆近诡辨一派,而以公孙龙为最。《法言》称公孙龙诡辞数万以为法,而不及尹文、惠施。荀子讥惠施蔽于辞而不知实。其实,惠施尚少诡辨之习也。名家本出孔子正名一语,其后途径各别,遂至南辕北辙。

孔子正名之言有所本乎?曰:有。《礼记·祭法》云:"黄帝正名百物,以明民共财。"《国语》作"成命百物",韦注:"命,名也。"郑注《论语》,"正名谓正书字也。古者曰名,今世曰字"。《礼记》曰:"百名以上则书之于策。"然则黄帝正名,即仓颉造字矣。《易》曰:"上古结绳而治,后世圣人易之以书契。"项籍云:"书,足以记姓名。"造字之初,本以记姓名、造契约,故曰"明民共财"。《易》曰："理财正辞。"其意亦同。《管子·心术篇》曰："物固有形,形固有名。"此言不得过实,实不得延名。姑形以形,以形务名,督言正名。延即延长之意,过也。形不能定形,故须以名定之,此谓名与实不可相爽。然则正名之说,由来已久,孔子特采古人之说尔。

名家主形名,形名犹言名实。孔子之后,名家首推尹文。尹文谓名有三科:一曰命物之名,方员白黑是也;二曰毁誉之名,善恶贵贱是也;三曰况谓之名,贤愚爱憎是也(《大道》上)。其语简单肤廓,不甚切当。又云:"有形者必有名,有名者未必有形(如墨子所称之鬼何有于实?只存名耳)。形而不名,未必失其方员白黑之实。名而不可寻名,以检其差,故亦有名以检形,形以定名,名以定事,事以检名。察其所以然,则形名之与事物,无所隐其理矣。"(《大道》上)盖尹文是循名责实一派,无荒诞琐屑病,惟失之泰简,大体不足耳。荀子《正名》,颇得大体。其时惠施、公孙龙辈已出,故取当时诸家之说而破之。惠施、公孙龙二人之术,自来以为一派,其实亦不同。《庄子·天下篇》载惠施之说十条,与其他辨者之说卵有毛、鸡三足者不同。盖公孙龙辈未服官政,故得以诡辨欺人,而惠施身为卿相(惠施为梁惠王相,并见《庄子》、《吕览》),且庄子称其多方。多方者,方法多也,知其不但为名家而已。黄缭问天地所以不坠、不陷、风雨雷霆之故,惠施不辞而应,不虑而对,遍为万物说,说而不休,多而无已;犹以为寡,益之以怪。惠施之博学于此可见。叶水心尝称惠施之才高于孟子。今案:梁惠王东败于齐,长子死焉;西丧地于秦七百里;南辱于楚。意欲报齐,以问孟子。孟子不愿魏之攻齐,故但言可使制梃以挞秦楚之坚甲利兵。于是惠王问之惠施,惠施对以王若欲报齐，不如因变服折节而朝齐，楚王必怒；王游人而合其斗，则楚必伐齐，以休楚而伐疲齐，则必为楚禽，是王以楚毁齐也。惠王从之，楚果伐齐，大败之于徐州。于此知惠施之有权谋，信如水心之言矣。今就《庄子》所载惠施之说而条辨之，无非形名家言也。一曰："至大无外谓之大一，至小无内谓之小一。"小一几何学之点，点无大小长短可言，是其小无内也。大一即几何学之体，引点而为线，则有长短；引线而为面，则有方圆；引面而为体，是其大可以无外也。点为无内，故曰至小；体可无外，故曰至大。二曰："无厚不可积也，其大千里。"（墨子亦有无厚语。）无厚者，空间也，故不可积。空间无穷，千里甚言其大耳。三曰："天与地卑、山与泽平。"卑当作比。《周髀算经》云："天象盖笠，地法覆盘。"如其说，则天与地必有比连之处矣。《大戴礼记·曾子天圆》篇云："如诚天圆而地方，则是四角之不掩也。"曾子之意，殆与惠施同。山高泽下，人所知也。山上有泽，《咸》之象也。黄河大江，皆出昆仑之巅，松花江亦自长白山下注，故云山与泽平也。四曰："日方中方睨，物方生方死。"今之常言，时间有过去、现在、未来三者。其实无现在之时间，方见日中，而日已睨矣。生理学者谓人体新陈代谢，七年而血肉骸骨都非故我之物，此与佛法刹那、无常之说符合。故曰物方生方死，生死犹佛言生灭尔。五曰："大同而与小同异，此之谓小同异；万物毕同毕异，此之谓大同异。"此义亦见《荀子·正名》篇。同者荀子谓之共，异者荀子谓之别。其言曰："万物虽众，有时而欲遍举之，故谓之物。物也者，大共名也。推而共之，共则有共，至于无共然后止。有时而欲别举之，故谓之鸟兽。鸟兽也者，大别名也。推而别之，别则有别，至于无别然后止。"鸟兽皆物也，别称之曰鸟兽，此之谓小同异。动物、植物、矿物同称之曰物,是毕同也。物与心为对待,由心观物,是毕异也,此之谓大同异。六曰:"南方无穷而有穷。"此言太虚之无穷,而就地上言之则有穷也。四方皆然,言南方者,举一隅耳。七曰:"今日适越而昔来。"(《齐物论》来作至)谓之今日,其为时有断限;谓之昔,其为时无断限。就适越一日之程言之,自昧旦至于日入,无非今日也。就既至于越言之,可云昔至也。八曰:"连环可解。"案《国策》,秦昭皇尝遣使者遗君王后连环,曰:"齐多智,解此环不?"君王后以示群臣,群臣不知解。君王后引椎椎破之,谢秦使曰:"谨以解矣。"杨升庵《丹铅录》尝论此事,以为连环必有解法,非椎破之也。今湖南、四川颇有习解连环者。然惠施之意,但谓既能贯之,自能解之而已。其时有无解连环之法则不可知。九曰:"我知天下之中央,燕之北、越之南是也。"此依旧注固可通,然依实事亦可通。据《周髀算经》,以北极为中央,则燕之北至北极、越之南亦至南极,非天之中央而何?十曰:"泛爱万物,天地一体也。"此系实理,不待繁辞。综上十条观之,无一诡辩。其下二十二条,虽有可通者,然用意缴绕,不可谓之诡辩。惠施与庄子相善,而公孙龙闻庄子之言,口吪而不合,舌举而不下(见《秋水》篇)。盖公孙龙纯为诡辩,故庄子不屑与为伍也。

惠施遗书,《汉志》仅列一篇。今欲考其遗事,《庄子》之外,《吕览》、《国策》皆可资采撷。庄子盛称惠施。惠施既殁,庄子过其墓,顾谓从者曰:"自夫子之死,吾无以为质。吾无与言之。"(《徐无鬼》篇)其推重之如此。然又诋之曰:"由天地之道,观惠施之能,犹一蚤一虻之劳。"(《天下》篇)则自道术之大处言之尔。至于"惠子相梁,庄子往见之。或谓惠子曰:'庄子来,欲代子相.'于是惠子恐,搜于国中三日三夜"(《秋水》篇),此事可疑。案:《史记·魏世家》称惠王卑礼厚币以招贤者,其时惠施为相,令自己出,宜无拒绝庄子之事。意者鹓雏、腐鼠之喻,但为寓言,以自明其高尚而已。《吕览·不屈篇》云,魏惠王谓惠子曰:"寡人不若先生,愿得传国。"惠子辞。以子之受燕于子哙度之,《吕览》之言可信。以此可知惠施之为名家,非后世清谈废事者比。要而论之,尹文简单,而不玄远;惠施玄远矣,尚非诡辨;《墨经》上、下以及公孙龙辈,斯纯为诡辨矣。自此辈出,而荀子有《正名》之作。

《荀子·正名》本以刑名、爵名、文名、散名并举,而下文则专论散名。其故由于刑名随时可变,爵名易代则变;文名从礼,如《仪礼》之名物,后世改变者亦多矣;惟散名不易变。古今语言,虽有不同,然其变以渐,无突造新名以易旧名之事;不似刑名、爵名、文名之随政治而变也。有昔无而今有、昔微而今著者,自当增作新名。故荀子云:"若有王者起,必有循于旧名,有作于新名。"散名之在人者,荀子举性、情、虑、伪、事、行、智、能、病、命十项。名何缘而有同异?荀子曰:"缘天官。"此语甚是。人之五官,感觉相近,故言语可通,喜怒哀乐之情亦相近,故论制名之缘由曰缘天官也。其云"单足以喻则单,单不足以喻则兼",此可破白马非马之论。盖总而名之曰马,以色别之曰白马。白马非马之论,本无由成立也。至坚白同异之论,坚中无白,白中无坚;白由眼识,坚由身识;眼识有白而无坚,身识有坚而无白;由眼知白,由身知坚,由心综合而知其为石。于是名之曰石。故坚白同异之论,无可争也。如此则诡辨之说可破(公孙龙辈所以诡辨者,以其无缘天官一语为之限制,得荀子之说而诡辨自破)。大概草昧之民,思想不能综合,但知牛之为牛,马之为马,不知马与牛之俱为兽;知鸡之为鸡,鹜之为鹜,不知鸡与鹜之俱为鸟。稍稍进步,而有鸟兽之观念;再进步而有物之观念。有物之观念,斯人类开化矣(其于石也,先觉其坚与白,然后综合而名之曰石;由石而综合之曰矿;由草木鸟兽矿而一切包举之曰物)。荀子又曰:"名无固宜。约之以命,约定俗成谓之宜;异于约则谓之不宜。"盖物之命名,可彼可此,犬不必定谓之犬,羊不必定谓之羊;惟既呼之为犬、为羊,则约定俗成,犬即不可以为羊也。制名之理,本无甚高深,然一经制定,则不可以变乱。孔子谓"名不正则言不顺;言不顺则事不成;事不成则礼乐不兴;礼乐不兴,则刑罚不中;刑罚不中则民无所措手足",此推论至极之说。施于政治、文牍最要。若指鹿为马,则循名不能责实,其弊至于无所措手足矣。

要之,形与名务须切合,儒家正名之旨在此(《管子》已有此语)。为名家者,即此已定。惠施虽非诡辨,然其玄远之语,犹非为政所急,以之讲学则可,以之施于政治则无所可用。至其他缴绕之论,适足乱名实耳。

文学略说

文学分三项论之：一论著作之文与独行之文有别；二论骈体、散体各有所施，不可是丹非素；三论周秦以来文章之盛衰。

一、著作之文与独行之文

著作之文云者，一书首尾各篇互有关系者也；独行之文云者，一书每篇各自独立，不生关系者也。准是论文，则《周易》、《春秋》、《周官》、《仪礼》、诸子，著作之文也(《仪礼》虽分十七篇而互有关系)；《诗》、《书》，独行之文也。孔子删诗，如后世之总集，惟商初、周初诸篇偶有关系，然各篇不相接者多，与《春秋》编年者异撰，或同时并列三篇，或旷数百年而仅存一篇。自尧至秦，一千七百年中，商书残缺；夏书则于后羿、寒浞之事，一无记载。盖书本各人各作，不相系联。孔子删而集之，亦犹夫诗矣。后人文集，多独行之文；惟正史为著作之文耳。以故著作之文，以史类为主；而周末诸子，说理者为后起，老、墨、庄、申、韩、孟、荀是也；惟《吕览》是独行之文编集而为著作者也。著作之盛，周末为最。顾独在诸子，史部不能与抗。至汉，《太史公》继《春秋》而作，史部始盛。此后子书，西汉有陆贾《新语》(真伪不可知)、贾谊《新书》、董仲舒《春秋繁露》(后人归入经部)、桓宽《盐铁论》(集当时郡国贤良商论盐铁榷沽事)、扬雄《法言》；东汉有王充《论衡》、王符《潜夫论》、仲长统《昌言》(全书不可见)、荀悦

《申鉴》、徐幹《中论》。持较周秦诸子，说理固不逮，文笔亦渐逊矣。然魏文帝论文，不数宴游之作，而独称徐幹为不朽者，盖犹视著作之文尊于独行者也。

著作之文，本有史部、子部二类。王充谓："司马子长累积篇第，文以万数；然而因成前纪，无胸中之造。扬子云作《太玄经》，造于助思，极窈冥之深，非庶几之才，不能成也。"（《论衡·超奇》篇）此为抑扬太过。《史记》虽袭前文，其为去取，亦甚难矣。充又数称桓君山，谓说论之徒，君山为甲。今桓谭书不可见，惟《群书治要》略载数篇，亦无甚高深处。而充称为素丞相者，盖王、桓气味相投，能破坏不能建立，此即邱光庭《兼明书》之发端也（东汉人皆信阴阳五行，王充独破之，故蔡中郎得其书，秘之账中。中郎长于碑版，能为独行之文而不能著作者）。至于三国，《典论》全书不可见。刘劭《人物志》论官人之法，行文精炼，汉人所不能为，《隋志》入之名家，以其书品评人物，综核名实，于名家为近也。其论英雄，谓"张良英而不雄，韩信雄而不英。体分不同，以多为目，故英雄异名，皆偏至之才，人臣之任也。故英可为相，雄可为将。若一人之身兼有英雄，则能长世，高祖、项羽是也。然英之分以多于雄，而英不可以少也。英分少则智者去之，故项羽气力盖世，明能合变，而不能听采奇异；有一范增不用，是以陈平之徒皆亡归。高祖英分多，故群雄服之，英材归之，两得其用，故能吞秦破楚，宅有天下。然则英雄多少，能自胜之数也。徒英而不雄，则雄才不服也；徒雄而不英，而智者不归也。故雄能得雄，不能得英；英能得英，不能得雄。故一人之身兼有英雄，乃能役英与雄。能役英与雄，故能成大业也。"语似突梯，而颇合当时情理。晋世重清谈，宜多著作之文；然而无有者，盖清谈务简，异于论哲学也。乐广擅清言,而不著书。《世说新语》云:"客问乐令旨不至者,乐亦不复剖析文句,直以麈尾柄确几曰:'至不?'客曰:'至'。乐因又举麈尾曰:'若至者,那得去?'于是客乃悟服。广辞约而旨达,皆此类。"故无长篇大论。其时子书有《抱朴子》等(《抱朴子》外篇论儒术,内篇论炼丹),颜之推讥之,以为"魏晋以来,所著诸子,理重事复,递相模学,犹屋下架屋,床上施床耳"。《颜氏家训》言处世之方,不及高深之理。精于小学,故有《音辞篇》;信奉释氏,故有《归心篇》。其书与今敦煌石室所出《太公家教》类似。之推文学之士,多学问语。太公不知何人,或为隋唐间老农。学问有深浅,故文笔异雅俗耳。李习之谓《太公家教》与《文中子》为一类,不知《文中子》夸饰礼乐,而《家教》则否,余故谓是《家训》之类也。唐人子部绝少。后理学家用禅宗语录体著书,亦入子部,其文字鄙俚,故顾亭林讥之曰:"夫子之文章,不可得而闻矣。"

史部之书,范晔《后汉书》、陈寿《三国志》,皆一手所作。《宋书》、《齐书》、《梁书》、《陈书》亦然。《隋书》,魏徵等撰。本纪、列传,出颜师古、孔颖达手(自来经学家作史,惟孔颖达一人);《天文》、《律历》、《五行》三志,出李淳风手。《新唐书》,宋祁撰列传,欧阳修撰志,虽出两人,文笔不甚相远。《晋书》出多人之手。《旧唐书》,号称刘昫撰,昫实总裁而已。《旧五代史》,薛居正撰,恐亦非一人之作。欧阳修《新五代史》,固出一手,然见闻不广,遗漏太多。辽、金、元三史,皆杂凑而成,惟《东都事略》乃王偁一人之作。《明史》本万斯同所作,但有列传,无本纪、表、志。余弟子朱逖先在北京购得稿本,体裁工整,而纸色如新,未敢决然置信。然文笔简炼,殆非季野不能为。王鸿绪《横云山人明史稿》,纪、表、志、传具备,而删去万历以后列传。乾隆时重修《明史》,则又出多人之手矣。编年史如《汉纪》、《后汉纪》、《十六国春秋》,皆一手所作(《十六国春秋》,真伪不可知)。《通鉴》一书,周、秦、两汉为刘奉世所纂,六朝为刘恕所纂,隋唐为范祖禹所纂。虽出众手,而温公自加刊正。"臣光曰"云云,皆温公自撰,亦可称一手所成者也。大抵事出一手者为著作之文(史部、子部应分言之),反之则非著作之文。宋人称《新五代史》可方驾《史记》,《史记》安可几及?以后世史部独修者少,故特重视之耳。

《左》、《国》、《史》、《汉》中之奏议书札,皆独行之文也。西汉以前,文集未著。《楚辞》一类,为辞章之总集。汉人独行之文,皆有为而作,或为奏议,或为书札,鲜有以论为名者。其析理论事,仅延笃《仁孝先后论》一篇耳,其文能分析而未臻玄妙,徒以《解嘲》、《非有先生论》之属皆是设论,非论之正,故不得不以延笃之论为论之首也。魏晋六朝,崇尚清谈。裴頠《崇有》,范缜《神灭》,斯为杰构。清谈者宗师老子,以无为贵,故裴頠作论以破其说。《宏明集》所收,多扬玄虚之旨,范缜远承公孟(太史公云:学者多言无鬼神),近宗阮瞻,昌论无鬼,谓形之于神,犹刀之于利,未闻刀去而利存,安有人亡而神在?是仍以清谈破佛法也。此种析理精微之作,唐以后不可见。近世曾涤笙言古文之法,无施不可,独短于说理(方望溪有"文以载道"之言,曾氏作此说,是所见过望溪已)。夫著作之文,原可以说理。古人之书,《庄子》奇诡,《孟》、《荀》平易,皆能说理。韩非《解老》、《喻老》,说理亦未尝不明。降格以求,犹有《崇有》、《神灭》之作,何尝短于说理哉?后人为文,不由此道,故不能说理耳。然而宗派不同,门户各别,彼所谓古文,非吾所谓古文也。彼所谓古文者,上攀秦汉,下法唐宋,中间不取魏晋六朝。秦汉高文,本非说理之作,相如、子云,一代宗工,皆不能说理。韩、柳为文,虽云根柢经、子,实则但摹相如、子云耳。持韩较柳,柳犹可以说理,韩尤非其伦矣(柳遭废黜,不能著成一书,年为之限,深可惜也)。盖理有事理、名理之别。事理之文,唐宋人尚能命笔;名理之文,惟晚周与六朝人能为之。古文家既不敢上规周秦,又不愿下取六朝,宜其不能说理矣。要之,文各有体。法律条文,自古至今,其体不变。汉律、唐律,如出一辙。算术说解,自《九章》而下,亦别自成派。良以非此文体,无以说明其理故也,律算如此,事理、名理亦然。上之周秦诸子,下之魏晋六朝,舍此文体不用,而求析理之精、论事之辨,固已难矣。然则古人之文,各类齐备,后世所学,仅取一端。是故,非古文之法独短于说理,乃唐宋八家下逮归、方之作,独短于说理耳。

史部之文,班马最卓。后世学步,无人能及。传之于碑,文体攸殊。传纯叙事,碑兼文质。而宋人造碑,宛然列传。昌黎以二千馀字作《董晋行状》,其他碑志,不及千字。宋人所作神道墓志,渐有长者。子由作《东坡墓志》,字近七千,而散漫冗碎,不能收束。晦庵作《韩魏公志》,文成四万,亦不能收束。持较《史》、《汉》千馀字之《李斯列传》,七八千字之《项羽本纪》,皆收束得住,不可同年而语矣。后人无作长篇之力量,则不能不学韩、柳之短篇,以求收束得住,所谓起伏照应之法,凡为作长篇不易收束而设也(此法宋人罕言,明人乃常言尔)。是故即论单篇独行之作,亦古今人不相及矣。

后世史须官修,不许私撰。学成班马,技等屠龙。惟子书无妨私作，然自宋至今，载笔之士，率留意独行之文，不尚著作。理学之士，创为语录，有意子部，而文采不足。馀皆单篇孤行，未有巨制，岂不以屠龙之技为不足学耶？今吴江有宝带桥，绵亘半里，列洞七十，传为胡元时造；福建泉州有万安桥，长及二里，传为蔡襄所造。此皆绝技，后人更无传者。何者？师不以传之弟子，弟子亦不愿受之于师，以学而无所可用也。著作之文，每下愈况，亦犹此矣。

二、骈文散文各有体要

骈文、散文，各有短长。言宜单者，不能使之偶；语合偶者，不能使之单。《周礼》、《仪礼》，同出周公，而《周礼》为偶，《仪礼》则单。盖设官分职，种别类殊，不偶则头绪不清；入门上阶，一人所独，为偶则语必冗繁。又《文言》、《春秋》，同出孔子，《文言》为偶，《春秋》则单。以阴阳刚柔，非偶不优；年经月纬，非单莫属也。同是一人之作，而不同若此，则所谓辞尚体要矣。

骈散之分，实始于唐，古无是也。晋宋两代，骈已盛行。然属对自然，不尚工切。晋人作文，好为迅速。《兰亭序》醉后之作，文不加点，即其例也。昭明《文选》则以沉思翰藻为主，《兰亭》速成，乖于沉思，文采不艳，又异翰藻，是故屏而弗录。然魏晋佳论，譬如渊海，华美精辨，各自擅场。但取华美，而弃精辨，一偏之见，岂为允当。顾《文选》所收对偶之文，犹未极其工切也。

降及隋唐，镂金错采，清顺之气，于焉衰歇。所以然者，北人南学（如温子升辈是），得其皮毛，循流忘返，以至斯极。于是初唐四杰廓清之功，不可没也（颜师古作《等慈寺塔记铭》，有意为文,即不能工;杨盈川作《王子安文集序》,以为当时之文,皆糅之金玉龙凤,乱之青黄朱紫,子安始革此弊)。降及中叶,李义山始专力于对仗,为宋人四六之先导。王子安落霞、孤鹜二语,本写当时眼前景物,而宋人横谓"落霞"飞蛾之号,以对"孤鹜",乃为甚工(宋人笔记中多此语),其可笑有如此者。骈文本非宋人所工,徒以当时表奏皆用四六,故上下风行耳。欧阳永叔以四六得第。虽宗韩柳,不非骈体(永叔举进士,试《左氏失之诬论》有"石言于晋,神降于莘;内蛇斗而外蛇伤,新鬼大而故鬼小"语,颇以自矜)。东坡虽亦作四六,而常讥骈体。平心论之,宋人四六实有可议处也。清乾隆时,作骈体者规摹燕许,斐然可观。李申耆选《骈体文钞》(申耆,姚姬传之弟子,肄业锺山书院,反对师说,乃作是书),取《过秦论》、《报任少卿书》,一切以为骈体,则何以异于桐城耶?阮芸台妄谓古人有文有辞,辞即散体,文即骈体,举孔子《文言》以证文必骈体,不悟《系辞》称辞,亦骈体也。刘申叔文本不工,而雅信阮说。余弟子黄季刚初亦以阮说为是,在北京时,与桐城姚仲实争,姚自以老耄,不肯置辩。或语季刚:呵斥桐城,非姚所惧;诋以末流,自然心服。其后白话盛行,两派之争,泯于无形。由今观之,骈散二者本难偏废。头绪纷繁者,当用骈;叙事者,止宜用散;议论者,骈散各有所宜。不知当时何以各执一偏,如此其固也。

邹阳,纵横家也。观其上书(《邹阳》七篇,《汉志》入纵横家。《史记》,邹阳与鲁仲连同传。周孔之作不论,论汉人之作,相如、子云之文非有为而作,故特数邹阳),行文以骈。而文气之盛,异于后之四六。是故谓骈体气弱,未为笃论。宋子京《笔记》谓作史不应用骈语;刘子玄亦云:史文用骈,似箫笛杂鼙鼓,脂粉饰壮士。此谓叙事不宜用骈也。不仅宋子京、刘子玄如此，六朝人作史，亦无用骈语者。唐诏令皆用骈体，而欧阳永叔撰《新唐书》，一切削去，此则太过。夫诏令以骈而不可录，罪人供状，词旨鄙俚，莫此为甚，何为而可录耶？后人不愿为散体者，谓散体短于说理，不知《崇有》《神灭》之作，亦非易为。若夫桐城派导源震川（尧峰亦然），阳湖略变其法，而大旨则同。震川之文，好摇曳生姿，一言可了者，故作冗长之语。曾涤笙讥之曰："神乎？味乎？徒辞费耳。"此谓震川未脱八股气息也。至于散之讥骈，谓近俳优，此亦未当。玉溪而后，雕绘满眼，弊固然矣。若《文选》所录，固无襞积拥肿之病也。今以口说衡之，历举数事，不得不骈；单述一理，非散不可。二者并用，乃达神旨。以故，骈散之争，实属无谓。若立意为骈，或有心作散，比于削趾适屦，可无须尔。

骈散合一之说，汪容甫倡之，李申耆和之。然晋人为文，如天马行空，绝无依傍，随笔写去，使人难分段落。今观容甫之文，句句锻炼，何尝有天马行空之致；容甫讥呵望溪，而湘绮并诮汪、方。湘绮之文，才高于汪，取法魏晋，兼宗两汉。盖深知明七子之弊，专学西汉，有所不逮；但取晋宋，又不甘心。故其文上取东汉，下取魏晋，而自成湘绮之文也。若论骈散合一，汪、李尚非其至，湘绮乃成就耳。然湘绮列传碑版，摹拟《史记》，袭其成语，往往有失检之处。如《邹汉勋传》云："如邹汉勋者，又何以称焉？"此袭用《史记·伯夷列传》语而有误也。夫许由、卞随、务光之事，太史疑其非实，故作此问。若邹汉勋者，又何疑焉？

三、周秦以来文章之盛

论历代文学,当自周始。孔子曰:"郁郁乎文哉,吾从周。"周初之文,厥维经典,不能论其优劣。春秋而后,始有优劣可言。春秋时文体未备,综其所作,记事、叙言多而单篇论说少。七国时文体完具,但无碑版一体。钟鼎虽与碑版相近,然其文不可索解。故正式碑版,断自秦后起也(任昉《文章缘起》,其书真伪不可知,所论亦未可信据)。概而论之,文章大体备于七国;若其细碎,则在六朝。六朝之后,亦有新体,如墓志,本为不许立碑者设;后世碑与墓志并用,其在六朝,墓志不为正式文章也。又如寿序,宋以前犹未著。然论文学之盛衰,固不拘于文体之损益。

自唐以来,论文皆以气为主。气之盛衰,不可强为。大抵见理清、感情重,自然气盛。周秦之作,未有不深于理者,故篇篇有气。论感情,亦古人重于后人。《颜氏家训》谓:"别易会难,古人所重;江南饯送,下泣言离。"梁武帝送弟王子侯出为东郡,云:"我年已老,与汝分张,甚以恻怆。"数行泪下。非独爱别离如此,即杯酒失意,白刃相仇,亦惟深于感情者为然。何者?爱深者恨亦深,二者成正比例也。今以《诗经》观之,好贤如《缁衣》,恶恶如《巷伯》,皆可谓甚真。至于《楚辞·离骚》之忠怨,《国殇》之严杀,皆各尽其致。汉人叙战争者,如《项羽本纪》、《李陵列传》,有如目睹。非徒其事迹之奇也,乃其文亦极描写之能事矣。此在后世文人为之,虽有意描写,亦不能几及。何也?其情不至也。大抵抒情之作,往往宜于小说。然自唐以降,小说家但能叙鬼怪,而不能叙战争攻杀。此由实情所无,想象亦有所不逮。惟有男女之情,今古不变,后世小说,类能道之。然人之爱情,岂仅限于男女？君臣、父子、兄弟、朋友，无不有爱情焉。而后世小说之能事，则尽于述男女而已。

汉人之文，后世以为高，然说理之作实寡。魏晋渐有说理之作，但不能上比周秦。今人真欲上拟周秦两汉，恐贻举鼎绝膑之诮。明七子李空同辈，高谈秦汉，其实邯郸学步耳。后七子如李沧溟文，非其至者，而诗尚佳；王凤洲文胜于沧溟，颇能叙战争及奇伟之迹，此亦由于情感激发尔。如杨椒山之事，人人愤慨，故凤洲所作行状，有声有色。顾持较《史》、《汉》，犹不能及。以《史》、《汉》文出无心，凤洲则有意摹拟，着力与不着力，自有间也。

抒情说理之作如此，其非抒情亦非说理如《七发》之类者亦然（《七发》亦赋类）。《七发》气势浩汗，无堆垛之迹。拟作者《七启》、《七命》即大有径庭。相如、子云之赋，往往用同偏旁数字堆垛以成一句，然堆垛而不觉其重。何也？有气行乎其间，自然骨力开张也。降及东汉，气骨即有不逮。然《两都》、《两京》以及《三都》，犹粗具规模，后此则无能为之者矣。此类文字，不关情之深、理之邃。以余度之，殆与体气有关。汉人之强健，恐什佰于今人，故其词气之盛，亦非后世所。今人发古墓，往往见古人尸骨大于今人，此一证也。武梁祠画像，其面貌虽不可细辨，然鼻准隆起，有如犹太、回回人，此又一证也。汉世尚武之风未替，文人为将帅者，往往而有。又汉行征兵制，而其时歌谣，无道行军之苦者。唐代即不然，杜诗《兵车行》、《石壕吏》之属可征也。由此可见，唐人之体气已不逮汉人，此又一证也。以汉人坚强好勇，故发为文章，举重若轻，任意堆垛而不见堆垛之迹，此真古今人不相及矣。不特文章为然，见于道德者亦然。道德非尽出于礼,亦生于情。情即有关于体气。体气强则情重,德行则厚;体气弱,情亦薄,德行亦衰。孔子曰:"仁者必有勇。"知无勇不能行仁也。《吕氏春秋·慎大览》称孔子之劲,举国门之关,而不肯以力闻。《史记·仲尼弟子传》云:"子路性鄙,少孔子九岁,好勇力,志伉直,冠雄鸡,佩豭豚,陵暴孔子。孔子设礼诱之,乃儒服委质,因门人请为弟子。"今观孝堂山石刻子路像,奋袖抽剑,雄鸡之冠,与《史记》所言符合。知孔子之服子路,非仅用礼,亦能以力胜矣。后世理学家不取粗暴之徒,殆亦为无孔子之力故耳(澹台灭明之斩蛟,亦好勇之征也)。夫并生一时代者,体格之殊,当不甚远。孔子、墨子,时代相接。孔子之勇如此,则墨子之以自苦为极,若救宋之役,百舍重茧而不息,亦可信矣。自两汉以迄六朝,文气日以衰微者,其故可思也。《世说新语》记王子猷、子敬俱坐一室,上忽发火,子猷遽走避,不惶取屐;子敬神色恬然,徐唤左右,扶凭而出,不异平常。尔时膏粱子弟,染于游惰如此,体气之弱可知矣。有唐国势,虽不逮两汉,犹胜于六朝。故燕许大手笔,文虽骈体,气骨特健,自此一变而为韩柳之散文。宋代尚文,讳言武事,欧、曾、王、苏之作,气骨已劣于韩、柳。余常谓文不论骈散,要以气骨为主。曾涤笙倡阴阳刚柔之说,合于东人所谓壮美、优美者。以历代之作程之:周、秦、两汉之文刚,魏、晋南朝之文柔;唐代武功犹著,故其文虽不及两汉,犹有两汉遗风;宋代国势已弱,故欧、苏、曾、王之文,近于六朝;南宋及元,中国既微,文不成文;洪武肇兴,驱逐胡虏,国势虽不如汉唐,优于赵宋实远。其异于汉唐者,汉唐自然强盛,明则有勉强之处耳。明人鉴于宋人外交之卑屈,故特自尊大。凡外夷入贡,表章须一律写华文,朝鲜、安南文化之国,许其称臣;南洋小国及满洲之属,则降而称奴。天使册封,不可径入其国城,须特建大桥,逾城而入;贡使之入中国者,官秩虽高,见典史不可不用手本,不可不称大人。外夷称中国曰天朝者,即始于此。诸如此类,即可见明代国势之盛,出于勉强。国势如此,国人体气恐亦类此。其见于文事者,台阁体不足为代表。归震川闲情冷韵之作,亦不足为代表。所可代表者,为前后七子之作。彼等强学秦汉,力不足以赴之,譬如举鼎绝膑,不自觉其面红耳赤也。归震川生长昆山,王凤洲生长太仓,籍贯同隶苏州,而气味差池。震川与凤洲争名,二人皆自谓学司马子长,然凤洲专取《史记》描摹之笔及浓重之处,震川则以为《史记》佳处在闲情冷韵。盖苏州人好作冷语,震川之文,苏州人之文也。震川殆知秦汉不易学,而又不甘自谓不逮秦汉,故专摹《史记》之冷语欤?由此遂启桐城派之先河。桐城派不皆效法震川,顾其主平淡、不主浓重则同。姚姬传学问之博,胜于方望溪,而文之气魄则更小,谋篇过六七百字者甚罕。梅伯言修饰更精,而气体尤不逮矣。曾涤笙以为学梅伯言而以为未足,颇有粗枝大叶之作,气体近于阳刚。此其故关于国势、体力。清初国势之盛,乃满洲之盛,非汉族之盛。汉人慑伏于满洲淫威之下,绿营兵丁大抵羸劣,营汛武职官俸薄,往往出为贾竖,自谋生活,其权力犹不如今之警察,故汉人皆以当兵为耻。夫不习戎事,则体力弱;及其为文,自然疲苶矣。曾涤笙自办团练,以平洪杨之乱,国势既变,湘军亦俨然一世之雄,故其文风骨遒上,得阳刚之气为多。虽继起无人,然并世有王湘绮,亦可云近于阳刚矣。湘绮与涤笙路径不同,涤笙自桐城入而不为八家所囿;湘绮虽不明言依附七子,其路径实与七子相同,其所为诗,宛然七子作也。惟明人见小欲速,文章之士,不讲其他学问。昌黎云:作文宜略识字。七子不能,故虽高谈秦汉,终不能逮。湘绮可谓识字者矣,故其文优于七子也。由上所论,历代文章之盛衰,本之国势及风俗,其彰彰可见者也。

文之变迁,不必依骈散为论,然综观尚武之世,作者多散文;尚文之世,作者多骈文。秦汉尚武,故为散文,骈句罕见。东汉崇儒术,渐有骈句。魏晋南朝,纯乎尚文,故骈俪盛行。唐代尚武,散体复兴(唐人散体,非始于韩柳。韩柳之前,有独孤及、梁肃、萧颖士、元结辈,其文渐趋于散,惟魄力不厚,至昌黎乃渐厚耳,譬之山岭脉络,来至独孤、萧、梁,至韩柳乃结成高峰也)。宋不尚武,故其文通行四六,作散文者,仅欧、曾、王、苏数人而已(姚姬传云:论文章,虽朱子亦未为是。大抵南宋之文,为后世场屋之祖。吕东莱、陈止斋、叶水心,学问虽胜,文则不工。《东莱博议》,纯乎场屋之文。陈止斋、叶水心之作,当时所谓对策八面锋,亦仅可应试而已),馀波及于明清。桐城一派,上接秦汉、下承韩柳固不足,以继北宋之轨则有馀,胜于南宋之作远矣。

唐宋以来之散文,导源于独孤及、萧颖士辈,是固然矣。然其前犹可推溯,人皆不措意耳。《文中子》书,虽不可信,要不失为初唐人手笔。其书述其季弟王绩(字无功,号东皋子),作《五斗先生传》(见《事君》篇),其文今不可见。以意度之,殆拟陶渊明之《五柳先生传》。其可见者,《醉乡记》、《负苓者传》,皆散漫而不用力,于陶氏为近,不可不推为唐代散文之发端。又马周所作章奏,摹拟贾太傅《治安策》,于散体中为有骨力。唐人视周为策士一流,不与文学之士同科,实亦散文之滥觞也。大凡文品与当时国势不符者,文虽工而人不之重。燕许庙堂之文,当时重之,而陆宣公论事明白之作,见重于后世者,当时反不推崇。萧颖士之文,平易自然。元结始为谲怪,独孤及、梁肃变其本而加之厉。至昌黎始明言词必己出,凡古人已用之语,必屏弃不取,而别铸新词。昌黎然,柳州亦然,皇甫湜、孙樵,无不皆然。风气既成,宜乎宣公奏议之不见崇矣。然造词之风,实非始于昌黎。《唐阙史》云:"左将军吐突承璀(昌黎同时人)方承恩顾,及将败之岁,有妖生所居。先是,承璀尝华一室,红梁粉壁,为谨诏敕藏机务之所。一日,晨启其户,有毛生地,高二尺许,承璀大恶之,且恐事泄,乃躬执箕帚,芟除以瘗。虽防口甚固,而簟簟有知者。承璀尤不欲达于班列。一日,命其甥尝所亲附者曰:'姑为我微行省闼之间,伺其丛谈,有言者否。'甥禀教敛躬而往,至省寺,即词诘守卫,辄不许进。方出安上门,逢二秀士,自贡院回,笑相谓曰:'东广坤毳可以为异矣。'甥驰告曰:'醋大知之久矣。(原注:中官谓南班,无贵贱皆呼醋大)且易其名呼矣。'谓左军为东广、地毛为坤毳矣。"易左军地毛曰东广坤毳,则与称龙门曰虯户无异,以言之者无碍,闻之者立悟。知唐人好以僻字易常名,乃其素习。故樊宗师作《绛守居园池记》,而昌黎称为文从字顺也。今观其文,代东方以丙、西方以庚,亦东广坤毳之类。昌黎称之者,以其语语生造,合于己意也。盖造词为当时风尚,而昌黎则其杰出者耳。

欧阳永叔号称宗师韩柳,其实与韩柳异辙。惟以不重四六为学韩柳耳。永叔《题绛守居园池记》,诋呵樊氏,不遗馀力,可知其与昌黎异趣矣。宋子京与永叔同时,皆以学昌黎为名,而子京喜造词,今《新唐书》在,人以涩体称之,可证也。夫自作单篇,未尝不可造词;作史则不当专务生造。子京之文,有盛名于时,及永叔之文行,趋之者皆崇自然;于是子京之文不复见称道。故知文品不合于时代,虽工亦不行也。

唐末迄于五代,文之衰弊已极。北宋初年,柳河东(开)、穆伯长(修),稍为杰出。河东文实不工,伯长才力薄弱,而故为诘屈聱牙。于时王禹偁所作,实较柳、穆为胜,惟才力亦薄弱耳。禹偁激赏丁谓、孙何,《宋史·丁谓传》云:谓与何同袖文谒禹偁,禹偁重之,以为自唐韩愈、柳宗元后,三百年始有此作。二人之文,今不可见。穆伯长弟子尹师鲁(洙),文颇可观。苏子美(舜钦)亦佳,师鲁之文,永叔所自出,惟师鲁简炼,永叔摇曳为异。永叔之文,震川一派所自昉也。苏子美仕不得志,颇效柳州之所为,永叔亟称之。此二家较柳、穆、王三家为胜。又永叔同时有刘原父(敞),才力宏大。司马温公文亦醇美。今人率称八家,以余论之,唐宋不止八家。唐有萧颖士、独孤及、韩愈、柳宗元、李翱六家(皇甫湜、孙樵不足数),宋则尹洙、苏舜钦、刘敞、宋祁、司马光、欧阳修、曾巩、王安石、苏洵父子,合十一家(柳、穆、王不必取,苏门如秦观之《淮海集》、苏过之《斜川集》,文非不佳,惟不出东坡之窠臼,故不取。元结瑰怪,杜牧粗豪,亦不取)。合之可称唐宋十七家。茅鹿门之所以定为八家者,盖韩柳以前之作,存者无多;宋初人文亦寡。六家之文,于八股为近;韩柳名高,不得不取:故遂定为八家耳。

权德舆年辈高于昌黎,文亦不恶,惟少林下风度耳。明台阁体即自此出。杜牧之文为侯朝宗、魏叔子所自出。惟粗豪太过耳。近桐城、阳湖二派,拈雅健二字以为论文之准。然则权德舆雅而不健,杜牧之健而不雅。雅健并行,二家所短。若依此选文,唐可八家(合权、杜数之),宋可十六家(合柳、穆、王、秦、苏过数之),允为文章楷则矣(雅健者,文章入门之要诀,不仅散文之须雅健,骈文亦须雅健,派别可以不论)。乾嘉间朱竹君(筠)《笥河文集》行于北方,其文亦雅而不健,似台阁一路。姚姬传笑之,以为笥河一生为文学宋景濂,永远是门外汉。是故,雅而不健,不可;健而不雅,亦不可。明于雅健二字,或为独行之文,或为著作之文,各视其人之力以为趣舍,庶乎可以言文。

继此复须讨论者,文章之分类是也。《文心雕龙》分为十九类,《古文辞类纂》则为十三类。今依陆士衡《文赋》为说,取其简要也。自古惟能文之士为能论文,否则皮傅之语,必无是处。士衡《文赋》,区分十类,虽有不足,然语语确切,可作准绳。其言曰:"诗缘情而绮靡,赋体物而浏亮,碑披文以相质,诔缠绵而凄怆,铭博约而温润,箴顿挫而清壮,颂优游以彬蔚,论精微而朗畅,奏平彻以闲雅,说炜晔而谲诳。"十类以外,传状序记,士衡所未齿列。今案:家传一项,晋人所作,有《李郃传》、《管辂传》,全文今不可见。就唐人所引观之,大抵散漫,无密栗之致。行状一项,《文选》录任彦昇《竟陵文宣王行状》一篇,体裁与后世所作不类。原行状之体,本与传同,而当时所作,文多质少,语率含浑(行状上之尚书,考功司据以拟谥,李翱以为今之行状,文过其质,不可为据,始变文为质,不加藻饰)。游记一项,古人视同小说,不以入文苑。东汉初,马第伯作《封禅仪记》,偶然乘兴之笔。后则游记渐孳,士衡时尚无是也。序录一项,古人皆自著书而自为序。刘向为各家之书作序,此乃在官之作;后世为私家著述作序者,古人无是也。此四项,士衡所不论,今就士衡所赋者论之:
诗、赋:士衡"缘情"、"体物"二语,实作诗造赋之要。赋本古诗之流,七国时始为别子之祖。至汉,《子虚》、《上林》,篇幅扩大,而《古诗十九首》仍为短章。盖体物者,铺陈其事,不厌周详,故曰浏亮。缘情者,咏歌依违,不可直言,故曰绮靡。然赋亦有缘情之作,如班孟坚之《幽通》、张平子之《思玄》、王仲宣之《登楼》,皆偶一为之,非赋之正体也。

碑、诔:古人刻石,不以碑名。秦皇刻石,峄山、泰山、琅琊、芝罘、碣石、会稽诸处,皆直称刻石,不称碑。庙之有碑,本以丽牲;墓之有碑,本以下棺。作碑文者,东汉始盛。今汉碑存者百馀通,皆属文言。往往世系之下,缀以考语;所治何学,又加考语;每历一官,辄加考语,无直叙其事者。故曰"披文以相质也"。不若是,将与行状、家传无别。魏晋不许立碑;北朝碑文,体制近于汉碑;中唐以前之碑,体制亦未变也。独孤及、梁肃始为散文,然犹不直叙也。韩昌黎作《南海神庙碑》,纯依汉碑之体;作《曹成王碑》,用字瑰奇,以此作碑则可,作传即不可。桐城诸贤不知此,以昌黎之碑为独创,不知本袭旧例也(昌黎犹知文体,宋以后渐不然)。宋人作碑,一如家传,惟首尾异耳。此实非碑之正体。观夫蔡中郎为人作碑,一人作二三篇。以其本是文言,故属辞可以变化;若为质言,岂有一人之事迹,可作二三篇述之耶?至汉碑有称"诔曰"者,知碑与诔本不必分,然大体亦有区别。碑虽主于文饰,仍以事实为重。诔则但须缠绵凄怆而已。后世作诔者少,潘安仁《马汧督诔》,乃是披文相质之作。碑与诔故是同类。后世祭文,则与诔同源。

铭、箴:碑亦有铭。此所谓铭,则器物之铭也。崔子玉《座右铭》,多作格言,乃《太公家教》之类,取其义,不取其文耳。张孟阳《剑阁铭》云:"敢告梁益。"是箴体也。所谓博约温润者,语不宜太繁,又不宜太露。然则《剑阁铭》是铭之正轨也。箴之由来已久。官箴王阙，本以刺上，后世作箴，皆依《虞箴》为法，扬子云、崔亭伯《官箴》、《州箴》，合四十馀篇。所与铭异者，有顿挫之句，以直言为极，故曰"顿挫而清壮"也。张茂先《女史箴》，笔路渐异，尚能合法；至昌黎《五箴》，则失其步趋者也。

颂、论：三颂而外，秦碑亦颂之类也。刻石颂德，斯之谓颂矣。惟古代之颂，用之祭祀。生人作颂，始于秦碑，及后人作碑亦称"颂曰"是也。柳子厚作《平淮西雅》，其实颂也。颂与雅，后世不甚分耳。要以优游炳蔚为贵。论者，评议臧否之作。人之思想，愈演愈深，非论不足以发表其思想，故贵乎精微朗畅也。士衡拟《过秦》作《辩亡论》，议封建作《五等论》。二者皆论政之文，故为粗枝大叶，而非论之正体。当以诸子为法，论名理不论事理，乃为精微朗畅者矣。庄荀之论，无一不合精微朗畅之旨。韩非亦有之，但不称论耳（论事之作，不以为正体，王褒《四子讲德论》作于汉代，周秦无有也）。《文选》录王褒《四子讲德论》。论事本非正体，当为士衡所不数。盖周秦而后，六朝清谈佛法诸论，合乎正轨。《崇有论》反对清谈，《神灭论》反对佛法，此亦非朗畅不能取胜。此种论，唐以后不能作。盖唐以后人只能论事理，不能论名理矣。刘梦得、柳子厚作《天论》，似乎精细，要未臻精微朗畅之地。宋儒有精微之理，而作文不能朗畅，故流为语录。

奏、说：七国时游说，多取口说而鲜上书，上书即奏也。纵横家之作，大抵放恣，苏秦、范雎是矣，即李斯《谏逐客》亦然。自汉人乃变为平彻闲雅之作，以天下统一，纵横之风替也。平则易解，雅则可登于庙堂。此种体式，自汉至唐不变。至明人奏议，辄以痛骂为能事，故焦里堂谓温柔敦厚之教至明人而尽。如杨椒山劾严嵩曰贼嵩,虽出忠愤,甚非法式。又如刘良佐、刘泽清称福王拘囚太子是无父子,不纳童氏是无夫妇。又如万历时御史献酒、色、财、气四箴,此皆乖于进言之道。自唐以来,奏议以陆宣公为最善,既平彻又闲雅,可谓正体;所不足者,微嫌繁冗耳。唐人好文,三四千言之奏,人主犹能遍览,若在后世,正恐无暇及此。曾涤笙自谓学陆宣公,今观其文,类于八股,平固有之,雅则未能。甲午战后,王湘绮尝代李少荃奏事,多引《诗》、《书》,摹拟汉作,雅则有馀,平则不足。于是知平彻闲雅之难也。说者,古人多为口说,原非命笔为文,《文心雕龙》讥评士衡,谓"自非谲敌,则惟忠与信,披肝胆以献主,飞文敏以济辞,此说之本也。"不悟七国游士,纵横捭阖,肆口陈言,取快一时,确有炜晔谲诳之观,然其说必与事实相符,乃得见听。苏秦之合纵,非易事也。而六国之君听之者,固以其口辩捷给,亦为有其实学耳。《国策》言苏子去秦而归,揣摩太公阴谋之符,然后出说人主。由今观之,苏子亦不徒恃阴谋,盖明于地理耳。七国时地图难得,惟涉路远者,知舆地大势。荀子游于列国,故《议兵篇》所言地理不误,自馀若孟子之贤,犹不知淮泗之不入江(《孟子》:"决汝汉、排淮泗而注之江。"不知淮泗不入江也)。汉兴,萧何入关,收秦图籍,故能知天下形势。否则,高祖起自草莽,何由知之? 惟苏秦居洛阳,必尝见地图,故每述一国境界,悉中事情,然后言其财赋之多寡,兵力之强弱,元元本本,了然无遗。其说赵肃侯也,谓"臣请以天下之地图按之"。夫以草泽匹夫,而深知国情如此,宜乎六国之君不敢不服其说矣。后世口说渐少,惟战争时或有之。留侯之借箸,武侯之求救于孙权,皆所谓谲诳者。后杜牧之作《燕将录》,载诨忠为燕牧刘济使,说魏牧田季安;又元和十四年说刘济子忠,皆慷慨立谈,类于苏秦。颇疑牧之所文饰,非当时实事。昌黎作《董晋行状》,述晋对李怀光语,亦口若悬河。晋服官无闻,此亦疑昌黎所文饰也。然则苏秦而后,口说可信者,惟留侯、诸葛二事。要皆炜晔谲诳,不尽出于忠信,以此知士衡之说为不可易也。

综上所论,知士衡所举十条,语语谛当,可作准绳。至其所未及者,祭文准诔,传状准史(今人如欲作传,不必他求,只依《史》、《汉》可矣。行状与传,大体相同,惟首尾为异。且行状所以议谥,明以来议谥不据行状,则行状无所用之,不作可也)。序记之属,古人所轻。官修书库,序录提要,盖非一人所能为。若私家著述,于古只有自序;他人作之,亦当提挈纲首,不可徒为肤泛。记惟游记可作,《水经注》、马第伯《封禅仪记》,皆足取法。宋人游记叙山水者,多就琐碎之处着笔,而不言大势,实无足取。余谓《文赋》十类之外,补此数条已足。姚氏《古文辞类纂》分十三类,大旨不谬。然所见甚近,以唐宋直接周秦诸子、《史》、《汉》,置东汉、六朝于不论,一若文至西汉即斩焉中绝,昌黎之出真似石破天惊者也。天下安有是事耶(桐城派所说源流不明,不知昌黎亦有师承)? 余所论者,似较姚氏明白。

以上《小学略说》等五篇,据一九八〇年代
南京大学中文系古典文学教研室等铅印本

附 录

国学会宣言

自清末讫今三十有馀岁，校官失职，大经斁而贼民兴，其有秉德树惇不失教本者，盖百不过四五，然犹为众所咻，无以流泽于世。奸言朋兴，覃及校外，察其利害，或不如绝学捐书为愈。余去岁游宛平，见其储藏之富，宫墙之美，赫然为中国冠弁。唯教师亦信有佳者，苦于薰莸杂糅，不可讨理，惜夫圣智之业而为跖者资焉。或劝以学会正之，事绪未就，复改辙而南。深念扶微业、辅绝学之道，诚莫如学会便。其秋，苏州有请讲学者，其地盖范文正、顾宁人之所生产也。今虽学不如古，士大夫犹循礼教，愈于它俗，及夫博学屡守之士，亦往往而见，怃然叹曰：仁贤之化何其远哉！顾念文学微眇，或不足以振民志，宜更求其远者。昔范公始以名节厉俗，顾先生亦举"行己有耻"为士行准，此举国所宜取法，微独苏州，顾沐浴膏泽者，莫苏州先也。于是范以四经，而表以二贤。四经者，谓《孝经》《大学》《儒行》《丧服》；二贤者，则范、顾二公。其它文献，虽无所不说，要以是为其蕝，视夫壹意章句，忽于躬行者，盖有间矣。讲浃月，将还海上，自恐衰老，不能时诣苏州。又念论述古义，学者或不能得其本，效顾先生读经会制,以付与会者主之,其事甚质,而基莫固焉。是于它州或不能举,苏州则有能举之者也。后数月,诸子复定名曰"国学会",以讨论儒术为主,取读经会隶之,时有所见,录为会刊。乌虖!斯会也,其于中国犹大山之礨空而已,尚未得比于五季之睢阳、衰晋之凉州诸子也。持以弘毅,何遽不可以行远?凡事有作始甚微,其终甚钜者,仲尼云"人能弘道",与会诸子其勉之哉!民国二十二年一月章炳麟。

《国学商兑》第一卷第一号(一九三三)

章氏国学讲习会简章

一、定名　　本会为章太炎先生讲演国学而集合,又其经费由章先生负责募集,故定名"章氏国学讲习会"。

二、宗旨　　本会以研究固有文化、造就国学人才为宗旨。

三、学程　　讲习期限二年,分为四期,学程如左:

第一期

　　小学略说　经学略说　史学略说　诸子略说
　　文学略说

第二期

　　说文　音学五书　诗经　书经　通鉴纪事本
　　末　荀子　韩非子　经传释词

第三期

　　说文　尔雅　三礼　通鉴纪事本末　老子
　　庄子　金石例

第四期

　　说文　易经　春秋　通鉴纪事本末　墨子

　　吕氏春秋　文心雕龙

四、程度　凡有国学常识，文理通顺，有志深造者，无论男女，均可报名听讲。

五、报名　凡有志听讲者，须经教育机关或名人之介绍，可随时报名，取本简章所附志愿书，逐款填写，并将听讲费及本人二寸半身相片二张，交付本会注册处，领取听讲证，按时听讲。

六、纳费　听讲费分三种缴纳：

　　甲　付清半年者二十元；

　　乙　付清一年者三十六元；

　　丙　付清二年者六十四元。

　　宿费每月一元，杂费仆费一元。

七、纪录　每次讲演，经听讲者各别速记，交互勘正，按月付印，以便中途来学者购取补习。

八、论文　每三个月，讲师命题一道，以课听讲成绩。听讲者须于一个月内缴卷，经讲师点定甲乙，择尤汇刊，公诸同好。

九、给凭　听讲二年完毕，成绩优异者，本会给与荣誉凭证。其有自愿留会作更深之研究者听。

十、退会　听讲者如有行为不检，妨碍本会名誉，或成绩低下，难以造就，得随时令其退会。

十一、膳宿　本会办事处暂设苏州锦帆路五十号，讲堂在建筑中，宿舍暂用苏州侍其巷十八号房屋，膳食可向宿舍中厨房包定。

十二、购阅　凡在远道，不能亲来听讲，欲购阅讲演记录者，可照下列三条纳费，本会当将讲演记录按月付邮，寄与邮费归本会担任。

甲　定购半年者十元；

乙　定购一年者十八元；

丙　定购二年者三十二元。

十三、问难　购阅讲演记录者，不课论文，如有疑难在讲演记录范围以内者，可通信质问，当请讲师详细答覆。每次信件须写明姓名、地址及收据号数，以便查考。

十四、汇款　购阅讲演记录者，纳费须由邮局或银行汇兑，寄交本会出版处，领取收据。不得用邮票代替，或用钞票函寄，如有遗失，或被科罚，本会概不负责。

十五、附则　讲堂落成之后，本会当添设讲座，礼聘全国著名师儒，随时加入讲演。

有志向学，而对于上定科目修习感觉困难者，得设法为之预备。

章程有未尽者，亦当随时修订。

《制言》半月刊第一期（一九三五）

章氏国学讲习会董事会题名（以笔画多寡为序）

于右任	王小徐	王用宾	李根源	沈恩孚	沈祖緜	沈毓麟
居　正	柏文蔚	马相伯	马君武	陈　衍	陈陶遗	陆兆鹍
张　钫	张　继	张知本	张一麐	张君劢	张东荪	曹亚伯
冯自由	杨　杰	杨庶堪	杨谱笙	彭元士	邓邦述	邓家彦
邓翔海	叶楚伧	蒋作宾	蒋维乔	刘守中	刘成禺	褚辅成
钱　鼎	韩国钧					

章氏国学讲习会理事会题名（民国二十六年七月）

汤国梨	朱希祖	汪　东	金毓绂	马宗霍	王乘六	诸祖耿
潘承弼	沈延国	龙沐勋	孙世扬	潘重规	黄　焯	

　　互推理事长汤国梨
　　　　秘书主任孙世扬
　　　　教务主任沈延国　副主任诸祖耿
　　　　辅导主任诸祖耿　副主任王乘六
　　　　事务主任王乘六
　　　　研究室主任朱希祖
　　　　图书室主任潘承弼
　　　　《制言》编辑潘承弼　沈延国　孙世扬
　　　　《制言》会计王乘六
　　　　　　　　以上《制言》半月刊第四十四期（一九三七）

关于"章氏国学讲习会"、"制言半月刊"、"太炎文学院"及其它

诸祖耿

　　一九三一年九月十八日,日本侵略军占领了我们的沈阳,妄想吞食中国。

　　一九三二年春,章太炎先生应北平弟子吴承仕、钱玄同、马裕藻等之请,在北平讲学多次。夏,南返上海。秋,苏州耆老张一麐、李根源、金天翮等,邀请先生在苏州讲学。先生不愿终老租界,特买宅苏州侍其巷,作长居苏州之计。在苏州讲学时,标举先忧后乐之范仲淹,以天下为己任之顾炎武以为倡;又举《孝经》之继承民族传统、《大学》之研究政学标的、《儒行》之鼓励强毅坚贞、《丧服》之巩固民族宗亲以为教;而主要目的,则在继承保有文化,反抗敌人侵略,所谓"范以四经,标以二贤"者也。当时侍其巷屋宇待修,暂住十全街李根源家。讲过,仍回上海。由于先生讲学,在苏州听讲的人,成立了"读经会",又成立了"国学会",两会均由李根源、张一麐、金天翮等主持。

　　一九三三年一月,国学会出版第一期会刊,会刊由金天翮主编,第一期上的宣言是章先生写的。在这宣言中,他自己说明从北平南下讲学的企图。

　　是年,章先生从上海移居苏州,嫌侍其巷房子不好,另在锦帆路五十号自置西式楼房两幢。四月,无锡国学专修学校校长

唐文治邀请章先生到无锡去讲学,其媳俞庆棠负责招待。八月,国学会也邀请唐文治来苏讲学,二十四日到苏,二十五日傍晚回锡。

一九三五年四月,在锦帆路五十号设星期讲演会,每星期日上午,自作专题讲演,先期由国学会登报通知,任人入座听讲。到时并由弟子王謇、吴契宁、王乘六、诸祖耿,再传弟子孙世扬记录,刊行讲演录。从四月到六月,共出六期。

第一期《说文解字序》,四月出版

第二期《白话与文言之关系》,四月出版

第三期《论读经有利而无弊》,五月出版

第四期《论经史实录不应无故怀疑》,五月出版

第五期《再释读经之异议》,五月出版

第六期《论经史儒之分合》,六月出版

章太炎先生是旧民主主义革命者,民族文化维护者研究者。早在辛亥革命之前,苏报案结束出狱,流亡在日本东京,有"国学讲习会"之组织。晚年,定居苏州,脱离旧有"国学会",创设"章氏国学讲习会",于一九三五年九月十六日正式开讲,同时主办《制言》半月刊。会址即在锦帆路五十号。(《制言》半月刊第一期,有章氏国学讲习会简章,章氏国学讲习会征求会员的通告,并有"《制言》半月刊投稿简章"等项目。征求会员的发起人,有朱希祖、黄侃、汪东、吴承仕、钱玄同、马裕藻等四十五人。赞助人有马良、李根源、冯玉祥、张一麐、蒋维乔、金天翮、黄炎培、陈锺凡等六十六人。)

这里,附录"章氏国学讲习会"简章全文(略)。

这年,南京国民政府得知章先生在苏州讲学,派丁维汾为代

表到苏州邀请章先生去南京讲学,并送医药费万元。先生公开声明:"身体很好,无须医疗。此一万元移充讲学基金。"同时拒绝了南京政府讲学的请求。

十月起,陆续刊行诸祖耿《章氏国学讲习会讲演记录》,前后共出九期。

第一期小学略说上,十月出版

第二期小学略说下,十月出版

第三期经学略说上,十一月出版

第四期经学略说下,十一月出版

第五期史学略说上,十二月出版

第六期史学略说下,一九三六年一月出版

第七期诸子略说上,一九三五年十二月出版

第八期诸子略说下,一九三五年十二月出版

第九期文学略说,一九三六年二月出版

是年冬,上海学生到南京去请愿抗日,路过苏州,章先生派代表到车站慰问,并嘱吴县县长馈送食物。

为了营救北京被捕的爱国学生,先生有电报给北京伪"冀察政务委员会"宋哲元,电文中有"只要问是否有利于国不要问是否共产党"的话。这个电报是我亲自在旁参加意见的,电文由我负责拍发,后来这稿子交给王乘六保管。

一九三六年六月十四日早晨八点钟,章先生在苏州病逝。国学讲习会会员不因为先生病逝而辍业散去,会务由汤国梨、孙世扬等主持,会员继续相互讲习。

是时在会讲习的会员,约有四五百人,来自全国各省,绝大多数是三十以外的学者或教师。朝鲜、日本,也有个别远来请教的。关于当时学会情况，前《国风》月刊第八卷第四期登有厉鼎煃的一篇《章太炎先生访问记》，记载详实，可资参考。

一九三七年八月十三日，日寇进攻上海，苏州吃紧，讲习会会员星散，讲习停顿。是年十二月，南京被日本侵略军占领，我避寇回到无锡，逃亡在宜兴乡下。汤国梨、孙世扬回到上海租界，部分会员避居上海。

一九三八年十二月，汤国梨住上海亚尔培路，孙世扬住上海拉都路，王乘六在上海梵王渡一中学教书。他们共同集议，认为在租界还可以继承讲习事业。汤国梨邀请上海蒋维乔等担任"章氏国学讲习会"的董事，用"章氏国学讲习会"的名义，创办"太炎文学院"，复兴《制言》半月刊。先设办事处于重庆路，后租福州路二二一号五洲大楼作为会址院址，登报招收学生。汤国梨自为文学院院长，招聘教授，定期开课。这年年底，我从宜兴回到无锡，由无锡被邀到上海，和孙世扬同住拉都路。

一九三九年二月，"太炎文学院"正式成立，《制言》半月刊复刊。并添招初中一年级、高中一年级学生各一班教课。这时担任教课的，有冒广生、蒋维乔、陆振邦、谭廉生、郝立权、孙世扬、龙沐勋、沈延国、王乘六、诸祖耿、夏承焘、王仲荦、潘承弼等，担任职务的有郑伟业等。

一九四〇年六月，日伪威胁严重，学会学院经费支绌，无法维持下去。于是"章氏国学讲习会"及"太炎文学院"、《制言》半月刊无形解散。这一件事，引起汤国梨的深深不满。汤国梨精明强干，富有魄力。善于填词，所作小令甚工。早年，她是爱国女学学生，与张昭汉即张默君同学，由昭汉介绍，嫁给章先生。

生子二人，长章导，学土木工程；次章奇，聪颖绝伦，抗战时入美国，至今未归。

以上是有关"章氏国学讲习会"、"太炎文学院"、《制言》半月刊的一些事实。

一九五九年十二月六日下午，诸祖耿追记

本文原载南京师范大学《文教资料》一九九九年第六期，题名《"章氏国学讲习会"纪事》，收入本书时文字略有改动。

诸祖耿先生诗作、挽联

开岁二十一日松岑印泉两丈招饮太炎先生新居感赋

巍峨通德门，宁谧履通居。先春早梅秀，亭午和风徐。主人海内望，宾从区中誉。明簪一朝盍，谈谐终日舒。徘徊周孔间，脱略黄唐馀。酌醴复试茗，炰鳖又烹鱼。世道交沦丧，贤哲久叹歔。群为剑手吹，谁肯带经锄？宗师标祈向，大业冀相于。壮悔颇有心，潜研良可愉。庶陪隅座末，抠衣引长裾。

《苏中校刊》第六十、六十一期合刊(一九三二)

寄怀太炎先生海上

菿汉先生遁海隅，满腹经纶为世晖。率彼旷野非兕虎，嗟尔高官真虱虮押平。一帘菊影秋有味，三叠琴心道庶几。吴中别后增寒雨，坛坫分张生是非。

诸祖耿先生《水明楼诗稿》

挽太炎先生诗

雄文何止似相如，五载传薪事总虚。南国忽惊垂老日，西山犹有未成书。友生恸哭哀时意，庭户周旋掩泪馀。祭罢告公公且慰，不教终作虎皮驴。

寂寂金元野史亭，后生何自识前型。蒙求以往无馀吝，商兑于今恐未宁。一代魏收留秽迹，千秋王仲阙玄经。虚悬光怪如椽笔，静夜高楼护百灵。

用樊樊山哭李莼夫子韵。

挽太炎先生联

道大难容举世谁真知圣哲

吾将安仰遗经空自抱春秋

怀本师

太炎先生卒于一九三六年六月十四日晨八时，至今适十六周年。卒前二日，上堂续讲《说文》部首，下课觉有不舒。弟子或劝稍休，先生憩书斋沙发中，坚坐不肯就榻。十三日晨，始疲惫不能起床。是夜余宿先生后楼。夜分鹰若来告病，亟走看，已不能言，仅呼"爵姆爵姆"不止。爵姆爵姆者，盖言怎么怎么。初不自意，竟至危殆也。先生早患鼻菌，割治有未尽处，吐语时带鼻音，呼吸任口不任鼻。病发，鼻忽通。事后追思，盖鼻菌碎粒入腹，毒下未知。侍者疏于调护，遂尔贻误。先生笃念种族，痌怀国本，晚岁尤甚。上稽邃古旧闻，既成《古文尚书拾遗》、

《春秋左氏疑义答问》二书，即以牖启后学。季刚寓书先生谓："师于《尚书》，超轶贾马，何不径注全经？"先生笑以勉余。逝世之后，余承师说，讲于苏州、上海、昆明、南京诸地，草《尚书章氏学》一厚册。十馀年来，尘事倥偬，稿迄未定。近悉苏联科学院刊行所译朱晦庵《通鉴纲目》，念上国重视我邦史迹如斯，而我乃或未遑悼念师门，自伤庸劣，不能已于言云。又先生逝后四月，弟子会稽周树人豫才，世所称鲁迅先生者亦卒。周以十月十九日下世。卒前十日，力疾草关于太炎先生一文。卒前二日，复写《因太炎先生而想起的二三事》，文未完稿。周壮岁旅学东京，与许季弗辈请先生讲语言文字之学，又与先生所集光复会事，劲节高风，不愧师门巨擘。余以庸劣有玷门墙，平生牵于情爱，执志不坚，坐是一事无成，真可愧也。

十六年前此日晨，低回追思倍霑巾。残星照眼浑疑梦，缺月窥篇若有人。意外事真成恶耗，袖中书久愧传薪。尘封积稿愁相对，世易惟惊白发新。

诸祖耿先生《水明楼诗稿》

整理后记

《章太炎国学讲演录》，是诸祖耿先生等记录、并由诸祖耿先生整理的章太炎先生的一组旧稿。

太炎先生晚年，犹精心备课、讲学，传授知识，提携新人，严谨治学，令人敬佩。诸祖耿先生跟随章太炎先生学教数年，太炎先生给诸祖耿先生书室题名谓"雪宧"，故有时诸祖耿先生书画作品也常用"雪宧居士"署名，如：雪宧所著书目录、雪宧著述目录、雪宧文稿、雪宧集联、雪宧近体诗、雪宧诗、雪宧近诗、雪宧文存、雪宧琐语。可见诸祖耿先生对老师的怀念之情（《雪宧自订年谱》）。在诸祖耿先生的教学生涯中，章先生的影响是十分大的。一九六一年三月三十日，在当时江苏省教育学院与六班同学讲自己的学习经过时，还引用了章先生的话勉励大家。诸祖耿先生一直认为自己以后在文教战线有了一些成绩，都是与太炎先生的提携分不开的。

《章太炎国学讲演录》早在二十世纪八十年代前后即已成书，并交付江苏古籍出版社出版。诸祖耿先生为此专门写了一篇"序"。可惜后来未能面世。而后书稿曾一度露面，旋又销声匿迹，多次寻找，下落不明。

浙江大学历史系教授仓修良先生十分关心这部书稿，认为：

"因时间久远,而致落失,固可理解,但仍可寻找,或复原如旧。"并驰函其挚友南京师范大学文学院教授赵生群先生,请其鼎力相助,设法寻找。赵生群先生亲赴出版单位,终未能找回书稿。乃提议:"尽快清理其遗稿,以期从中取得线索,结合外出寻访,终将会获取效果。"仓修良先生、赵生群先生的寻找方案,真诚、可行。经过一段时间的努力,获得了讲演稿二十馀篇,遂编为此书。

南京师范大学文学院教授李灵年先生一直关注此事,听说已重新编集成书,愉快地说:"终于可以出书。"李灵年先生对图书的编纂,提出了许多指导性的意见。

南京师范大学文学院教师徐克谦、江庆柏先生组织、指导了书稿的录入、校对工作。

南京师范大学文学院中国古典文献学专业二〇〇八级同学承担了书稿的整理、录入等工作。他们是:丁林、万霞、毛荟、王红梅、冯梦婕、任佳佳、宋雨婷、张宁晨、张沛林、张宝仓、张念、李丹、李佩、李梅、杨志强、沈蕴旻、陈四海、陈蕾、杭佩、武迪、罗西、徐远超、袁小龙、高中正、扈会敏(以学号为序)。

值此《章太炎国学讲演录》新书出版之际,请容许我们代替诸祖耿先生,以最为诚挚的心情,向敬爱的太炎先生、太炎先生夫人汤国梨女士表示感谢培育之恩,并以太炎先生《国学讲演录》一书作为永恒的纪念,以慰抚先人在天之灵。

我们也以最诚挚的心情,缅怀诸祖耿先生的同门学友和生前友好:王仲荦、王謇、王乘六、吴契宁、孙世扬、李希泌、潘承弼、沈延国、朱希祖、钱穆、徐复等先生。他们昔日朝夕相处,相互关怀,热心帮助,情深谊厚。

感谢诸祖耿先生的子女们,他们妥善保存,并千方百计查找和复制了许多珍贵资料。

感谢南京师范大学文学院领导对图书出版的支持！

还要感谢未提及姓名的同志，敬向大家致以诚挚的谢意！

章 学

二〇一二年春于南京